方汉奇精选集

方汉奇 ◎ 著

人民日报出版社

北京

图书在版编目（CIP）数据

方汉奇精选集 / 方汉奇著 . -- 北京 : 人民日报出
版社 , 2024. 11. -- ISBN 978-7-5115-8488-5

Ⅰ . G219.29-53

中国国家版本馆 CIP 数据核字第 2024X59U48 号

书　　名：**方汉奇精选集**
　　　　　FANG HANQI JINGXUAN JI

作　　者：方汉奇

出 版 人：刘华新

策 划 人：欧阳辉

责任编辑：梁雪云　刘　悦

装帧设计：新成博创 XIN CHENG BO CHUANG

出版发行：人民日报出版社

社　　址：北京金台西路 2 号

邮政编码：100733

发行热线：（010）65369509　65369527　65369846　65363528

邮购热线：（010）65363531　65363527

编辑热线：（010）65363105　65369526

网　　址：www.peopledailypress.com

经　　销：新华书店

印　　刷：北京盛通印刷股份有限公司

法律顾问：北京科宇律师事务所　（010）83622312

开　　本：710mm×1000mm　　1/16

字　　数：208 千字

印　　张：19.75

版次印次：2024 年 11 月第 1 版　　2024 年 11 月第 1 次印刷

书　　号：ISBN 978-7-5115-8488-5

定　　价：78.00 元

如有印装质量问题，请与本社调换，电话：（010）65369463

前　言

从 1953 年调入北京大学中文系新闻专业全职担任中国新闻史教学工作，到 2023 年我指导的最后一名博士生周航屹在中国人民大学毕业并取得博士学位，从教 70 年，我算得上是这个园地的老园丁了。

对我个人来说，70 年新闻史方面的教学与研究，其道路，既漫漫而修远，也是崎岖不平的。最初，中国新闻史的研究还是一片亟待开拓的处女地，现在，已是繁荣的百花园。多年来，我跑图书馆、档案馆，看大量的第一手材料和走访老报人，在新闻史这块园地内留下耕耘的历史轨迹，收获了研究的一些成果。

人民日报出版社策划编辑出版一套"人民文选"系列图书，约我选编自己的一本精选集纳入其中。收入这部精选集的文章按其所涉及的内容，大致分为四类：一是《新闻史是历史的科学》《中国新闻学和新闻教育的摇篮》等文章，从不同的角度，对新闻传播史、新闻学术史、新闻教育史、新闻史学史、新闻学科史的基本概况、发展历程和未来方向作了一定评述；二是《唐归义军"进奏院状"概览及疏证》《邸报的来历》等文章，表达了我对中国古代报纸历史的核心观点和认识，我的新闻史研究，其实正是从古代报纸研究开始的；三是《发现与探索》《大公报的品格与贡献》等文章，是对近现代几个有影响的重要报刊和报人进行个案研究的一种尝试；四是《喜见明代报纸》《副刊百年史》等文章，系报史札记。

新闻传播学作为一门新兴的人文社会学科，正在飞速发展。新闻史的研究，特别是中国新闻史研究，也正处在飞速发展的时期。研究者的队伍在不断扩大，新的成果不断涌现，出现了"骅骝开道路，鹰隼出风尘"的可喜景象。我在这个领域内，贡献不多。形象地说，只不过是在某一片海滩上，捡拾了几个贝壳，在构建某一座大厦之前，作了一点基础的铺垫工作而已。作为一名新闻史的教师，我希望我的学生们，青胜于蓝。作为一名老的新闻史研究者，我希望后来者居上。这部精选集倘能在上述领域内，起到一点铺路石和抛砖引玉的作用，我就于愿已足了。

新闻史是历史的科学*

一、新闻史的研究范畴

新闻史是一门科学，是一门考察和研究新闻事业发生发展历史及其衍变规律的科学。它和新闻理论、新闻业务一样，都是新闻学的重要组成部分。

新闻史又是一门历史的科学。在门类繁多的历史科学中，它属于文化史的范畴，是文化史的重要组成部分。这是因为新闻事业是文化事业，新闻机关是文化机关，它们都属于上层建筑领域内的文化方面的范畴，是一定的经济基础通过新闻手段的反映，在任何时候，它们都是要为一定的经济基础服务的。

由于新闻事业的特殊性，新闻史的研究和各时期的政治史、经济史都有着紧密的联系。

---

* 本文及《中国新闻史研究》刊于《新闻纵横》1985 年第 3 期，原标题为《新闻史是历史的科学》。

研究新闻史，离不开各时期的阶级斗争史、政治运动史和政党史。这是因为各时期的新闻事业都和当时的阶级、政党、政权机关以及他们的活动有着紧密的联系。列宁在《俄国工人报刊的历史》一文中说过："俄国工人报刊的历史同民主运动和社会主义运动的历史有不可分割的联系。因此，只有知道了解放的各个主要阶段，才能真正懂得工人报刊的准备和产生为什么经历了这样的道路而不是经历任何其他的道路。"所阐述的正是这一道理。

研究新闻史也离不开各时期的生产斗争史和经济发展史。这是因为社会经济的发展，直接地影响着新闻事业的发展。在小国寡民分封割据的封建自然经济的土壤上，只能产生和养育邸报、小报之类的古老的封建官报和规模很小、销量不多的民间报房京报。只有商品经济日益发达，生产力的水平不断提高，信息的需要量逐渐加大，新闻时效性的要求越来越强，再加上科学技术的飞跃发展，才使近代化报刊的诞生和发展，以及各种现代化新闻传播手段的发明和运用，成为必要和可能。

作为文化史的一个部门，新闻史和文化史其他部门的联系也是异常密切的。文化史上的许多重大事件，都和当时的新闻事业有密切联系。近代历史上的几次大的思想启蒙运动，哲学和文学战线上的几次大的论战，马克思主义和社会主义在中国的传播，新文化运动的诞生和发展，各种文学流派的形成及其代表作品的问世，著名作家、表演艺术家的崭露头角和得到社会承认，以及某些科学文化知识的普及和传播，都无不和报刊有关。此外，报刊上还有一般书籍上所难以查到的，内容异常丰富的，有关哲学、史学、语言、文学、戏曲、电影、音乐、绘画、书法、雕刻、摄影、体育、宗教、婚姻、礼俗、风尚、伦理、道德、建筑、医药、交通、饮食、服饰等文化史方面的大量的第一手材料。研究文化史绝对地离不开各时期的报刊。加强新闻史的研究，以促进文化史各部门研究工作的开展，已经成为文化史研究工作者的共同愿望。

新闻史，从宏观的角度来说，需要研究的是整个人类新闻传播活动的历史，特别是阶级社会诞生以来，各个阶级和阶层运用各种有效的新闻传播手段从事新闻传播活动的历史。从微观的角度来说，则要研究一个国家、一个地区、一个时代、一个时期、一类报刊、一类报人，乃至于具体到某一家报刊、某一个报刊工作者和某一个宣传战役的历史。研究到近代以来的新闻史的时候，则还要兼及通讯社、广播电台、电视台等现代化新闻传播机构和新闻传播手段的历史。

对于中国的新闻史研究工作者来说，需要着重研究的是我们国家新闻事业发生发展的历史。中国是世界上最先有报纸和最先有印刷报纸的国家，中国有将近1300年的封建社会办报活动的历史，有100多年外国人参加办报活动的历史，有100多年的资产阶级办报活动的历史，有大半个世纪的无产阶级从事办报活动的历史。在中国这片土地上，曾经先后涌现过6万多种报刊、1000多个通讯社、200多个电台电视台和成千上万的杰出的新闻工作者，有过几百次大小不等的有影响的宣传战役。这些都是中国新闻史需要认真研究的对象。由于中国的新闻事业历史悠久，源远流长，所以中国的新闻史有着异常丰富的内容，这是世界上任何国家的新闻史都无法比拟的。正因为新闻史是一门科学，从事新闻史的研究，必须有一个科学的态度。对于无产阶级的新闻史研究工作者来说，事实是第一性的。每一个从事新闻史研究的人，都必须对新闻历史上的事实和他所研究的对象进行详细的调查研究，充分地占有第一手材料，然后运用马克思主义的立场观点方法，以历史唯物主义和辩证唯物主义为指导，进行由表及里、由此及彼、去伪存真、去芜存菁的分析，才能得出正确的符合实际的结论。理论的指导是重要的，但决不能以论代史。"史料挂帅"当然不好，但也不必讳言"史料"。革命导师明乎言之："研究必须充分地占有材料，分析它的各种发展形式，探寻这些形式的内在联系。"（《资本论》第二版跋）没有"史料"，还搞什么历史？没有对"史料"的充分掌握和过细研究，没有对重要的关键的"史料"的考订和甄别，是不可能对历史事实作出正确的分析和论断的。一切从概念出发、先入为主、脱离实际、游谈无根的做法，都是历史研究工作者的大忌，也是新闻史研究工作者的大忌。没有深入细致的调查研究，没有对一个一个报纸、报人和宣传战役的认真的专门的研究，一部完整的新闻史是难以写好的。

二、新闻史怎样为现实服务

历史研究，从来都是为现实服务的，新闻史的研究也不例外。我们之所以研究新闻史，目的是总结好新闻事业历史的经验和教训，更好地为现实服务。

新闻史怎样为现实服务呢？具体说来，有以下数端。

（一）继承和发扬革命和进步报刊的优良传统

鸦片战争以来，不少思想先进的中国人，为了振兴中华，运用报刊这一舆论工具呼吁变法、呼吁改革、呼吁救亡，宣传进化论思想及民主革命思想，和封建顽固势力进行坚决的斗争。中国共产党成立以后，又有不少革命的新闻工作者，运用报刊这一舆论工具，为马克思主义在中国的传播、为新中国的诞生、为社会主义革命和社会主义的建设，作了充分的舆论上的准备。他们所办的报刊，性质虽然不完全相同，但都积极地运用各种新闻手段，发表评论、传递信息、传播最新的科学文化知识，为当时的革命和进步的政治服务，具有很多好的传统。拿近半个多世纪的无产阶级革命报刊来说，可以举出的就有全党办报的传统，密切联系群众、深入实际、充当党的耳目喉舌和反映人民声音的传统，实事求是、讲事实、讲真话、讲道理的传统，以及艰苦奋斗的传统，等等。学习和研究中国新闻史，可以帮助我们继承和发扬这些好的传统，更好地改进当前的工作。

（二）借鉴和参考历史上各种类型报纸的办报经验

19世纪初叶以来，中国的新闻战线涌现过名目繁多的各种类型的报刊。从刊期来说，有日报、隔日报、三日报、周报、旬报、半月刊、月刊、季刊、年刊。从版式来说，有大到全张和对开，小到四开、八开、十六开，乃至于六十四开的各种报刊。从性质来说，有单纯的政论报刊，综合性的时事报刊，也有侧重于科技、文学、艺术、体育、摄影、漫画等方面的专业报刊。从读者对象来说，有以一般读者为对象的报刊，也有以工、农、青、妇、学生为对象的专门报刊。从出版的地点看，有的是在封建政府直接控制的地区出版的，有的则是在租界乃至于国外出版的，有的是在苏区、抗日民主根据地和解放区出版的，有的则是在白区、国统区、沦陷区，乃至于港澳和海外各地出版的。在后一部分报刊当中，有的是以党的机关报的名义出现的，有的则是以非机关报乃至于中间报刊的面目出现的。有的报纸，重点在正张，有的报纸，重点在副刊。一些政治态度偏于保守的报纸副刊，也可以被利用来作为革命和进步思想的宣传阵地。此外，为了防止反动当局的迫害，历史上还曾经出现一些蒙上了一层"灰色"保护色的革命报刊。这些门类众多的报刊，长期积累下来的办报经验，是十分丰富的。总结和借鉴它们的经验，研究它们的规律，举一反三，可以使我们的报刊有更强的适应能力，更好地发挥各自的优势，办得更为出色。

（三）向老一辈新闻工作者学习

在近代现代的中国报坛上，曾经涌现过一大批著名的优秀的新闻工作者。其中属于近代的有王韬、郑观应、梁启超、麦孟华、欧榘甲、吴恒炜、唐才常、杨毓麟、章太炎、宋教仁、于右任、范鸿仙、杭辛斋、林白水、张季鸾这样一些著名的报刊政论家；陈其美、黄远生、徐凌霄、刘少少、邵飘萍这样的著名记者；陈冷、严独鹤、周瘦鹃、包天笑等这样著名的报刊编辑，以及英敛之、彭翼仲、陈少白、郑贯公、史量才、狄平子、汪汉溪等这样著名的报业经营管理家。属于现代的则有李大钊、瞿秋白、邓中夏、蔡和森、张太雷、萧楚女、恽代英、李求实、潘梓年、杨松、邹韬奋、戈公振、俞颂华、范长江、邓拓、恽逸群等这样的一大批杰出的革命和进步的新闻工作者。他们不仅是他们所处的那个时代的改革家、革命的先行者、进步的思想启蒙者，也是舆论战线上的英勇战士和经验丰富、卓有成绩的新闻工作者。他们有在各种环境下办报和办各种类型报刊的经验。有在新闻战线上冲锋陷阵的经验，也有打壕堑战的经验；有正面宣传的经验，也有旁敲侧击的经验；有成功的经验，也有失败的教训。他们在新闻业务的各个方面，包括新闻编辑、新闻采访、新闻评论、新闻摄影、新闻漫画、广告、副刊，以及报刊的印刷发行、经营管理等各个领域，都有不少革新和创获。评价他们的业绩，总结他们的经验，是新闻史的一项重要内容。学习和研究新闻史，可以帮助我们更好地借鉴他们的经验，改进我们的工作。

（四）帮助新闻工作者丰富本专业的历史知识

每一个从事文字工作的人，都应该有较多的历史知识。要知道中国的今天，也要知道中国的昨天和前天，对于新闻工作者来说，则不但应该有较丰富的一般历史知识，还应该有较丰富的本专业的历史知识。既了解新闻战线的现状，也应该熟知新闻战线的历史。报纸、刊物、通讯社和广播电视事业是怎样产生的？怎样发展的？本国的新闻史上有过哪些重要的有影响的报刊和新闻机构？有过哪些重要的报刊活动家、报刊政论家和著名的编辑记者？有过哪些重大的宣传战役？有过哪些和新闻事业有关的重要的法律条例和文献？历史上各时期的新闻事业对当时的政治、经济、军事、文化、艺术等各个方面产生过哪些影响？历史上各时期新闻战线上的敌友我三方面的状况如何？新闻业务的演变情况如何？消息、专电、通讯、特写、社论、时评、短评等新闻文体是怎样产生和发展的？各时期的栏目设置和版面的安排有哪些异同？这些问题，都应该有所了解，不能数典忘祖。

此外，新闻史的研究还可以帮助我们认识和掌握新闻事业自身的规律，便于我们在新闻工作的实践中，顺应规律、取得自由、因势利导、夺取胜利。新闻理论和实践中的一些问题，如报纸的属性、报纸的定义、报纸产生的原因、报纸和读者的关系、报纸的指导性与服务性的关系、报纸的思想性与可读性的关系、舆论一律与舆论不一律的关系、歌颂与批评的关系、上情下达与下情上传的关系、反对资产阶级自由化与社会主义新闻自由的关系，以及无产阶级报纸的党性与人民性的关系，等等，也都可以通过新闻史的研究，来加深理解。

因此，新闻史的学习和研究，不仅仅是少数新闻史研究工作者的事情，对于广大的新闻工作者和新闻理论研究工作者来说，也都是十分重要的。

中国新闻史研究

　　新闻史是一门考察和研究新闻事业发展规律及其衍变规律的科学，是新闻学的重要组成部分。研究新闻史，和研究一般的历史一样，可以以史为鉴，给我们以智慧和启迪，帮助我们更好地继承和发扬新闻事业的优良传统，更好地借鉴和参考历史上各种类型报刊和各种新闻媒体的丰富的工作经验，更好地向我们的前辈们学习。

　　新闻史的研究，在中国已经有 100 年以上的历史。1873 年《申报》上发表的专论《论中国京报异于外国新报》和 1901 年《清议报》上发表的梁启超的《中国各报存佚表序》，就是中国研究新闻事业历史的最早的篇什。至于新闻史的专著，则以姚公鹤写的《上海报纸小史》为最早，这部专著作为附录，收入 1917 年商务印书馆出版的《上海闲话》，其问世的时间，早于中国最早的新闻学理论专著徐宝璜的《新闻学》（再版时改名《新闻学纲要》）两年。可见在中国新闻学研究的历史上，开其端绪的，还是新闻史的研究。

从 1917 年第一部新闻史专著问世到现在，中国新闻史研究可以分为以下三个时期。

一、1917年至1949年中华人民共和国成立前的旧中国时期

这一时期出版的各种类型的新闻史专著不下 50 种。其中属于通史方面的代表作，有戈公振的《中国报学史》、黄天鹏的《中国的新闻事业》、蒋国珍的《中国新闻发达史》、赵君豪的《中国近代之报业》、申报新闻函授学校的《本国新闻史》等。属于地方新闻史的代表作，有姚公鹤的《上海报纸小史》、项士元的《浙江新闻史》、胡道静的《上海新闻事业之史的发展》《上海的日报》《上海的定期刊物》、蔡寄鸥的《武汉新闻史》、长白山人的《北京报纸小史》（收入《新闻学集成》）等。属于新闻史文集方面的代表作，有孙玉声的《报海前尘录》、胡道静的《新闻史上的新时代》等。属于新闻史人物研究方面的代表作，有张静庐的《中国的新闻记者》、黄天鹏的《新闻记者外史》、赵君豪的《上海报人的奋斗》等。属于新闻史某一个方面的专著，则有赵敏恒的《外人在华新闻事业》、林语堂的《中国舆论史》、如来生的《中国广告事业史》和吴宪增的《中国新闻教育史》等。

在这一时期出版的新闻史专著中，以戈公振的《中国报学史》最见功力，影响最大。这部新闻史专著根据作者亲自搜访到

的大量第一手材料，系统全面地介绍和论述了中国新闻事业发生发展的历史。材料丰富，考订精详，是中国新闻史研究的开山之作。它自 1927 年初版问世后，一再重印，并且曾经被日本新闻史学者小林保译为日文在日本出版，是旧中国的新闻学著作当中唯一有外文译本的一本书。20 世纪 50 年代初，这本书曾经由三联书店再版发行，因而又是新中国成立后唯一再版过的旧中国的新闻学专著。虽然有的征引没有注明出处，体例不够严谨，但仍不失为这方面研究成果的鸿篇巨制，有较高的学术价值。至今在新闻史研究工作中，仍然有很大参考价值。其余的专著，汇集了某一个地区、某一个时期、某一个方面的新闻史方面的材料，也都各有一定的参考价值。

这一时期新闻史著作的普遍缺点是：（1）偏于报刊名称、出版日期、编辑人员等基本情况的介绍，缺乏必要的论述和分析。（2）立场观点比较陈旧。多数著作以资产阶级报刊为正统，以无产阶级的革命报刊为异端，对后一部分报刊的介绍，既简单又有偏见。个别作者站在反动立场，为帝国主义和官僚军阀所办的报刊涂脂抹粉，发表过不少错误的议论。（3）少数作者功力不足，率尔操觚，辗转抄袭，缺少新意。此外，由于工作不够严谨，或所见资料不够完全，不少著作还有不少史实上的讹误。考订精详如戈公振的《中国报学史》那样的专著，近年来经已故的新闻史研究工作者杨瑾玙和宁树藩、王凤超等同志复查，尚且发现了两百多处错误，其他就可想而知了。

总体来说，这一时期的新闻史研究，在新闻史的各个领域都有所开拓，取得了不少成果，初步奠定了中国新闻史研究的基础，但除了《中国报学史》等少数几部专著外，多数新闻史著作的水平还不高，分量也比较单薄。

二、1949年至1978年，即新中国成立后到十一届三中全会以前的这一段时期

这一段时期新闻史研究工作的重点，是中国共产党成立以来，共产党主办的和在共产党影响下创办起来的各类报刊的历史。已出版的研究成果，也侧重于这一方面。这是这一时期中国新闻史研究工作的一大特点。

20世纪50年代初期，中央党校新闻班的丁树奇、刘爱芝、李龙牧、黄河等四位高级研究人员联合了中国人民大学新闻系的一部分教员，共同编写了一部《中国现代报刊史》讲义，着重介绍和论述了五四运动以后到新中国成立以前的近30年的无产阶级革命报刊的历史。1959年前后这部讲义首先由中国人民大学新闻系作为内部教材铅印出版。1962年复旦大学新闻系编印出版的《中国新民主主义革命时期新闻事业史讲义》，1966年中国人民大学新闻系编印出版的《中国新闻事业史（新民主主义时期）》，则是两校的新闻史教师以这部讲义为基础，根据教学需要，各自重新编写出来的。这几部讲义和教材的出版，弥补了旧中国新闻史研究工作的空白，奠定了中国无产阶级新闻史的基础，对无产阶级新闻史研究的进一步开展，具有重大的意义。

此外，这一时期还出版了一批带有资料性质的新闻史参考用书，它们是中共中央马恩列斯著作编译局研究室编辑出版的三辑《五四时期期刊介绍》，潘梓年等撰写的《新华日报的回忆》，张静庐编辑的三大本《中国近代出版史料》和五大本《中国现代出版史料》，阿英的《晚清文艺报刊述略》和徐忍寒辑录的《申报七十七年史料》等。与此同时，一些新闻业务刊物和文史刊物也刊登了近150篇有关新闻史的文章。其中，如李龙牧所写的有关《新青年》和《每周评论》历史的文章，丁树奇所写的有关《向导》历史的文章，以及王芸生、曹谷冰合写的有关旧《大公报》历史的文章，吴范寰所写的有关《世界日报》历史的文章等，都有一定的影响。

总的说来，这一时期的新闻史研究，特别是中国共产党党报党刊史的研究，是有成绩的。不足之处是受"左"的思想影响，研究的面偏窄，人为地设置了很多禁区，对共产党报刊以外的一般报刊的历史，研究不够，偶尔提到那些报刊，也是把它们作为共产党报刊的对立面，当成靶子，进行批判，缺乏实事求是的辩证的分析。对历史上的名记者名编辑名报人的研究，和新闻业务史的研究也不足。这种情况，在十年"文革"期间，发展到了极致。以至于整个新闻史的研究都陷于停顿。

三、1978年十一届三中全会以后到现在[①]，时间大约六年光景

这是新闻史研究工作空前繁荣的时期。这一繁荣主要表现在以下几个方面。

首先是新闻史教育与研究的队伍扩大了。"文化大革命"以前，从事新闻史教学与研究的只有高级党校、中国人民大学、北京广播学院[②]、复旦大学、江西大学、杭州大学[③]、吉林大学等少数几个大学新闻系或新闻专业的教师和个别业余的新闻史研究工作者，总数不过二三十人。"文化大革命"期间大学的新闻史课程停开，这一支队伍也基本上转了业，新闻史的研究陷于全面停顿状态。直到十一届三中全会以后，这一局面才宣告结束。1978年起，首先在几个老的大学新闻系中恢复了新闻史课程，重建了教研室组织，到1982年为止，已有14所大学的新闻系或新闻专业开设了新闻史课程。为了解决新开办的新闻系新闻专业的新闻史师资问题，教育部在这一年特地委托中国人民大学新闻系设立新闻史教师进修班，来培养这方面的人才，使新闻史教师的队伍，在短期内有了成倍的增长。1978年以后，中国人民大学和复旦大学新闻系相继招收新闻史方向的硕士研究生。同年，中国社会科

---

① 编者注：指文章撰写的1985年前后，笔者适度补充了近年来的内容。

② 编者注：2004年更名为中国传媒大学。

③ 编者注：1998年，同原浙江大学、浙江农业大学和浙江医科大学合并组建成新的浙江大学。

学院成立了新闻研究所，从新闻出版单位调集了一大批有丰富新闻工作经验和较高理论水平的老同志，从事中国新闻史的研究工作，并招收部分新闻史方向的研究生。这些，都成为新闻史研究的骨干力量。此外，1980年以后，北京及各省、自治区、直辖市纷纷成立新闻学会和新闻研究机构，并在这些机构的领导下，设置新闻史组，组织会员从事新闻史方面的研究。其中仅首都新闻学会的新闻史组，就有近40名成员，全国各新闻学会新闻研究所也都有专人从事新闻史的研究，新闻史的研究工作者队伍迅速扩大。到90年代后期，全国的新闻史研究工作者，据估计已不下五百人。这是一支老中青结合的，充满了生机和活力的队伍。它将使新闻史的研究有师承，有薪传，并将使世纪之交这一段时间内的新闻史研究，始终保持旺盛的发展势头。

其次是出现了一大批丰硕的研究成果。十一届三中全会以来陆续出版的新闻史教材、教学参考资料和专著，先后有《报刊史话》、《中国广播史料》、《中国新闻事业史教学参考资料》（近代两册和现代两册）、《中国古代的报纸》、《中国近代报刊史》（上下两册）、《报海旧闻》、《旧闻杂忆》、《中国新闻事业简史》、《中国古代报纸探源》、《中国新闻业史》、《新华日报的回忆》（续集）、《中国人民广播回忆录》、《中国广播简史》、《中国新闻事业史研究资料》、《华南新闻事业史料》、《世界日报兴衰史》、《报人生涯三十年》、《记者生活三十年》、《辛亥革命时期期刊介绍》（已出1—4辑），等等。其中有通史，有断代史，有专史，也有新闻界人物史。其中，《中国新闻事业通史》是集中了十几个单位的 50 位新闻史研究工作者，用 12 年的时间，通力完成的。《晋察冀日报史》是由曾经在该报工作过的 26 位老新闻工作者共同完成的。《中国报刊史志》则是由南京大学、北京大学、北京图书馆等十几个单位的近一百位新闻史研究工作者合作完成的。由于资料分散，检阅困难，搜访调查的工作量很大，一些卷帙浩繁的大项目，仅靠少数人的力量，难以在短期内藏事。只有发挥集体的作用，实行广泛的协作，才能事半功倍，早出成果。1992年成立的中国新闻史学会，在组织协作方面，作了不少工作。90年代末的一些大的新闻史研究项目，就都是在这个学会的牵头下，以协作的方式完成的。与此同时，还出现了一批像《新闻研究资料》《新闻界人物》《新华社史料》《天津新闻史料》《武汉新闻史料》等"以新闻史料和新闻史料研究为主"的定期和不定期的新闻史专业刊物。其中仅《新闻研究资料》一种，从 1979 年创刊到 1984 年底止，就已经出版了 27 期，发表了 643 篇近 550 万字的新闻史研究文章。同时期的其他报刊和新闻业务刊物上，也发表了不少论述和介绍新闻史的文章。这些文章，累计起来在 1000 篇 1000 万字以上。因为端正了思想路线，树立了良好的学风，这些文章的质量，也有明显的提高。在古代、近代、现代新闻史的研究领域中，都有不少新的创获。

最后是新闻史的研究活动全面展开，空前活跃。除了已经完成的通史、断代史、编年史之类的新闻史研究项目，专业报刊史、地方新闻史以及个别报纸、刊物、通讯社和新闻界人物历史的研究，这一时期也都有专门的班子或专人在分头进行。拿专业新闻史的研究来说，中国共产党党报史、中国广播电视史、中国军事报刊史、中国企业报刊史、中国铁路报刊史的研究工作，在中国社会科学院新闻研究所、中国人民大学新闻系、中国传媒大学新闻系等单位有关同志的努力下，已经取得了很大进展。其中《中国人民军队报刊史》一书，已由黄河、张之华同志合作编写出 20 万字左右的初稿。

地方新闻史的研究工作，也开展得十分蓬勃。不少省市的新闻学会和新闻研究所都建立了专门的机构，从事这方面的研究。湖南新闻史和湖南省志的编写工作同步进行，起动最早，已经写成初稿，正在广泛征求意见。湖北和武汉地区的新闻史研究工作者，已经对省内历史上的 650 种报刊和 200 家通讯社进行调查，积累了 100 万字以上的文字资料，并写出了部分论文。黑龙江省新闻学会的罗玉琳、艾国忱两同志负责的黑龙江地方新闻史的研究工作，已经完成了解放战争时期部分，写出了题为《东北根据地战略后方的党报》的近 4 万字的初稿。张家口市新闻学会的李孟坚等四位同志，则为原察哈尔地区的报纸历史写成了 6 万字左右的初稿，正在作进一步的加工整理。此外，天津新闻学会部分同志正在进行中的天津新闻史编写工作，吉林省新闻研究所部分同志正在进行中的吉林新闻史和伪满时期东北新闻史的编写工作，也已取得了一定的进展。其余陕西、四川、广东、新疆等地的地方新闻史研究工作，也正在积极进行。

重要报纸刊物历史的个案研究工作，在这一时期的成绩十分显著。中国社会科学院新闻研究所主持的延安《解放日报》史和《新华日报》史的编写工作即将完成，年内可望出书。其余如《大公报》《救亡日报》《立报》《申报》《新蜀报》《新民报》《时事新报》《盐阜大众》等近百种历史上有影响的报刊，也都有专人分别进行研究，写出了一些有分量的文章。其中以《申报》史的研究工作开始最早，投入的力量最大。上海新闻学会还特地成立了一个包括原《申报》总经理马荫良先生在内的《申报》史编写组，对这个历史悠久、影响深远、内容丰富的老报纸的历史进行深入细致的研究，争取早日写成专史。

通讯社史的研究是近几年才提上日程的。新华社、国新社、全民社等重要通讯社史的编写工作，正在进行。其中的部分成果已在业务刊物上发表。

新闻界人物——著名报刊活动家、著名报刊政论家和名记者的研究，过去是一片空白。十一届三中全会以后，才有所突破。近几年来，这方面的研究，有很大进展。经《新闻界人物》一至四期介绍过的中外新闻界人物，就有王韬、黄远生、邵飘萍、张季鸾、戈公振、瞿秋白、蔡和森、邹韬奋、林白水、王芸生、胡政之、斯诺等十数人。经《中国新闻年鉴》"中国新闻界名人简介"栏介绍过的中国历史上的新闻界名人，到1984年版为止，就有梁发、黄平甫、郑观应等278人，今后还将以每版150人左右的进度继续介绍。个别名记者、名报人的传记如《邵飘萍传》《史量才传》《张季鸾传》《赵超构传》，也已有专人着手编写，可望在1986年左右出书。

新中国成立35年以来的新闻事业历史亟待总结，当代中国新闻史教材的编写工作也已上马。由中国人民大学新闻系新闻事业史教研室牵头，联合北京广播学院新闻系和暨南大学新闻系新闻史部分教学研究人员组成的编写班子已经建立，正在积极搜集资料，草拟提纲，争取在两年内完成初稿，以弥补新闻史研究的这一空白。

特别值得提出的是，十一届三中全会以来，新闻史的研究工作受到了社会上的普遍重视，得到了新闻事业单位、新闻教学和科研机关、新闻界知名人士和老新闻工作者的热情支持。曾经在《新华日报》工作的一大批老新闻工作者联合成立了《新华日报》史学会，曾经在《晋绥日报》及其前身《抗战日报》工作过的老新闻工作者，联合召开了《晋绥日报》报史座谈会；曾经在太行革命根据地工作过的老新闻工作者，联合召开了太行新闻史座谈会；共同研究有关报纸和有关地区新闻史的编写工作。《大公报史》的研究也取得了很大的进展。2002 年，中国人民大学的一批教师编写出版了一本《大公报百年史》。在吴廷俊教授的牵头下，又出版了一批有关《大公报》史的专著。《大公报》史的研究取得很大的进展。

不少老新闻工作者如许涤新、戈宝权、夏衍、张友渔、石西民、萨空了、陆诒、廖井丹、郝德青、郁文、安岗、李庄等，都积极支持和参加了这项活动，有的还亲自动手撰写回忆文章。为了推动新闻史研究工作的发展，新创办不久的《中国广告信息报》在总编辑冯迈的倡议下，还拨出了一笔专款，成立了中国新闻史研究基金会，为新闻史的研究活动提供资助和奖励，这在中国新闻史研究的历史上，是前所未有的事情。估计今后还会有更多的新闻事业单位，关心新闻史的研究工作，为这项工作提供经济上的支援。

一些历史上著名的新闻工作者的纪念活动，这几年也开展得比较活跃。1984 年举行的有首都新闻出版界联合主办的韬奋逝世 40 周年纪念会，中国人民大学新闻系主办的邵飘萍 100 周年诞辰纪念会和邵飘萍学术讨论会，甘肃省新闻研究所、兰州大学新闻系联合召开的黄远生 100 周年诞辰纪念会。即将举行的还有戈公振、范长江等著名新闻记者的纪念会。这些活动，都得到了社会各界和新闻界人士的广泛支持，促进和加强了对新闻史著名人物的研究，对整个新闻史的研究工作，也起了有利的影响。

另外，这一时期的新闻史研究，也受到了整个史学界的重视。中国史学会召开的几次有关文化史的学术讨论会，都热情地邀请新闻史研究工作者参加，并且在文化史研究的选题规划中，增加了新闻史方面的项目。

总的说来，这一时期的新闻史研究工作是有很大成绩的。短短 6 年的时间，所取得的成果，就远远地超过了以往的 30 年。现在，发展的势头很大，前景十分广阔。这说明我们的新闻史研究工作和我们的四化建设，是同步发展的。没有十一届三中全会以来的实事求是的思想路线和政通人和的大好形势，就不会有新闻史学术研究的空前繁荣。这也说明，新闻史作为新闻学和历史科学的一个分支，是大有搞头的，是有很多工作可做的。如今初试锋芒，就已经斐然可观，假以时日，是未可限量的。所谓"新闻无学"，和由此引申的"新闻史非学"的说法，都是绝对站不住脚的。

唐归义军"进奏院状"概览及疏证*

　　20世纪30年代，向达教授在英国求学时，在当时的伦敦不列颠博物馆首先发现了这份唐归义军"进奏院状"，这是该院所藏斯坦因（Aurel Stein）20世纪初从中国敦煌石窟窃去的7000件敦煌卷子中的一件。据向达教授介绍，这份"进奏院状""存60行，纸背为大汉三年季布骂阵词文64行"①。

　　应我的请求，新华社伦敦分社记者孙文芳同志亲自到伦敦不列颠图书馆根据该馆所藏原件誊录过来。孙文芳同志这次代我查看了原件，证实了向达的介绍，并在给我的信中作了以下的补充："原件是一张长97厘米、宽28.5厘米的横条卷，纸张是白色的宣纸，比较坚韧，文字是自右至左上下书写的，字写得相当不错。

---

* 本文及《邸报的来历》《唐代报纸的历史价值》刊于《新闻学论集》1983年1月第5期，原标题为《从不列颠图书馆藏唐归义军"进奏院状"看中国古代的报纸》。

① 向达：《唐代长安与西域文明》，生活·读书·新知三联书店1957年版，第205页。

仅存 60 行，后一部分已佚。"看来，原件如果完整地保存下来的话，至少应在两页以上。

这份"进奏院状"发报于唐僖宗光启三年，即公元 887 年，距今约 1100 年。在举世闻名的"开元杂报"已经杳不可寻的今天，它已经成为世界上现存的最古老的一份报纸了。对这份报纸进行过细的研究，无疑地将有助于我们对中国古代报纸的了解。

由于年代久远，这份"进奏院状"所报道的人、事和历史背景已经不为一般读者所熟悉，加以"状"的作者使用了不少当时当地流行的俗体字、简化字、异体字和方言字（还可能有些错别字），读起来很有点佶屈聱牙。为方便阅览计，我尝试着作了一些疏证，但仍有不少句子索解为难。原文无标点，我试着作了一些标点。其中有一些段落因为断不了句，只好囫囵地放在那儿，以待高明。断错了的，也希望得到指正。

请先看它的原文：

（为了和后面的疏证对看方便计，保留了原文的行款，每行的前面都加一个编号。文中的"□"，代表原件破损和看不清楚的字，是孙文芳同志抄录时加上去的）

（第一行）进奏院　状上

（第二行）当道。三般专使所论旌节次第逐件具录如后：

（第三行）右伏自光启三年二月十七日专使衔宗闰盈、高

（第四行）再盛、张文彻等三般同到兴元

（第五行）驾前。十八日使进奏。十九日对。廿日参见四

（第六行）宰相、两军容及长官，兼送状启信物。其日
面见

（第七行）军容、长官、宰相之时，张文彻、高再盛、
史文信、宋闰盈、

（第八行）李伯盈同行，□定宋闰盈出班，祗对叩击，
具说

（第九行）本使一门拓边效顺，训袭义兵，朝朝战敌，为

（第十行）国输忠，请准旧例建节，廿余年朝廷不以

（第十一行）指拟，今因遣闰盈等三般六十余人论节来者。

（第十二行）如此件不□获绝商量，即恐边塞难安，专使

（第十三行）实无归路。军容、宰相处分："缘

（第十四行）驾回日近，专使但先发于凤翔，祗侯侍

（第十五行）銮驾到、即与指拟者。"至廿二日，夷则以
专使同行

（第十六行）发来。三月一日却到凤翔。四日　驾入。
五日遇寒

（第十七行）食，至八日假开遣参宰相、长官、军容。
九日便遣

（第十八行）李伯盈修状四纸，同入中书，见宰相论节。
其日，宋

（第十九行）闰盈恳苦再三说道理。却到驿内，其张文
彻、王忠忠、

（第二十行）范欺忠、段意意等四人，言路次危险，不

再用论节，且领

（第二十一行）取回　诏，随韩相公兵马相逐归去，平善得达

（第二十二行）沙州，岂不是好事者。其宋闰盈、高再盛、史文信、李伯盈

（第二十三行）等不肯。言："此时不为本使恳苦论节将去，虚

（第二十四行）破仆射心力，修文写表万遍，差人涉历沙碛，

（第二十五行）终是不了。"至十一日，又遣李伯盈修状四纸，经

（第二十六行）宰相过。至十三日，又遣李伯盈修状七纸，经四

（第二十七行）相公、两军容及长官过，兼宋闰盈口说道理。言：

（第二十八行）"留状商量。"中间三日不过文状。至十七日，又遣李伯盈

（第二十九行）修状五纸，经四宰相过。及见长官，亦留状，不

（第三十行）蒙处分。中间又两日停。至廿日，又遣李伯盈修

（第三十一行）状七纸，经四宰相、两军容及长官过。亦宋闰盈

（第三十二行）说道理。亦言："留状。"见数日不得指
挥，其张文彻、

（第三十三行）王忠忠、范欺忠、段意意等，便高声唱
快。又言："迩韩相公

（第三十四行）兵马去者，便招其□行。"官僞遣一齐乱
语，称："不发

（第三十五行）待甚者！"宋闰盈、高再盛、史文信、李
伯盈等言："颇耐

（第三十六行）煞人！我不得旌节，死亦不去！"夷则见
他三行言语纷

（第三十七行）纭，抛却遂出驿来，又遣李伯盈修状五
纸，见四

（第三十八行）宰相及长官，苦着言语，痛说理容。言：
"此件不赐

（第三十九行）旌节，三般专使誓不归还者。"其□宰
相、长官依稀

（第四十行）似许。其宋闰盈、高再盛、史文信、李伯
盈等遂遣

（第四十一行）夷则、通彻求嘱得堂头要人一切，口称
以作主检

（第四十二行）例成持与节及官告，遂将人事数目立一
文书

（第四十三行）呈过，兼设言约其日商量人事之时，三行

唐归义军『进奏院状』概览及疏证 /

军将

（第四十四行）官健一人不少懋言相随论节，只有张文彻、王忠忠、

（第四十五行）范欺忠、段意意等四人不肯，言："终不相随。"其张文彻

（第四十六行）就驿共宋闰盈相诤。其四人言："仆射有甚功

（第四十七行）劳，觅他旌节？二十年以前，多少搂罗人来论节

（第四十八行）不得，如今信这两三个憨屡生，惋沸万劫，不到家

（第四十九行）乡，从他宋闰盈、高再盛、史文信、李伯盈等诈祖乾圣。

（第五十行）在后论节，我则亲自下卦看卜，解圣也不得旌节。

（第五十一行）待你得节，我四人以头倒行。"夷则见张文彻等四人

（第五十二行）非常恶口秽言，苦道不要论节，亦劝谏宋闰盈、李伯

（第五十三行）盈等荣则同荣，辱则同辱，一般沙州受职，其

（第五十四行）张文彻、王忠忠、范欺忠、段意意等四人，上自不怕

（第五十五行）仆射，不肯论节，一齐榾却发去，有何
不得？其宋闰

（第五十六行）盈、高再盛、史文信、李伯盈等四人以
允不肯。言："身死

（第五十七行）闲事，九族何孤。节度使威严不怕，争
得我四人？如

（第五十八行）不得节者，死亦不归者。"夷则见他四人
言语苦切，同见

（第五十九行）堂头要人，仔细商量："不用疑惑，但频
过状，我与

（第六十行）成持。"至廿三日，又遣李伯盈修状四纸，
经宰相

（下佚）

下面再按原件的顺序，逐行对原文作一些疏证。

（第一行）："进奏院"，发报机关；"状"，公文的一种，这里
专指官文报，即邸报；详下。这四个字可以连读。它的款式值得
注意：一开始就标出了发报机关，表明它是由进奏院发出的官
报。这里的进奏院，指的是唐归义军节度使派驻朝廷的进奏院，
详下。"上"是动词，作呈递解，不是上下篇的上。

（第二行）："当道"，唐时公文的习惯用语。《通鉴》卷
二五八："朱全忠军于河阳，汴军之初围泽州也，呼李罕之曰，相
公每侍河东，轻绝当道。"胡注："当道犹云本道，汴军自谓也。"

在这里，"当道"主要指的是领导这个进奏院的归义军节度使。"专使"亦见于下文的第三行、第十二行和第三十九行，指的是奉本节度使派遣，到朝廷来执行特殊任务的人。"三般"即"三班"，可解释为三批。"旌节"详见下文第十三行"建节"条。

（第三行）："伏"应作"伏"。"右伏"是当时上行公文的常用套语。"光启"，唐僖宗的年号。"光启三年"即公元887年（这一年的闰十一月十四日以后跨入888年），下距唐王朝的灭亡只有十几二十年。这个年号是确定这份"进奏院状"发报时间的重要根据之一。从下文的内容看，它所报道的主要是光启三年二月十七日至三月二十三日这一个多月时间内发生的事。本行和下一行提到的宗闰盈、高再盛、张文彻，第七行提到的史文信，第十九行提到的王忠忠，第二十行提到的范欺忠、段意意，第二十二行提到的李伯盈等，都是"三般专使"中的人物。据第十一行所记，全部"专使"共60余人，但是在"状"文里提到名字的只有这8个人，很可能是他们当中的骨干。其中，宗闰盈是"专使"们和朝廷办理交涉时的主要发言人，李伯盈是"考使"们向朝廷上报书面材料的主要执笔人。他们的事迹已无可考。大约都是所在地方的中下级军官。宗闰盈的宗，下文均作宋，这里可能是笔误。张文彻的彻，原文作"撒"。

（第四行）："兴元"，府、路名。唐兴元元年（公元784年）升梁州置府。治所在今陕西省汉中市附近。这个地方在唐僖宗时期，曾经两度充当皇帝的行在。第一次在广明元年（公元880年）至光启元年（公元885年）。当时黄巢攻占长安，僖宗被迫逃往山南，再逃成都，等到黄巢败死，才迁回长安。这一次出亡，往返都曾以兴元为行在。第二次在光启二年至三年（公元886—887年）。这一次是由于李克用的沙陀兵和河中节度使王重荣的兵进逼京师，威胁唐王朝的中央政权，僖宗在宦官田令孜的挟持下，再度逃亡兴元。《通鉴》卷二五六对这次出亡的狼狈情况，有过如下的描述："（光启）二年正月戊子，令孜请上幸兴元，上不从。是夜，令孜引兵入宫，劫上幸宝鸡，黄门卫士从者才数百人，宰相朝臣皆不知，……朝士追乘舆者至周至，为乱兵所掠，衣装殆尽。……二月，驾至兴元。"这一次在兴元待的时间比上一次要长，直到第二年的三月才返回长安。这份"进奏院状"所报道的，正是唐僖宗在兴元的后期，和离开兴元返回长安途中的一些事。

（第五行）："驾"，指唐僖宗。这是晚唐时期的一个庸黯无能的皇帝。他12岁即帝位，一切政事悉听命于宦官田令孜。史称他"威令不振，朝廷自卑"。《旧唐书》卷一七七《杜审权传》记他在兴元时期的窘状，有"行帑无寸金，卫兵不宿饱，帝垂泣侧席无如之何"等语。这份"进奏院状"所报道的光启三年；他26岁，一年后，他刚刚回到长安不久，就病死了。

（第五行至第六行）："四宰相、两军容及长官"，指专使们所会见的唐王朝中枢机关的主要文武官员。宰相是"佐天子，总百官，治万事"的朝廷大员。据《新唐书》卷六十三《宰相表》，光启三年前后担任宰相职务的，有孔纬、杜让能、韦昭度、张浚等四人，韦就任于中和二年，孔、杜就任于光启二年，张就任于光启三年正月。这个数目与"状"文里提到的"四宰相"的数目正合。军容是"天下观军容宣慰处置使"或"神策军观军容使"的简称，是名义上的全国军事统帅，实际上它所能控制的只是皇帝身边的禁卫军，即神策军。这一职务始置于唐肃宗至德中，担任这一职务的多数是宦官，鱼朝恩是他们当中的第一个。僖宗时改以田令孜为左神策军中尉观军容使，西门匡范为右神策军中尉观军容使。光启二年，田令孜在统治集团内部的倾轧活动中去职，由杨复恭继任左神策中尉六军十二卫观军容使，事见《新唐书》卷二〇八《田令孜传》《杨复恭传》。"状"文里所说的"两军容"，指的就是杨和西门这两个人。"长官"是对主持朝廷日常事务的各部门主管官员的泛指，它可能指枢密使，也可能指尚书令、中书令、侍中和各部尚书一类的品级较高的官员，因为没有写出姓名，已经难以确指了。唐末藩镇跋扈，他们派出的代表往往可以入见天子，归义军的实力较小，不足以左右朝廷，但他们的"专使"还是一来就得到了唐天子的接见，而且始终在和宰相、军容、长官这些朝廷高级官员打交道，从这一点也可以看出藩镇气势的不凡。（宰相、军容、长官亦见下文第七、第十三、第十七、第十八、第二十六、第二十七、第二十九、第三十一、第三十八、第三十九等行）

（第八行）："祇"亦见第十四行，疑是祇的异体。祇，敬也。这一行的"□"，从上下文看，可能是"约"字或"商"字。

（第九行至第十行）："本使一门拓边效顺，……朝朝战敌，为国输忠"，指归义军节度使张义潮家族代唐王朝恢复陇西一带管辖权和开拓疆域的赫赫战功。陇西一带自肃宗上元年间（公元760—761年）起，就被吐蕃占领。宣宗大中五年（公元851年），张义潮凭借地方武装，赶走吐蕃守将，使陇西瓜、沙、伊、肃、甘等十一州的广大地区重新归复于唐王朝，以此被擢为瓜沙伊等州节度使，后改为归义军节度使。事见《新唐书·吐蕃列传》及《旧唐书·宣宗本纪》。这以后，张义潮又继续带领所属蕃汉兵不断从吐蕃、回鹘人手中，夺回唐王朝在安史之乱后失去的凉州等地，为恢复唐王朝的旧版图，立下了汗马功劳。事见《通鉴》卷二五〇、二五二。敦煌壁画中的《张义潮收复河西》，敦煌变文中的《张义潮变文》，所描述的也都是他的这些事迹。在张义潮的带领下，他的不少亲属包括族子、女婿、外孙都立有战功。两个外孙，据《千佛洞唐宗子陇西李氏再修功德碑记》，一个做到沙州刺史兼节度副使，一个做到瓜州刺史墨离军押蕃落使。这就是"状"文里所说的"一门拓边效顺"，和"朝朝战敌，为国输忠"的具体内容。张义潮于懿宗咸通八年（公元867年）入朝，被任命为右神武统军，从此留在长安，没有回去，直到五年后他去世。代替他守归义军的是他的族子张淮深。据吴廷燮《唐方镇年表》，张淮深守归义军的时间起始于懿宗咸通八年（公元867年），结束于昭宗大顺元年（公元890年），《敦煌石室真迹录》卷二收有《张淮深传》，《敦煌变文集》上册收有《张淮深变文》，专门介绍他的事迹。这个张淮深，就是这份"状"文里两次提到的"本使"（见本行及第二十三行），也就是"状"文第二行一开头就提到的那位"当道"。他是派遣这批60多人的"专使"到朝廷来的那个归义军的主官。根据前引《张淮深传》，他在这批"专使"回去后不到两年，就病死了。

（第十行）："建节"和第二行、第三十六行、第三十九行、第四十二行、第五十行的"论旌节"，第十一行、第十八行、第二十行、第四十四行、第四十七行、第五十行、第五十五行的"论节"，说的都是同一件事。旌和节都是古代高级官员出使或出行时，用以显示身份的一种仪仗。唐时专门赐给各地的节度使。《旧唐书》卷四十四《职官》所说的"天宝中，缘边御戎之地，置人节度使，受命之日，赐之旌节"；《新唐书》卷四十九《百官志》所说的"节度使……赐双旌双节"，指的就是这种制度。受旌节的人，具有"奉使"统军的特殊身份，往往以为殊荣。这自然也是一种政治待遇。除了朝廷正式任命的正节度使（当时称大使）外，一般的武官，包括未经正式任命的节度使和下面的副使、判官、都统诸道兵马等将领，是享受不到这种待遇的。《旧唐书》《新唐书》中就都有对后面这些人"不赐旌节"的规定。《通鉴》卷二五八也有过"光启末，德州刺史卢彦威逐义昌节度使杨全玖，自称留后，求旌节，朝廷未许"等之类的记载。可见这一待遇并不是那么容易得到的。本行和其他各行所提到的"建节""论节""论旌节"，说的正是张淮深要求朝廷赐给旌节的事。张义潮入朝任神武统军后，归义军节度使的职务实际上由张淮深承担，但是没有得到过朝廷的正式任命，也没有得到"赐旌节"的待遇，所以有此要求。因为从天宝以来，凡节度使都赐旌节，所以有本行的"请准旧例"和第四十二行的"检例"等提法。求赐旌节是张淮深这一次派出60余人的专使到朝廷来的主要目的。"请准旧例建节"这句话后面的"廿余年"三个字，指的是张淮深主持归义军工作的年份。据《通鉴》及前引《唐方镇年表》所载，张淮深代替张义潮守归义军，起始于懿宗咸通八年（公元867年），到派遣专使赴朝廷求旌节的这一年，即僖宗光启三年（公元887年），恰为20年。

（第十一行）："指拟"，即指挥，这里指的是书面的诏敕命令。

（第十二行）："获绝"，得不到、被拒绝。

（第十四行）："驾回日近"，指唐僖宗即将由兴元返回长安。据《通鉴》《唐纪》七十三，僖宗离开兴元动身回长安的日期是光启三年三月初十日。据"状"文第三行、第五行介绍，"专使"们于这一年的二月十七日到达兴元，二十日参见"四宰相两军容及长官"。这个时期正是"驾回日近"的时期。皇帝上路，整个朝廷随之搬家，有许多准备工作要做，文书辎重大约也已经捆载停当，"论旌节"之类的事顾不上再办，所以有让"专使"们"但先发于凤翔"的指示。意思是要他们先到凤翔去等着。凤翔在长安迤西，是从兴元回长安必经的地方。唐僖宗这一次回长安，受到节度使李昌符的阻挠，在凤翔逗留了将近一年，直到文德元年（公元888年）二月才返抵长安。"但"应即是"但"，这里少写了一横，可能是故意缺笔避讳。因为唐朝的第五个皇帝睿宗叫李旦。这一避讳字，还可以作为这份"进奏院状"确实是唐物的一个证明。

（第十五行）："夷则"，人名。这个名字在"状"文中出现过 5 次。除本行外，还见于第三十六行、四十一行、五十一行、五十八行，是归义军节度使派驻唐王朝的进奏官即"状"文作者的自称。唐例，各藩镇进奏官皆以大将主之，不仅负责通奏报等事宜，而且是各藩镇在朝廷的政治代表，据此，这个名叫夷则的人，恐怕也不是一个等闲人物。《旧唐书》卷十八《宣宗本纪》载称："大中五年……张义潮遣兄义泽以瓜、沙、伊、肃等十一州户口来献，自河陇陷蕃百余年，至是悉复陇右故地，以义潮为瓜、沙、伊等州节度使。"《通鉴》也有"张义潮发兵略定其旁瓜、伊、西、甘、肃、兰、鄯、岷、廓十州，遣其兄义泽奉十一州图籍入见"的记载，见该书卷二四九。两处都提到了"义泽"这个人，并称他为张义潮之兄。从他曾经被派入朝的这段经历和他与张氏一门的关系看，很可能和"状"文中的"夷则"是一个人。"夷则""义泽"读音全同。前者可能是后者的简写或别写。"义"和"泽"这两个字是 1956 年才简化的，简化前的写法是 29 画，"夷则"这两个字只有 15 画，因此，在当时，"夷则"有可能是"义泽"这两个字的笔画较少的同音代替字（简化后的义泽，比夷则这两个字的笔画更少了，但这是后来的事）。在流传至今的敦煌卷子中，用笔画较少的同音字来代替的情况，是很常见的。

（第十六行）："却到凤翔"。"却"，退也。指"专使"们退回到凤翔。由归义军到兴元要经过凤翔，现在又回到凤翔，所以用"却"字。"四日驾入"，从上文看，是说唐僖宗于三月四日抵达凤翔。

（第十八行）："状"，向上级陈述情况的一种公文体裁。"四纸"，四页。"中书"，指中书省，政事堂设在那里，是宰相议事办公的地方。

（第二十一行）："回诏"，皇帝答复臣下请求的诏书。"相公"，尊称。"韩相公"指韩姓的某一达官贵人。僖宗朝有事迹可考的韩姓大员，有曾任翰林学士中书舍人的韩偓，曾任天子钦使的韩归范，曾任镇国节度使的韩建，和曾任神策军中尉监凤翔军的韩全诲，从"状"文的"随韩相公兵马"这句话看，这位"韩相公"应是个武官，如此，则以后两个人的可能性为大。

（第二十二行）："沙州"，亦见于第五十一行，是归义军节度使的驻地。据《新唐书》卷六十七，表第七《方镇》："大中五年置归义军节度使，领沙、甘、瓜、肃、鄯、伊、西、河、兰、岷、廓十一州，治沙州。"另据顾祖禹《读史方舆纪要》引《元和志》，"沙州东至瓜州二百里，西至吐蕃界三百里，北至伊州七百里，治敦煌县"，说明它的辖区正好在今敦煌及其附近地区。《敦煌县志》有"敦煌郡南七里有鸣沙山，故亦曰沙州"之说，可见它的命名，是从敦煌的鸣沙山得来的。

（第二十四行）："仆射"，亦见于第四十六行，第五十五行，官名。《汉书·百官公卿表》："仆射，秦官；自侍中、尚书、博士、郎皆有。古者重武官，有主射以督课之。"这里借用来，作为对归义军节度使张淮深的尊称。

（第二十六行）："过"，经过，递送，收转。

（第三十三行）："唱快"——"唱"，长声呼叫；"快"，怨恨，不服。

（第三十四行）："傔"疑是健的异体，"官健"，指随"专使"前来的下级官兵。

（第三十五行）："颇耐煞人"，"颇"应作"叵"。叵耐，不可耐，见《正字通》。

（第三十七行）："抛却"，亦见第五十五行，不可解。疑是方言字。"驿"，专使们的临时住所，亦见第四十六行。

（第三十八行）："理容"——理由。

（第四十一行）："堂头要人"，亦见第五十九行，可能指负责铨叙、簿书、引纳、制敕等具体工作的中枢官员。

（第四十二行）："官告"，即官诰，授官的凭证。《旧唐书·宪宗本纪》："（房）启初拜桂管，启吏赂吏部主者，私得官告以授启。"

（第四十四行）："懋"，勉也。

（第四十六行）："诤"，争。

（第四十七行）："搂罗人"，机警伶俐的人。"搂罗"应作"嘍罗"。唐·卢仝《玉川集》《寄男抱孙诗》："嘍罗儿读书，何异摧枯朽。"

（第四十八行）："憨"，傻气。这个"憨"，可能是一个单词，也可能是一个和下面的"屡生"两个字合起来的与"搂罗人"相对应的词组。不管是单词，还是词组，看文意，都是指傻里傻气的人。

以下的两句话费解，标点也标得未必妥当。

（第四十九行）："诈祖乾圣"，不可解。从上下文看，当是贬义语。"圣"，有刁钻、精灵、能干的意思，见蒋礼鸿《敦煌变文文字通释》111页。

（第五十七行）："孤"应作辜。"身死闲事，九族何孤"——个人一死事小，怎能让无辜的九族受连累？

（第五十九行）：引号中的言语，似乎是"堂头要人"们说的。

根据以上的疏证，尽管还有很多字句十分费解，"状"文的大致意思还是能够看懂的。要而言之，这是一份唐僖宗光启三年（公元 887 年），从唐王朝行在所在地凤翔发往归义军节度使驻地沙州的"进奏院状"，原件的下半部分已经不全，内容主要报道的是归义军节度使张淮深派往行在的"专使"们，在兴元、凤翔两地活动的情况：他们是什么时候到达的兴元，什么时候见的皇帝，什么时候见的宰相、军容、长官；什么时候到的凤翔，什么时候开始就张淮深要求旌节的问题和朝廷大员进行的交涉，交涉的经过情况如何，碰到过什么困难，他们内部在求旌节问题上有过什么分歧，发生过什么争吵，双方都说了些什么，哪些人表现好，哪些人表现不好，如此等等。

归义军节度使张淮深的这次求旌节活动，史无记载，结果如何，也不甚了了。这份"进奏院状"保存了有关这次活动的一些细节，为研究唐朝藩镇制度的历史，特别是沙州地区的历史，提供了一些原始材料，这是很可贵的。但它的重要意义并不在此。它的重要意义，在于为报刊历史的研究工作者，提供了一件罕见的古代报纸的实物。和它为古代报纸研究提供的信息比较起来，它的那些有关论旌节问题的报道，反而显得无足轻重了。

唐朝的"进奏院状"，现在已经很难看到。这份"进奏院状"之得以幸存，和敦煌地区的一些特殊情况有关。那里交通梗阻，兵燹较少，风沙弥漫，气候干燥，有利于文物保存，而这份"进奏院状"从11世纪中叶起，又被人连同其他几万件卷子藏入石室，密封了起来，这些因素结合到一块，才使得它能够流传下来。

这份"进奏院状"之得以幸存，还有一个原因，就是它的背面录有六十四行叙述季布骂阵故事的曲文。报纸这一类东西，以往是不太受人重视的。历来是藏书的人多，藏报的人少。这从明以前的报纸很少存世一点，也可以得到证明。感谢一千多年前的那位曲文爱好者，没有他在这份"进奏院状"的背面抄下的那六十四行曲文，这件报纸历史上的稀世珍品，恐怕早就被人随意弃置了。

邸报的来历

中国古代文献中，最先提到邸报这两个字的是宋人的著作。《宋会要辑稿》刑二下所引的光宗绍熙四年十月四日臣僚言，还曾给邸报下过以下的定义："国朝置进奏院于京师，而诸路州郡亦各有进奏吏，凡朝廷已行之命令，已定之差除，皆以达于四方，谓之邸报"。这种邸报，不见于汉人的记载。一般人因此认为汉朝还没有邸报。唐朝有没有呢？说法不一。唐人著作中至今还没有查到邸报这两个字。《全唐诗话》卷三，载有韩翃的朋友从"邸报"上看到他被任命为驾部郎中知制诰的消息，连夜向他报告的故事。第一次把邸报这两个字和唐人联系了起来，但这部诗话是贾似道假手廖莹中编写的，出版时托为尤袤所作，尤是南宋高宗时人，贾、廖是南宋理宗时人，都离唐时甚远，不足以为唐有邸报的依据。因此对唐朝有无邸报一节，还有不同意见。

我的看法是，唐朝已经有邸报，新发现的这份"进奏院状"，就是当时的邸报。中国开始有邸报的时间，不会晚于唐朝。

要说清楚这个问题，就必须先把进奏院和邸、进奏官和邸吏的关系弄清楚。

进奏院和邸是个什么关系呢？很简单，进奏院就是邸。

按邸的制度起始于汉朝。《汉书·文帝纪》："奉天子法驾迎代邸。"颜师古注："郡国朝宿之舍在京师者，率名邸。"其任务，据《西汉会要》所说，是："通奏报，待朝宿。"这是邸见于史籍的开始。汉以后，邸的制度被保存了下来。隋时，东都洛阳"上春门门外夹道南北，有东西道诸侯邸百余所"（见杜宝《大业杂记》）。唐朝初年，"藩镇皆置邸京师"，初名"上都留后院"，直至唐代宗大历十二年（公元 777 年）才改名"上都知进奏院"（见《文献通考》卷六十职官十四），简称进奏院。这一体制一直沿用到宋末。《历代职官表》卷二十一所说的"进奏院本出于汉之郡国置邸京师"，正确地阐明了两者之间的关系。唐朝中叶以后，邸的正式名称改为留后院或进奏院，但在有些文献资料和有些人的诗文中，它们仍被称为邸。邸就是留后院或进奏院，留后院或进奏院就是邸，这在当时人是很清楚的。它们本来就是一个机构。

进奏官（有时称进奏吏）和邸吏又是个什么关系呢？这也很简单：进奏官或进奏吏就是邸吏。邸吏，《汉书·朱买臣传》称为"守邸者"，是邸的负责人。唐朝初年的正式职称是上都邸务留后使，亦称邸官、邸吏（见《历代职官表》卷二十一及《唐会要》卷五十八吏部郎中条），代宗大历十二年上都留后院改名上都进奏院后，上都邸务留后使也随之改称上都进奏院官（见《唐会要》卷七十八诸使杂录条），简称进奏官或进奏吏。这一职称也一直沿袭到宋末（见《文献通考》卷十一）。在一些文献资料和当时人的诗文集中，进奏官、进奏吏和邸官、邸吏之间，也是互相通用的。

明确了进奏院和邸、进奏官和邸吏的关系以后，"进奏院状"的性质及其与"邸报"的关系也就十分清楚了："进奏院状"实际上就是宋人所说的"邸报"或"邸吏报状"。从发报的方式看，"进奏院状"和后来的邸报是一样的，即都由地方派驻朝廷的邸或进奏院，通过邸吏或进奏官，向下传递。从发报的内容看，它们之间也是一样的，即都是中枢同意发布的皇帝的言行、朝廷的命令、大臣的奏疏和官吏的任免事项等。两者之间没有什么差别，只是称谓不同而已。

既然"进奏院状"就是邸报，而唐朝又确实有过"进奏院状"这样的物事，把邸报起始的时间定在唐朝，我想总还是可以的吧。

在邸报起始时间这个问题上，之所以众说纷纭，意见不一，一个主要的原因在于古代人对邸报的称呼很不一致。

即以唐朝的情况为例，当时人对邸报这类报纸的称呼就很复杂。

有称为"进奏院状报"的。见崔致远《桂苑笔耕集》卷一所收的《贺改年号表》《贺建王除魏博表》《贺封公主表》《贺降德音表》《贺回驾日不许进歌乐表》《贺通和南蛮表》《贺收捉草贼阡能表》《贺杀黄巢徒伴表》，卷三所收的《谢泰彦等正授刺史状》《谢就如侍中兼实封状》，卷四所收的《谢除侄男琼授彭州九陇县令状》，卷六所收的《贺入蛮使回状》《谢加侍中兼实封状》《谢内宴仍给百官料钱状》《贺杀黄巢贼徒状》等文。这些文章都是崔致远代淮南节度使高骈起草的奏稿。内容或贺皇帝改元，或贺公主受封，或谢加官晋爵，或颂天王圣明，每篇的开头都有"臣某言，臣得进奏院状报……"或"右得进奏院状报"等字样。前者如《贺回驾日不许进歌乐表》的"臣某言，臣得进奏院状报，伏审敕旨，回驾日应沿路州县切不得辄进歌乐及屠杀者……"；后者如《贺杀黄巢贼徒状》的"右得进奏院状报，定难军拓跋相公、保大军东方逵尚书奏于宜君县南，杀戮贼徒，并生擒贼将……"都表明它们的作者在执笔前曾经看到过"进奏院状报"，这些奏状，乃是看报后，感事而发的。

有称为"邸吏状"的。见《旧唐书》卷一二四《李师古传》引李师古告李元素使者语："师古近得邸吏状，具承圣躬万福。李元素岂欲反，乃忽伪录遗诏以寄。师古三代受国恩，位兼将相，见贼不可以不讨。"李师古说这段话的时候在唐德宗贞元十六年（公元 800 年），时任平卢淄青节度使。这里所说的"邸吏状"和"进奏院状"是同义语。

有称为"报状"的。见李德裕《会昌一品集》卷十七《论幽州事宜状》："世伏见报状，见幽州雄武军使张仲武已将兵马赴幽州雄武军使。"亦见王谠《唐语林》卷六："寻除光禄卿，报状至蜀，棕谓李曰：贵人赴阙作光禄勋矣。"李书所记的是武宗会昌年间的事，王书所记的是宣宗大中年间的事。此外，《唐会要》

卷七十八，以及钟辂的《前定录》、裴庭裕的《东观奏记》等书，也都提到"报状"。

有称为"报"的。见杜牧《樊川集》卷十二《与人论谏书》："前数月见报，上披阅阁下谏疏，锡以币帛，辟左且远，莫知其故。"王懋《野客丛书》卷八引牛僧孺墓志："刘稹破，报至，公出声叹恨。"杜牧是文宗太和前后人，牛僧孺是武宗会昌前后人，所记都是当时的事。"报"和前面提到的"报状"当是"进奏院状报"或"邸吏报状"的省称。需要指出的是，"报"和"状"这两个字，在当时，也可以用来泛指藩镇之间，中枢各部门之间，互相通报情况，陈诉意见的文报。如崔致远《桂苑笔耕集》卷十八《贺破淮口贼状》："右某昨日窃聆难口镇状报，今月八日绪军合势杀戮，狂跌已尽者。"不列颠图书馆所藏敦煌卷子中，有一份编号为 S1438 的《沙州状》，据《中华文史论丛》1981 年第 1 期姜伯勤《唐敦煌书仪写本中所见的沙州玉关驿户起义》一文考证，也属于这一类文报，是吐蕃管辖沙州时期，沙州地方官向上级官员汇报情况的一份文报。这类文报，在当时也被称为"牒报"，有点类似明清时代的"塘报"。因此，不能把唐人文集中提到的每一个"报"或"报状"都当成"进奏院状"或"邸吏报状"。

有称为"杂报"或"条报"的。见孙樵《经纬集》卷三《开元杂报》条。"杂报"是孙樵对唐玄宗开元年间（公元 713—741年）"条布于外"的报纸的称呼；"条报"（这里的"条"也可以用作动词）是孙樵对唐宣宗大中年间（公元 847—859 年）他在首都长安每天看到的"条报朝廷事"的报纸的称呼。二者都指的是"邸吏报状"或"进奏院状"。

有称为"朝报"的。如赵翼《二十二史札记》卷十六引《后唐记》及《五代会要》称："后唐长兴中，史馆又奏：宣宗以下四朝（指晚唐的宣宗、懿宗、僖宗、昭宗四个皇帝，当公元847—904年）未有实录，请下两浙、荆州等处，购募野史及除目朝报、逐朝日历、银台事宜、内外制词、百司簿籍上进。"又同书卷十六《旧唐书前半全用实录国史旧本》条称："会昌以后，无复底本，杂取朝报吏牍补缀成之。"虽然引的是五代人说的话，但五代离唐很近，说这些话的人看见过唐时的报纸，所用的也一定会是唐时的习惯称呼。他们所说的"朝报"，指的就是"邸吏报状"或"进奏院状"。

以上是唐朝的情况。到了宋朝，邸报这一称呼已经普见于官文书和私人的尺牍诗文了，它的别称仍然是五花八门，无所不有。例如：

有沿袭唐人习惯，称为"进奏院状报"的。如宋祁《景文集》卷三十六："臣某言：今月八日得进奏院状报，圣体康复，已于二月二十三日御廷和殿亲见群臣者。"

有称为"进奏院报状"的。如《宋会要辑稿》刑二上引殿中侍御史朱谏言："河北边城每进奏院报状至，望令本州实封呈诸官员，若事涉机密，不为遍示。"

有称为"进奏院报"的。如《历代名臣奏议》卷一百八十一引任伯雨奏称："臣伏见进奏院报，郝随特许复官。"

有称为"进奏官报"的。如《三朝北盟会编》卷五十九引《逢虏记》云："退谒林经略，林云：'今日偶得进奏官报，某落职与远小处监当。某已是罪人，只今交割便行。'"

有称为"报状"的。如《唐宋十大家尺牍》引吕东莱书简："旬日前，报状中见黄德润初对文字，蔼然真大人之言，可为善类贺。"

有称为"邸吏报状"的。如王辟之《渑水燕谈录》："直史馆孙公冕文学政事有闻于时，而赋性刚明，……每得邸吏报状，则纳怀中，不复省视。或诘其意，曰：某人贤而反沉下位，某人不才而骤居显位，见之令人不快尔。"

有称为"邸状"的。如《宋史》卷三三二《李师中传》："师中始事州县，邸状报包拯参知政事。"

有称为"报"的。见《江文定集》《与朱元晦书》："见报，有旨引见而未报登对之日，窃计诚心正论，从容献纳，所以开寤上意者多矣。"

以上所引的"进奏院状报""进奏院报状""进奏院报""进奏官报""报状""邸吏报状""邸状""报"等这些称呼，除了个别的另有所指外，绝大多数无疑地指的就是当时的"邸报"，即由进奏院的进奏官向地方传发的官报。可见，即在"邸报"这一称呼已经十分流行的宋朝，社会上对它的称呼也并不是完全一致的。

宋以后，社会上对邸报还有另外一些新的别称，如邸抄、阁抄、京报等。情况也大抵类此。

原因何在呢？我以为主要的原因在于"邸报"并没有一个固定的报头。既然没有固定的报头，也就没有固定的名称。人们可以这么叫，也可以那么叫。严格说起来，就连"邸报"这两个字，恐怕也只是它的一个别名。①

因为负责发布"邸报"的邸，早在唐代宗大历十二年就已经改称上都进奏院，打那以后，邸已经不是它的正式名称了。

基于上面的认识，我不太赞成有的同志主张的，历史上某时期曾经出现过一种名为"××"（邸报的一种别称）的官报，过了若干年，到了另一个时期，又出现了另一种名叫"××"（邸报的另一种别称）的官报；或"××"（一种邸报的别称）在某一个时候改称"××"（邸报的另一种别称）之类的提法。我认为，在中国历史上，作为发自首都的封建政府官报，尽管名称很

———————

① 关于"邸报"有很多别称，以及"邸报"这两个字也往往被当作一般报纸的别称一节，我在写这篇文章的过程中，发现了一个十分有趣的例子。这就是1982年5月出版的《人物》第13期梁吉生、杨珣《柳亚子在津南村》一文所引的柳亚子1944年在重庆津南村暂住时，写赠给居停主人南开中学教员张镜潭的下面这首诗：卜邻五月喜相于，邸报同看更借书。最是津南人物美，三冬图史伴三余。其中第二句的"邸报"两个字，据《柳亚子在津南村》一文的作者称："系指《新华日报》。柳亚子常常借阅张镜潭订的《新华日报》，以便了解抗日战争形势，领会党的意图。"这当然是不会错的。因为下文还有"周恩来同志还派报童给柳家送《新华日报》，为他提供学习便利条件"这样一段话。可见柳诗中所说的"邸报"，指的就是《新华日报》。"邸报"这两个字，在这里用作"报纸"的别称，泛指一切报纸，自然也可以指《新华日报》，这是诗人的文学语言。如果几百年后的研究工作者，看到这首诗后，就如获至宝地得出公元1944年中国还有"邸报"，或某某报在1944年改称"邸报"这样的结论，岂不是大笑话吗？由此得到的启示是：对古代诗文集中提到的那些个"邸报"，不可拘于文义，过分当真，要作具体分析。

多，基本上只有一种，就是我们习惯称之为"邸报"的那一种。把"邸报"的许多别名，当成了一个个不同的报纸，完全是一种误解。

新发现的这份唐归义军"进奏院状"，对于我们考定邸报起始的时间，和解决有关邸报名称的问题，能不能有所帮助呢？回答是肯定的。主要表现在以下两方面。

第一，它为唐朝开始有邸报，提供了有力的物证。如果说，孙樵《经纬集》的《开元杂报》条是中国历史文献中关于邸报的较早的文字记载的话，那么这份"进奏院状"就是现存的最早的邸报原件。它以自身的存在，证明了孙樵《开元杂报》一文所叙事实的真实性，证明了中国邸报起始的时间，无论如何不会晚于唐朝。

第二，它为考定邸报的正式名称，提供了可靠的第一手材料。这份"进奏院状"开头第一行的"进奏院状上"这几个字，很值得注意。它告诉我们：历来被称为邸报的封建官报并没有一个正式的报名，如果开头的这句说明发报单位和发报性质的公文套语可以借用来作为报名的话，那么它的正式名称，应该就是"进奏院状"。此外的一些称呼，包括"邸报"在内，都只能是它的别称。这一点，从前引崔致远《桂苑笔耕集》、李德裕《会昌一品集》保留下来的大量有关"进奏院状报"的文字中，也可以得到证明。

唐代报纸的历史价值

一、唐代报纸的基本情况

通过对唐归义军"进奏院状"的研究，我们对唐朝时期中国报纸的以下一些情况，有了进一步的了解。

（一）发报制度

唐朝虽然沿用了汉隋以来地方各州郡在首都设邸的制度，但是并没有很好地加以管理。邸吏或进奏官都由藩镇们自己选派，不需要经过朝廷的批准和任命。那些个邸或进奏院也是分散设立各自为政的。徐松《西京城坊考》："崇仁坊有东都、河南、商汝、汴、淄、青、淮南、交州、太原、幽州、冀州、丰州、沧州、天德、荆南、宣歙、江西、福建、广、桂、安南、邕宁、黔南等进奏院。"所记的正是这种分散设立的状况。唐代宗大历十二年成立上都知进奏院以后，机构稍稍统一了，但是并没有一个像宋朝那样的由门下省编定，请给事中判报，然后通过进奏院报行天下的统一发报制度；也没有一套像宋朝那样的，以五日、十日或若干日为期，编成定本，送请枢密院审查的定稿制度；以及不许"忘传除改"和擅报"朝廷机事"之类的多如牛毛的禁令。所以如此，恐怕和唐朝藩镇专擅，政由方伯，而宋朝则集权于中枢这一历史背景有关。

新发现的这份"进奏院状"证实了上面这些情况，而且还为我们提供了以下一些细节：（1）各地藩镇派驻朝廷的进奏官，往往是他们自己的族属或亲信人员，他只对自己的主官即"当道"负责，不对朝廷负责；（2）为了及时传报有关朝廷的消息，进奏官总是紧紧地跟着皇帝和朝廷中枢机关，平时在首都，非常时期则随着皇帝的行在转移，几乎寸步不离；（3）所谓的"邸报"或"进奏院状"是这些进奏官们向派出他们的藩镇长官分别传发的官报，它没有上面规定的母本，也没有固定的发报日期。

由此，我们可以得出这样的结论：唐朝的"邸报"确实是一种封建官报。不过，它只是驻在首都的进奏官向派出他们的各地藩镇传报朝廷消息的地方一级官报，而不是中央官报。在唐朝，实际上还没有一种像宋朝那样的由封建王朝的中枢机关负责编辑、审定、发布的统一的宫廷官报。

我在以往写的《谈邸报》（刊 1956 年第 7 期《新闻业务》）一文中，曾经把唐朝的"邸报"，笼统地称为封建王朝的宫廷官报，现在看来，是不够准确的（这篇文章还沿用前人的说法，把邸报起始的时间定为汉朝，也是缺乏足够根据的）。同样，否认早期邸报的官办性质，认为"在唐代，邸报尚属半官方性质"①，以及认为唐朝的邸报已经"渐由内廷统一编印，以分发给各进奏院，俾传递至各节度使本部"②等之类的说法，也是未必妥当的。

（二）发报内容

在多数的情况下，"邸报"所传报的主要内容是皇帝的起居言行，朝廷的政策法令，官吏的升黜任免，臣僚的章奏疏表，以及朝廷的其他重大事件。孙樵在"开元杂报"上看到的"某日皇帝亲耕籍田，行九推礼，某日百僚行大射礼于安福楼南，某日诸蕃君长请扈从封禅，某日皇帝自东还赏赐有差，某日宣政门宰相与百僚争十刻罢"；他后来在"长安条报"上所看到的"今日除某官，明日授某官，今日幸于某，明日畋于某"；以及崔致远在《桂苑笔耕集》中所引的"进奏院状报"上的那些有关"改元""奉使""通和"和"枭斩黄巢首级""收捉草贼阡能"等消息；就都是这方面的内容。归义军节度使派驻朝廷的那个进奏官，平日所传报的很可能也是这方面的内容。

但是，在个别情况下，进奏官们也可能专就和本藩镇有关的问题，或本藩镇特别感兴趣的问题，进行专题性的集中报道。新发现的这份"进奏院状"就是这样。它所报道的有关归义军节度使派出专使为"论旌节"事和宰相、军容、长官们进行交涉的情况，正是"本使"当时最关心和最感兴趣的问题。这是一期专门

---

① 朱传誉：《宋代新闻史》，中国学术著作奖助委员会 1967 年版，第 48 页。

② 曾虚白：《中国新闻史》，三民书局 1977 年版，第 72 页。

就"论旌节"事进行集中报道的"进奏院状"。本藩镇派出专使到朝廷办交涉这样的事，三年五年也许还碰不上一次，这位进奏官在平日的"进奏院状"中所报道的，很可能还是前面提到的那些常规的内容。袁昶超在《中国报业小史》一书中为古代邸报所作的以下的一段设想，是接近于实际的："京师的其他消息，为藩王所感兴趣的，也可能附记在邸报之末。藩邸里面的书记，便是当日的通讯记者"（第2页）。他所设想的是平时的情况，这份"进奏院状"所提供的，则是一种特殊的情况。

和内容有关的还有一个写作的问题。从这份"进奏院状"看，当时的"进奏院状"既有照录起居注、时政记和官文书的部分，也有进奏官们自己编写的部分。前一部分照抄或作一些摘录就行了，后一部分则需要进奏官们自己动手。新发现的这份"进奏院状"的文字是很蹩脚的，这恐怕是作者来自长期受吐蕃统治的边疆少数民族地区，又是一位肚里墨水不多的赳赳武夫的缘故。中原地区的那些藩镇的进奏官们当不如此。他们所发的某些"进奏院状"，也可能是很有文采的。

（三）发报方式

从有关的文献和这份"进奏院状"所提供的情况看，一般的"邸报"是由进奏官们直接发给藩镇主官的，后者是这些"邸报"的第一读者。至于地方上一般官绅们所看到的"邸报"，包括孙樵在襄汉间看到的那几十页"开元杂报"，则很有可能不是原件，而是经过辗转誊录的抄件了。

和这相联系的，还有一个唐时邸报是否印刷的问题。自从孙毓修在《中国雕版源流考》一书中提到"近有江陵杨氏藏开元杂报七页，云是唐人雕本，……墨影漫漶，不甚可辨"以来，不少人曾经相信唐朝已有印刷报纸。但也有人表示过怀疑。向达教授在四十年前就曾经提出过疑问："开元杂报虽有边线界栏，而墨影漫漶不甚可辨，焉能必其即为刊印？即为唐本？矧读孙氏文，毫不见有刊刻之意耶？"[①]20 世纪 60 年代以后，也有不少同志提过同样的疑问。现在多数人都倾向于认为孙毓修提供的这段材料不可靠，即使有那么几页"云是唐人雕本"的"开元杂报"，也只能是赝品，唐朝并不存在印刷的报纸。我在 50 年代的时候曾经写过介绍"开元杂报"是中国第一份印刷报纸的文章，近 20 年来也改变了看法，不再那么提了。唐朝并不是不具备印刷报纸的条件，从现存的唐懿宗咸通九年王玠为二亲敬造普施的雕版《金刚经》看来，那一时代的雕版印刷水平已经很不低了。问题不在具备不具备印刷的条件，问题在于有没有印刷的必要。既然当时"邸报"的发报方式是由各藩镇派驻首都的各个进奏官分别传送给自己的长官，并没有一个由朝廷统一领导的发报机构，印刷就不是十分必要的。现存的这份完全用手写的"进奏院状"，就是一个证明。中国的印刷报纸，是在朝廷把发报权都集中于上都进奏院，需要大量复制的情况下才产生的。那已经是北宋以后的事情了。

根据了解到的以上情况，我们可以为唐朝的报纸作这样一个

① 向达：《唐代长安与西域文明》，生活·读书·新知三联书店 1957 年版，第 134 页。

简单的描述：它是一种由各藩镇派驻朝廷的进奏官，以各藩镇进奏院的名义，根据所采录到的朝廷消息，分别传发给各藩镇主官的手写官报。刊期不定，篇幅不等，没有报头。它的正式名称为"进奏院状报"，也被别称为"邸报""邸吏报状"等。朝廷对它的誊录传报工作及其内容没有限制。它只接受地方藩镇的领导，并不代表封建朝廷。它并不是封建王朝的中央宫廷官报。

二、古代报纸和近现代报纸的区别

看了前引唐归义军"进奏院状"的原文和上面的分析以后，也许有人会问：难道唐代的邸报就是这个样子？它能算是报纸吗？

是的，唐代的邸报就是这样！它就是当时的报纸！当然，确切地说，是原始状态的报纸。它有点近似于西方中世纪的新闻信，然而却比西方最早的新闻信还要早上好几百年。所不同的是，新闻信主要是为早期的西方资产阶级传达经济情报服务的，而早期的邸报，则主要是为封建地方政权了解朝廷消息，巩固和维护他们的统治地位服务的。

报纸作为一种新闻手段，从诞生、发展到现在，已经经历了一千多年的历史，它不是一下子突然形成的，而是逐渐形成的，形成之后，还有一个逐渐完善的过程。唐代的邸报，正处在这个过程的前期，它仅仅具备报纸的雏形，还很原始，还很不完善。研究它，可以帮助我们更好地了解报纸发展的历史轨迹。

古代报纸和现代报纸毕竟是有区别的。我们只能实事求是地承认这种区别，不能用现代报纸的模式去硬套和苛求古代的报纸。

我很欣赏姚福申同志的这段话："假定今天看到了邸报，也只以为是普通的公文手抄本。……即使邸报放在面前，我们也是有眼不识泰山的。"（《有关邸报几个问题的探索》，刊《新闻研究资料》第9辑）这段话说得很实在。事实正是这样。带着今天报纸的框框去研究古代报纸，其结果，不是过分拔高，把它们描述得过于现代化，就是要求过高，连一份报纸也找不到。因为，正如姚文所说："即使邸报放在面前，我们也是有眼不识泰山的。"

在国内，明朝的邸报已经罕见，无论唐宋。现在突然冒出一份唐朝报纸的原件来，自然是值得高兴的事。饮水思源，应该首先感谢向达教授。研究敦煌卷子的人，一般只重视其中的佛经、变文、词曲、契约文书和绘画印件，很少注意到"进奏院状"这类的东西，是他独具慧眼，首先发现了这份"进奏院状"，著之于目录，才使我们得以按图索骥，进行研究。海内外各图书馆庋藏的敦煌卷子，据台湾潘重规教授统计，近四万卷，其中会不会还有被湮没的唐宋两朝的"进奏院状"或"邸报"呢？我想，不排除这种可能。① 我相信，经过努力，今后还会有更多的古代报

---

① 例如，另外一些在反面抄有《季布骂阵词文》的敦煌卷子，就有可能是唐时的《进奏院状》或邸报。《季布骂阵词文》是唐朝无名作者所写的共有三百二十韵的长篇叙事诗，分别抄在藏经洞出土的十个卷子上，连缀起来，可以成为一篇完整的词文。它们的编号为：P3639、P2747、P2648、P3386、P3197、S5440、S2056、S5439、S5441、S1156。另外的九份也可能是在废旧的《进奏院状》的反面抄写的，只是不立首末，没头没尾，更不为人所注意而已。倘有机会把它们一一抄来看看，也许会有新的发现。

纸原件被发掘出来。我将延跂以待。

附　记

本文所引崔致远《桂苑笔耕集》、李德格《会昌一品集》关于"进奏院状"的几段材料，是从黄卓明同志赠送给人大新闻系资料室的报刊史资料汇录中转引过来的；所引《旧唐书·李师古传》中有关"邸吏状"的那段材料，是从姚福申同志《有关邸报几个问题的探索》一文中转引过来的（转引时查对了一下原书，发现末句"不可以不讨"，姚文作"不可不讨"，脱了一个"以"字，已经补上）。此外，还有几条材料是从朱传誉先生的《宋代新闻史》一书中转引过来的，发现这些材料的劳绩属于他们。文中没有一一注明，在此一并致谢。

唐代报纸的历史价值

055

民族解放的急先锋 *

　　鲁迅是中国文化战线上代表全民族的大多数，向着敌人冲锋陷阵的最正确、最勇敢、最坚决、最忠实、最热忱的空前的民族英雄。他从进入文化战线的第一天起，就以"发国人之内曜"（《河南·破恶声论》）的"精神界之战士"自居。"以广大农民和一切被压迫阶级的代言人自居，替他们呼号，为他们请命"①。在新民主主义革命时期，他自觉地遵奉"革命的前驱者"的将令，以"为着现在中国人的生存而流血奋斗者"为同志，心甘情愿地充当革命的马前卒，用自己的笔为革命服务，成为杰出的革命舆论战士。

　　鲁迅不仅仅是杰出的文学家，也是杰出的报刊活动家。

　　鲁迅的一生和报刊有着非常紧密的关系。报刊是他进行战斗

---

　　* 本文及《为民呐喊　为报斗争》《以笔为枪　以字为刃》根据 1977 年为北京大学中文系新闻专业起草的讲课提纲《鲁迅的报刊活动和他的办报思想》整理。

　　① 许广平：鲁迅回忆录，作家出版社 1962 年版，第 3 页。

的主要阵地。他用他那支如椽的巨笔，在报刊这个阵地上，为革命造舆论，建立了不朽的战斗的业绩。鲁迅在他的战斗的一生中，曾经在103家报刊上发表过742篇文章，其中：日报15家，254篇；期刊78家，466篇；外文报刊9家，14篇。

在他光辉的一生中，鲁迅先后参加过18种报刊的编辑工作。担任过《莽原》《语丝》《国民新报副刊》《奔流》《北新》等刊物的主编；担任过《新青年》《文学》（左联刊物）的编委；指导过《未名》《波艇》《鼓浪》《译文》和不少左联刊物的编辑工作。热情地支持《越铎日报》《晨报副刊》《民报副刊》和一些革命的进步的报刊的编辑和出版。和不少进步的中外新闻工作者，如邵飘萍、邹韬奋、斯诺、史沫特莱、山上正义等，都有亲密的关系。

他密切关注着革命的和进步的报刊宣传工作，鲁迅博物馆所存鲁迅藏书中就有218种报刊，包括《政治生活》（中共北方区委机关刊物，1926年前后出版）、《布尔塞维克》（1932年在上海出版）、《做什么》（广州区委机关报），《少年先锋》（广东团委机关刊物）、《向导》、《人民周刊》等。后四种是在广州的时候广东区委通过毕磊送给他的。

鲁迅的报刊活动大体上可以分成三个时期。

一、学生时代到1917年

1899年鲁迅在南京矿路学堂学习时，开始接触到《时务报》等维新派的报纸，同时给当时在上海出版的《游戏报》投过稿，名列该报征诗赠奖名单的前 10 名（1899 年 12 月 19 日），这是他和报刊发生关系的开始。由此，一直到 1936 年他去世，始终没有间断和报刊的关系。这一年他才 18 岁。

鲁迅在日本留学期间，正是资产阶级革命派的报刊宣传活动非常活跃的时期，各省的留日学生都办有鼓吹民主革命的专门刊物。年轻的鲁迅参加了光复会，积极为资产阶级革命派的报刊写稿，开始了"我以我血荐轩辕"的战斗历程。

早在 1903 年，鲁迅就在许寿裳主编的《浙江潮》上发表了《斯巴达之魂》《中国地质略论》等文艺作品和科学论文。以非凡的热情，歌颂了反抗外族侵略的爱国主义思想。特别对老沙皇的侵略野心及 1884 年以来沙俄特务在中国内地的活动，提出了警告，指出："中国者，中国人之中国。可容外族之研究，不容外族之探险，可容外族之赞叹，不容外族之觊觎者也。（《中国地质略论》）"

1907 年鲁迅从仙台医学专门学校退学到东京，决定从事文字宣传工作，用进步的舆论来改变"国民"的"精神"。他和几个朋友一道筹备在东京出版一份综合性的刊物，定名为《新生》。"但最先就隐去了若干担当文字的人，接着又逃走了资本"，剩下了不名一文的三个人，没有成功。这是鲁迅从事报刊活动的第一次尝试。《新生》没有问世，原来计划要写的一些文章，后来陆续在刘积学主编的《河南》杂志上发表，署名令飞、迅行。这些文章批判了资产阶级改良派的维新变法，颂扬了拜伦、雪莱、裴多菲等"恶魔派诗人的精神"，表彰了他们在资本主义上升时期对反动的统治阶级所进行的英勇的战斗。对于裴多菲，正如 20 多年后鲁迅在回忆这段往事时所分析的，主要宣扬他是一个"反抗俄皇的英雄"，以此来"鼓动青年战士的心"，激发他们进行民族民主革命的"斗志"（《奔流》二卷 5 期编校后记）。

1909 年鲁迅回国，在杭州、绍兴两地任教，"还给日报之类做了些古文，自己不记得究竟是什么了"（《集外集·序言》）。1912 年 1 月 3 日绍兴光复后不久，他和宋紫佩、孙德卿、陈去病等人一道发起创办了《越铎日报》，陈任总编辑，宋任总经理，从陶成章的"北伐筹饷局"拿来了余款 90 余元作为开办费。鲁迅以黄棘的笔名为该报写了《越铎出世词》，还帮助编辑们看稿，设计编排，担任"西报要闻"一栏的编译工作，从当时上海出版的《字林西报》等外文报刊上选译重要国际新闻供该报刊用。这在当时的地方性报纸上是较为突出的。鲁迅还建议在该报四版辟"稽山镜水"专栏，发表三言两语的短文，勇敢地嘲讽了混入新政府的旧官绅们的腐败，坚决地揭发了杀害秋瑾的谋主前军政府要员章介眉的罪行，对王金发的军政分府则提出了一些建议和希望。《越铎日报》出版 40 多天后，鲁迅就去南京教育部任职，后又转往北京，在北京期间仍与该报有联系，为该报副刊投过四五篇稿件。这个报纸在鲁迅离绍后不久，为地主阶级中的右派孙德卿、王文灏等所把持，成为拥袁反孙反王（金发）的报纸，大革命后成为国民党右派的机关报。鲁迅对孙德卿之流很反感，曾在日记中斥其"可笑"和虚妄。

创办日报的这一次尝试由于去南京和北京任职而中辍了。此后一直到 1917 年，鲁迅除了偶尔给一些报刊，如《越社丛刊》和教育部办的《编纂处月刊》写点东西外，始终潜心于中国古典文化遗产的研究，没有更多地参加报刊活动。

从学生时代到 1917 年，鲁迅这一时期的报刊活动主要是站在资产阶级民主革命派的立场上，为反帝反封建的旧民主主义作宣传，从唤起人民觉醒，改造国民性到"监督行政，促进共和"，为实现资产阶级革命派的政治理想而大声疾呼。

二、1918—1927 年

这一时期，鲁迅在"十月革命"的号召下，在列宁的号召下，在革命前驱者的将令的指挥下，站在激进的革命民主主义者的立场，参加了五四新文化运动和无产阶级领导下的新民主主义革命，写下了大量锐不可当的杂文和其他文学作品，在思想文化领域和各种反动流派反动思潮进行了针锋相对的斗争。这一时期他参加了近 20 种报刊的编辑和撰稿活动，主要有以下几家。

《新青年》（1915 年 9 月 15 日创刊）。陈独秀主编，是五四时期宣传新文化运动的主要刊物。鲁迅从 1918 年 4 月起开始为该刊写稿。第一篇是五四时期的著名小说《狂人日记》，从此"一发而不可收"，在两三年的时间内，陆续在该刊发表了《孔乙己》《药》《风波》和《我之节烈观》《我们现在怎样做父亲》等 37 篇作品。《新青年》有一个时事短评专栏叫"随感录"，鲁迅从 1918 年 9 月起开始为这个专栏写短评，先后写了 27 篇，和新文化运动的种种敌人展开了短兵相接的白刃战，摧枯拉朽，所向披靡，给读者以巨大的感染。1918 年初，《新青年》进行了一次改组，鲁迅参加了它的编辑工作会议。

《晨报》（1918 年 12 月创刊）。创办人汤化龙，总编辑蒲伯英。五四运动前该报第七版曾请李大钊主编，在他的支持下发表过一些宣传马克思主义的文章，出版过"马克思诞辰 104 周年纪念专号"。鲁迅从 1919 年起就应邀为该报创刊纪念增刊写过文章。1920 年孙伏园接办副刊，提倡白话、"标点"和"学术性""民主性"，以师生关系邀鲁迅写稿，著名的《阿 Q 正传》就是从 1921 年 12 月 4 日起在该刊连载的。此后，一直到 1924 年，先后在该刊发表了近 30 篇文章（内杂文 26 篇）。这个副刊在鲁迅的指导和支持下，发表过许多新文学作品，译载过高尔基等世界著名作家的作品，为五四运动以后的新文学的发展作出了重要的贡献。

《京报》（1918 年创刊）。邵飘萍主办，政治上倾向广东革命政府。1924 年 12 月 5 日起孙伏园接任该报副刊主编，鲁迅开始为该刊撰稿，在 1924—1925 两年间，先后发表了 37 篇杂文，多数是短评，光是以《忽然想到》《并非闲话》为题的便有一二十篇，关于青年必读书问题的著名回答就刊于该报。《京报》共有 20 多种副刊，鲁迅不光为《京副》撰稿，也给《京报》的《文学》《民众文艺》等副刊写过稿，著名的《战士和苍蝇》即发表在《民众文艺》上。鲁迅、许寿裳等 7 名教授为支持女师大学生的驱杨运动而拟的《对于女子师范大学风潮宣言》，也是首先在这个报纸上发表的。

《莽原》(1925 年 4 月 24 日创刊)。附于《京报》发行，原来也是《京报》的副刊之一。后脱离《京报》改为半月刊，由未名社发行，鲁迅在开始的一个阶段担任过它的主编，经常撰稿的有未名社的一群作家。每期除附《京报》分送外，另由《京报》赠印 3000 份作为稿酬，"看的人也不算少"(《两地书》)。刘和珍就是它的全年订户之一。鲁迅在《莽原》上先后发表了 39 篇文章，几乎全部是战斗性很强的杂文，其中如《春末闲谈》《灯下漫笔》《论费厄泼赖应该缓行》等，都是传诵一时的作品。《莽原》社址在北京西城锦什坊街 96 号，只有两间房子，"三一八"事件后鲁迅曾一度到此避难。鲁迅 1926 年到厦门后仍然关心《莽原》的出版工作，约司徒乔为《莽原》设计封面，支持韦素园办好这个刊物。

《语丝》(1924 年 11 月 1711 创刊)。《晨副》易手后孙伏园等人在鲁迅支持下创办的一份以刊载杂文为主的周刊。1927 年 10 月以后，迁上海出版，1930 年停刊。《语丝》的主要成员除鲁迅外，有钱玄同、林语堂、顾颉刚、周作人、章廷谦、孙伏园、李小峰等。鲁迅在《语丝》初创时，曾经支援过这个刊物的印刷费，并且是它的最主要的撰稿人（迁上海后一度任主编）。先后在这个刊物上发表过近 130 篇杂文，仅第一年就写作了 43 篇，其中如《论雷峰塔的倒掉》《说胡须》《从胡须说到牙齿》，以及稍后一个时期写的《学界的三魂》《记念刘和珍君》《略谈香港》等，"一经发表后，无论在语言形式方面或是内容方面，在当时都是脍炙人口的，……为《语丝》初期创造了扩大影响的条件"（章川岛《忆鲁迅先生和语丝》）。在鲁迅的大力扶植下，《语丝》的不少文章"任意而谈，无所顾忌""催促新的产生，对于有害于新的旧物，则竭力加以排击"（同上），"有好些是别的刊物所不肯说，不敢说，不能说的"（《书信·致章川岛》1927年8月17日），和北洋军阀的黑暗统治进行了不可调和的斗争。但是《语丝》"本无所谓一定的目标，统一的战线，那16个投稿者，意见态度也各不相同"（《三闲集·我和语丝的始终》）。《语丝》的命名也是带有随意性的。"凡社员的稿件编辑者并无取舍之权"（同上）。因此，不少文章的精神是互相抵触的：一方面，在声讨段祺瑞政府屠杀学生的血腥罪行；一方面，又在进行烦琐的古代史考证。"费厄泼赖"也是周作人、林语堂之流首先在《语丝》上提倡起来的。只有鲁迅自始至终地站在《语丝》的最前线，以战斗者的姿态，严肃地、不屈不挠地和黑暗作殊死的斗争。对《语丝》的这种状况，鲁迅是深为不满的。

这一时期，在他参加编辑和撰稿的报刊上，鲁迅热情地歌颂了十月革命。急切地盼望着"刀光火色"中的"新世纪的曙光"（《新青年随感录·圣武》），严正驳斥了封建顽固势力对"十月革命"和马列主义的诬蔑，以及他们的反动叫嚣，激励中国人民像俄国人民那样。"用骨肉碰钝了锋刃，血液浇灭了烟焰"，前赴后继，在反帝反封建的斗争中赢得最后胜利。

在这些报刊上，鲁迅以冲决罗网的战斗精神，对孔孟之道进行了猛烈的冲击。对尊孔读经的孔孟之徒，维护旧文化旧道德旧制度的封建复古派，抱残守缺，把肿毒当成宝贝的国粹主义者，作了尽情的揭露。

在这一时期的报刊活动中，鲁迅还充分运用掌握在自己手里的舆论工具，和地主资产阶级以及反动军阀官僚政客的御用报刊《学衡》《甲寅》《现代评论》等进行了针锋相对的斗争。

《学衡》创刊于 1921 年 1 月，吴宓、梅光迪、胡先骕等主编，是一份反对新文化运动宣传复古主义的刊物。《甲寅》周刊创刊于 1914 年 5 月，章士钊主编，是一份提倡封建复古运动的"自己广告性的半官报"。《现代评论》周刊创刊于 1924 年 12 月，陈源主编，是一份反苏反共拥段拥蒋的反动刊物。在复古的逆流中，这几个刊物都叫得很响。《学衡》攻击新文化运动是"弊端丛生，恶果立现"，主张"倡明国粹，融化新知"。《甲寅》则主张"读经救国"，攻击推行白话文"诚国家之大创，而学术之深忧"。《现代评论》也大唱"整理国故"的滥调。鲁迅在《猛进》《京报》《晨报》《莽原》等报刊上先后发表了《十四年的读经》《青年必读书》《估学衡》《灯下漫笔》等文，对这三个报刊所掀起的复古主义的逆流作了迎头痛击，对他们文章中的文理荒唐、逻辑混乱和用典错误之处，进行了辛辣的讽刺和嘲笑。当驳斥陈源的文章《不是信》在《语丝》上发表时，刊物未到，发售处就挤满了人，"一到就抢光了"（李霁野《回忆鲁迅先生》）。

"五卅运动"和 1925 年女师大学生反对反动校方的学潮发生前后，这几个刊物都竭力为段祺瑞反动统治辩护，讨好帝国主义，反对工农学生的爱国运动，支持章士钊、杨荫榆对进步学生的镇压。鲁迅在《京报副刊》《语丝》《莽原》等报刊上写了《碰壁之后》《忽然想到》《并非闲话》等战斗杂文，对这些刊物和那些"正人君子们"充当帝国主义走狗和北洋军阀喉舌的反动嘴脸，作了无情的揭露，鼓舞了不少"被人打击了而没法申诉的弱者"，使她们"每捧读到一篇文章，就得到一种勉励"（许广平《关于鲁迅的生活》）。

对于这几个反动刊物的种种谬论，当时在上海出版的《向导》《中国青年》等党的机关报刊虽然也作过一些批判，但是由于这些报刊当时忙于推动南方一带日益高涨的群众革命运动和反击国家主义派及国民党右派的进攻，对处在北洋军阀统治地区的这场战斗，没有投入很大的力量。给这几个反动刊物以沉重打击的，是鲁迅和在他支持下在北京出版的《语丝》《莽原》《京报副刊》《猛进》《国民新报副刊》等这几个报刊。鲁迅是这场反击战的主将。

三、1927—1936年

这一时期共 10 年，是鲁迅一生中最光辉的 10 年，也是他的报刊活动最活跃的 10 年。

这 10 年中，鲁迅以上海为基地，先后参加了 72 种报刊的编辑和撰稿活动，在报刊上发表了 400 多篇充满了战斗锋芒的杂文，数量上超过了前两个时期的总和，其中仅 1933 年一年就发表了 130 多篇，篇篇都是刺向敌人心脏的利剑。这 10 年也是鲁迅在舆论战线上，为新民主主义革命的胜利，为新中国的诞生进行英勇战斗的 10 年。以 1927 年"四一二"前后发表的一些文章为标志，鲁迅已经轰毁了自己头脑中的进化论思想，接受了唯物史观、辩证法和阶级分析的观点，由激进的小资产阶级的革命民主主义者转化为马克思列宁主义者，成为自觉的无产阶级的革命舆论战士。

在这一时期的报刊活动中，鲁迅和党保持了亲密的联系，他引"那切切实实，足踏在地上，为着现在中国人的生存而流血奋斗者"为同志，深信"惟新兴的无产者才有将来"，热情地支持革命的新生事物，支持苏区的革命斗争，向形形色色的敌人进行了有力的挞伐。

1927 年秋，鲁迅到达上海，立即开展报刊活动。

在 1927—1930 年初这一阶段，鲁迅先后担任了《语丝》（这时已迁到上海）、《奔流》（1928 年 6 月创刊）、《朝花》（1928 年 12 月创刊）、《文艺研究》（1930 年 2 月创刊）等刊物的主编，支持《未名》等刊物的编辑工作，还经常给《北新》和《文学周报》等刊物写稿。

1930 年 3 月左联成立。在 1930—1933 年这 3 年间，鲁迅以主要力量从事左联的一些机关刊物的编辑工作，先后担任过《萌芽》、《巴尔底山》、《前哨》（后改《文学导报》）、《十字街头》等刊物的主编，写了不少评论文章。《硬译与文学的阶级性》《丧家的资本家的乏走狗》（以上刊《萌芽》），《中国无产阶级革命文学和前驱的血》（刊《前哨》），《沉滓的泛起》《友邦惊诧论》（刊

《十字街头》）等著名杂文，就是在这些刊物上发表的。在白色恐怖下，这些刊物的寿命都很短，最长的《前哨》只出了8期，最短的如《十字街头》，只出了3期。工作条件是比较艰苦的。除主编这些刊物外，鲁迅还积极为《拓荒者》《北斗》《文学月报》等其他左联刊物写稿，关心它们的编辑和出版工作，成为左联系统各报刊的实际上的总指导者。

1931年3月，左联的外围刊物之一《文艺新闻》创刊，这是一个小型的周报，以报道国内外文艺界的新闻为主，以通讯、特写、访问记、报告文学等多种形式反映文艺战线的动态和进步文艺工作者对当前重大政治问题的意见，兼刊一些文艺批评方面的文章，办得比较活跃。鲁迅积极支持这个周报的出版，为这个周报写作了《上海文艺之一瞥》等文章，并在《我对于"文新"的意见》一文中，对这个周报的出版提出很多带指导性的建议。在鲁迅的支持下，以《文艺新闻》的编辑记者为核心成立了中国左翼新闻记者联盟、隶属于左联，并在《文艺新闻》上出版《集纳》专页，"以科学的唯物主义的观点来研究新闻学理论"。这是企图以马克思主义为指导来研究新闻理论的中国的第一个新闻学专刊。

1933年以后，左联的刊物大部被封。恰好这时《申报》的副刊《自由谈》由黎烈文接编，转请郁达夫来约稿，鲁迅接受了，于是从1933年1月起就开始为《自由谈》写稿。《申报》的《自由谈》创办于1912年，向来是鸳鸯蝴蝶派的阵地，前任主编周瘦鹃就是这一派的健将，所刊多卿卿我我的言情小说。黎烈文主编后作了一些改进，以刊载随感性的时事评论文章为主，同时刊载一些文学批评和诗歌、小说等文学作品。每天出一期，每期3000多字，经常保持五六篇稿件。有时还围绕一个专题，组织专版，短小精悍，办得比较活跃。参加写稿的有不少是"左翼普罗作家"。鲁迅开始只是"漫应之"，后来一发不可收拾，在大约一年半的时间内先后为《自由谈》写作了128篇短评。《伪自由书》《准风月谈》《花边文学》中的大部分文章就是这一时期在《自由谈》上发表的。鲁迅在《自由谈》上发表的文章，"时有对于时局的愤言"，其中的第一篇《逃的辩护》（刊1933年1月30日《自由谈》），就是对国民党反动派的讥评。这些闪烁着熠熠的战斗锋芒的匕首和投枪，受到了读者的热烈欢迎，使《申报》的发行数字，在一年半的时间内由145400份增长到150600份。黎烈文去职后，鲁迅继续为《自由谈》供稿，一直到1934年的8月。鲁迅为《申报》写稿的这一个时期，是他在报纸上发表文章最多的一个时期。

1933年下半年到1936年他逝世这3年，鲁迅除了继续担任《文学》的编委和主编过三期《译文》（1934年9月创刊）外，没有再作编辑工作。主要精力用来写文章，为各个刊物供稿，用杂文和政论文进行战斗。

这一时期，鲁迅先后在近20种报刊上发表文章。其中发表文章较多的是《文学》月刊和《太白》半月刊。《文学》创刊于1933年1月，郑振铎主编，鲁迅和茅盾、郁达夫、叶绍钧等都是编委，是一个大型综合性的文艺刊物。鲁迅的《谈金圣叹》《病后杂谈》《又论第三种人》等 26 篇杂文，就是在这个刊物上发表的。《太白》是一个以刊载杂文、散文、小品文和反映社会现实的评论文章为主的刊物，陈望道主编，1934 年 9 月创刊，只出版了一年。鲁迅的《考场三丑》《论人言可畏》等 23 篇杂文，即在这个刊物上发表。此外，在生活书店出版的《新生》(1934 年创刊，杜重远主编)、《读书生活》(1934 年创刊，李公朴主编)上，鲁迅也发表过一些文章。

《太白》停刊后，上海涌现了一批由新进作家主编的文学刊物和综合性时事刊物，这就是 1936 年初创刊的《中流》(黎烈文主编)、《作家》(孟十还主编)、《海燕》(史青文主编)、《文学丛报》(王元亨、马子华主编)、《夜莺》(方立中主编)等。鲁迅对这些多少能够讲点话的"稍有生气"的刊物，给以很大支持，关心它们的出版，为他们代约稿件，自己也积极供稿。鲁迅的《答徐懋庸并关于抗日统一战线问题》《半夏小集》和《答托洛斯基派的信》等文，就是在这些刊物上发表的。

在这一时期的报刊上，鲁迅通过他所写的杂文，用犀利矫劲酣畅淋漓的笔墨，对形形色色泛起的沉渣进行了鞭辟入里的刻画、嘲讽和批判。在他的笔下，不论是尊孔复古的官僚政客，鼓吹人性论充当资本家的乏走狗的陈源、梁实秋，号称第三种人的苏纹、施蛰存，"倚徙华洋之间，往来主奴之界"满脸西崽相的林语堂，披着民族主义文学外衣的法西斯鹰犬黄震遐、朱大心，打着小资产阶级文学旗号的叛徒特务杨村人，自称"革命文学家"实际上是"△"专家的张资平，鼓吹"且喝杯中酒，国事管他娘"的反动文人曾今可和化名狄克的王明的门徒张春桥，都在他的笔下，撕破了画皮，露出了丑恶的嘴脸。

1931年"九一八"事变后，日本帝国主义占领了东北三省，进一步挥军入关妄图吞并整个中国。蒋介石政府则推行"安内始能攘外"的卖国投降政策，对外丧权辱国，对内实行反革命的军事围剿。鲁迅在这一时期的报刊上，通过他所撰写的几十篇杂文，对他们进行了猛烈的抨击。其中如刊登在1931年12月25日《十字街头》上的《友邦惊诧论》、刊登在1933年5月5日《申报》《自由谈》上的《文章与题目》、刊登在1933年5月19日《申报》上的《天上地下》等，都针锋相对地揭露和痛斥了蒋介石的卖国罪行，对残民以逞的国民党反动派进行了尖锐的嘲讽。

在发表在《萌芽》《作家》《文艺新闻》等报刊上的一些政论文章和杂文中，鲁迅特别对那些"伏在大纛荫下"的"左"倾机会主义者们的"嘴脸"，作了深刻的勾画，指出这一伙人是空喊"革命"的口号，"故作激烈的唯物史观"，"摆出一种极左倾的凶恶面貌"，打击别人，"以显其'正确'"和自我吹嘘的假革命者（《文艺新闻》第20～21期，《上海文艺之一瞥》）。对于这些人的种种丑恶表演，鲁迅虽然在重病中也总是不放过一切机会，立刻提起笔来，进行无情的揭露和斗争。

当张春桥化名狄克在反动报纸《大晚报》的"星期文坛"上发表题为《我们要执行自我批判》的文章对进步小说《八月的乡村》横加指责时，鲁迅立即在1936年5月出版的《夜莺》月刊上发表了《三月的租界》一文，给以反击。鲁迅对张春桥之流的王明的门徒们，舒舒服服地住在"三月的租界"里，动不动就指手画脚，挥舞大棒，对进步的作品进行"含糊的指责"，定下"比列举十大罪状更有害于对手"的罪名一节，表示了极大的愤慨。质问说，张春桥并没有等到"丰富了自己以后"，再来做"正确的批评"，凭什么对作者提出这样苛刻的要求？难道为了等待坦克，就不妨"先折断了投枪"？这种做法，难道不是向敌人"献媚"和帮助敌人"缴"了自己的"械"吗？

鲁迅的这些文章体现了他大无畏的革命精神。"他的笔是对于帝国主义、汉奸卖国贼、军阀官僚、土豪劣绅、法西斯蒂以及一切无耻之徒的大炮和照妖镜"（《党中央和苏维埃政府为鲁迅逝世发出的专电》）。他留下来的在报刊上发表过的上千篇杂文，是留给革命新闻工作者的极其珍贵的精神遗产。

为民呐喊　为报斗争

一、鲁迅的杂文

作为革命的舆论战士，鲁迅进行战斗的主要武器是他的杂文——一种轻捷、灵活、锋利的报刊评论文体。他一生中写作了近千篇杂文，在他的全部作品中，占了很大的比重，光是杂文集就有 16 本之多。

杂文这种体裁并不是鲁迅的发明，列宁就曾经把自己在报刊上发表的许多论战性的评论文章称为杂文。在中国，杂文或称杂感，戊戌时期即已见于报刊。五四运动以后运用得更为普遍。《新青年》的"随感录"，《湘江评论》上的"放言"，《政治周报》上的"反攻"，《向导》《中国青年》上的"寸铁"，即是。鲁迅是这一战斗的报刊文体的集大成者，是杂文艺术的大师。

鲁迅的杂文有一些是有文学色彩的，近于抒情的散文，如《野草》上的《秋夜》《腊叶》，《华盖集》上的《长城》，以及

《准风月谈》上的《夜颂》等。但多数的杂文实际上就是今天所说的"小评论"或"短评"。鲁迅自己也经常把他写的杂文称为"短评"。他在1932年自编的《鲁迅译著书目》、1935年所写的《自传》中，都把已出版的那些杂文集子称为"短评集"，如"《热风》1918年至1924年的短评""《华盖集》短评集之二""《二心集》短评集之四"，等等。在一些文章中，鲁迅还自称他"常常写些短评"(《花边文学·序言》)，称他的杂文为"我的短评"(《三闲集·我的态度气量和年纪》)。鲁迅的不少短评，都是紧密配合当时的现实斗争的。其中如《无花的蔷薇之二》，是对段祺瑞政府屠杀革命群众的罪行的声讨，作于"民国以来最黑暗的一天"，即"三一八"惨案的当天。《伪自由书》《准风月谈》中的一些短评，反映得更快，具有明显的报刊评论的特点。

鲁迅的杂文具有多种形式。

有的近似于今天报刊上的通讯。如《再谈香港》(1927年9月29日作于港沪船上，刊《语丝》，后收入《而已集》)以第一人称记船过香港时受海关检查的详细情况，揭露了港英当局及"英属同胞"以检查为名对旅客进行讹诈和刁难的种种情景。实际上，这是一篇很生动的通讯。《阿金》(见《且介亭杂文》)记述了一个女工的遭遇，《看萧和"看萧的人们"记》(见《南腔北调集》)记述了萧伯纳在上海逗留期间的言行和社会上各阶层的人对萧的评论和反映，都近似于人物通讯。此外，《萧伯纳在上海》是把"当天报刊的捧与骂，冷与热，把各方态度的文章剪辑下来""连夜编辑出来的"[1]，类似综合报道；《上海通信》（刊《语丝》是 1926 年 8 月底从上海写给北京友人的一封信）、《述香港恭祝圣诞》（刊《语丝》，是 1927 年 11 月托名华约瑟写给《语丝》编者的一封信）采用了通讯的体裁；《马上日记》（刊 1926 年 7 月 5—12 日《世界日报》）采用了日记的形式，都有通讯的味道。特别是《马上日记》有情节，有人物活动，有人物对话，写出了北洋军阀统治下的北京的形形色色，其中有军阀的跋扈，有帝国主义分子和高等华人的骄横，有资产阶级卖野人头的商业广告，有小市民们的麻木不仁。和民初黄远生的《新闻日记》一样，都可以算是广义的通讯。在形式的多种多样，语言的生动活泼，反映的及时迅速等方面，鲁迅的这些"通讯"都是很值得学习的。

鲁迅就是这样运用杂文这一武器，为革命造舆论和在报刊上进行战斗的。为了战斗，鲁迅放弃了搞长篇小说，搞大部头文学史的计划，他不顾敌人们的攻击、诱惑和好心的朋友们的劝告，不要诺贝尔奖奖金，坚持用杂文这一便于短兵相接的匕首和投枪，在百年魔怪舞翩跹的旧中国，对于一切有害的旧事物，给以猛烈的抗争和锋利的袭击。"使不是东西之流缩头"（《且二·徐懋庸作〈打杂集〉序》），"使麒麟皮下露出马脚"（《华续·我还不能"带住"》）。他的杂文反映了"中国的大众灵魂"（《准风月谈·后记》），是中国人民的宝贵精神财富，是无产阶级新闻战士

---

① 许广平：鲁迅回忆录，作家出版社 1962 年版，第 125—126 页。

的学习的典范。

二、鲁迅的舆论阵地

鲁迅一生虽然给近 100 家报刊写过稿，参加过近 20 家报刊的编辑工作，但是受条件的限制，始终没有办成报纸。他自己也早已得出结论：在北洋军阀和国民党反动派的白色恐怖下，"我们自己绝办不了报纸"[1]。

党在苏区和白区出版的一些报刊是革命的舆论阵地，但鲁迅不是党员，而且从长远的战斗需要考虑，为了在"黑暗势力统治下面"坚持下去，也不宜于在党报上公开发表文章。因此除了自己主办的一些刊物和自己担任主编的左联的一些刊物外，只能利用可以利用的舆论阵地来发表文章。

鲁迅经常发表文章的报刊，基本上属于两种类型。

（一）进步报刊

这种是当时的进步报刊，或有一定进步倾向的报刊。

1. 邵飘萍主办的《京报》。这份报纸在当时甚至被一些反动派说成是"苏维埃之御用品"（观棋《北京报业偶谈》）。

2. 国共合作时期国民党"左派"的一些报纸。

例如《国民新报》，这是在当时的国民军首脑冯玉祥的支持下出版的一份报纸。1925 年 9 月在北京创刊，总编辑邓飞黄。这

---

[1] 李霁野：《回忆鲁迅先生》，新文艺出版社 1956 年版，第 33 页。

个报纸有中英文两版，大力宣传孙中山的"新三民主义"和"联俄、联共、扶助农工"三大政策，报道苏联国内建设消息和苏联人民支持中国革命的消息，斥责段祺瑞为"卖国贼""帝国主义的走狗"。"三一八"惨案的第二天，曾以"段祺瑞屠杀爱国人民"为题用整版篇幅报道事件经过，并陆续发表了《段祺瑞三大屠杀》《卖国贼及其走狗之妖言》等社论，声讨西山会议派破坏革命的罪行。鲁迅从 1925 年 12 月 5 日起，到 1926 年 2 月 10 日止，应邀担任这个报纸的副刊的主编，共编发了 60 多期副刊，内容以时事性评论文章、散文、译文为主。他的《"公理"的把戏》《这个与那个》等 13 篇杂文即在这个副刊上发表。经常为这个副刊撰稿的还有许寿裳、冯至和未名社的一班人。《鲁迅日记》从 1925 年 12 月 2 日到 1926 年 5 月 6 日，有 21 次和邓飞黄通信、晤谈和开会研究编辑工作的记录。这个报的社会科学副刊曾发表过列宁《国家与革命》的译文。李大钊也为这个报纸写过文章。

再如北京、上海两地的《民国日报》。国共合作时期，国民党在全国各地办过不少《民国日报》，多数由左派掌握。如武汉的《民国日报》（国民党湖北省党部机关报）就由董必武任社长，沈雁冰任总编辑，毛泽民任总经理。汕头的《岭东民国日报》（粤东地区国民党党部机关报）的报头就是周恩来题的字，列宁《国家与革命》的第一次中文全译本，就首先在该报发表。上海和北京的《民国日报》创刊较早，前者在五四时期即已出版，后者创刊于 1925 年，两刊都发表过鲁迅的文章。鲁迅在北京《民国日报》创刊前三天，就亲自到报社送稿，给该报以很大的支持。

此外还有广州的《国民新闻》(1925 年 8 月创刊)。这是国民党广东省党部的机关报,社长甘乃光当时和国民党左派廖仲恺的关系比较亲近。鲁迅到广州前该报刊登过不少欢迎和介绍鲁迅的文章。鲁迅到广州后的第三天,它的副刊《新时代》的主编梁式就来约稿,新近发现的鲁迅的重要佚文《庆祝沪宁克复的那一边》,就是在这个副刊的第 11 期上发表的。这个报纸在"四一五"后为右派掌握。梁式曾写过三篇回忆鲁迅的文章,后来堕落为文化汉奸。

3. 邹韬奋等进步文化工作者主办的报刊,如《新生周刊》《读书生活》《太白》等。

4. 创办初期"还有一点朝气"的报刊,如《新潮》《涛声》《新语林》等。

《涛声》半月刊,1932 年 8 月创刊。主编人曹聚仁,当时是暨南大学教授,提倡汉文拉丁化。鲁迅有《论"赴难"和"逃难"》等五篇文章在该刊发表。《芒种》半月刊,1935 年 3 月创刊,也是曹聚仁主编,鲁迅在该刊发表过《题未定草》等三篇文章。鲁迅之所以支持它,是因为"《芒种》是反对林语堂的刊物"(《书信·致增田涉》,1935 年 3 月 23 日)。

(二) 暂可利用的报刊

这种是政治上保守或反动,但由于所代表的政治力量居于在野的地位,和当权的反动政府有矛盾,是可以暂时利用的报纸。《晨报》《世界日报》《中华日报》《申报》等属之。

《晨报》是进步党的报纸，一度为阎锡山、张作霖所控制，政治上属于资产阶级的右翼，但是在北洋和国民党各派的派系斗争中不属于嫡系，经常处于在野的地位，因此，有时也放言高论，说点漂亮话，摆出一副兼容并包的样子。

《世界日报》是成舍我主办的报纸，标榜"以国民意见为意见""以超党派立场争取全民福利"，实际上接近国民党右派，和孙文主义学会、西山会议派关系密切。但是在北洋军阀统治时期，它仍然算是一个"在野"政党的报纸，所以对北洋政府有时也说点批评的话。鲁迅应邀为《世界日报》写过《马上日记》等7篇杂文，也正是在这一时候。刘半农当时是这个报纸的副刊编辑。鲁迅写稿，也是为了照顾老朋友的面子。

《中华日报》是汪精卫系统的改组派的报纸，林柏生主编。改组派是国民党内部的争权夺利而形成的一个反动的政治集团，这个集团打着改良主义的旗帜，戴上国民党左派的假面具，欺世盗名，进行争权活动，办有《革命评论》《前进》和《中华日报》等报刊，进行舆论上的鼓吹，经常"以激烈态度批评南京政府和反击吴稚晖等人的谩骂"（范予遂《我所知道的改组派》）。鲁迅给这个报纸的几个专刊写过27篇杂文。

《申报》是另一种情况。它不属于某一个资产阶级政党派系。言论偏于保守，经常反映民族资产阶级的政治态度。"九一八"事变后，民族矛盾上升为主要矛盾，它从本阶级的利益出发，对蒋介石的"先安内后攘外"的那一套做法有所不满，态度稍有改变。《自由谈》主编人的易手就是在这个时候。鲁迅在1933—

1934年之际，先是为黎烈文主编的《自由谈》，黎去后又为张梓生主编的《自由谈》写稿，同时为《申报》主办的另一副刊《申报月刊》（俞颂华主编）写稿，在一年多时间内共为《申报》写了142篇评论文章，成为他一生中最高产的时期。

三、选择报刊原则

（一）对于这些报纸，主要是利用他们的版面和他们的公开的合法的地位

在进步的革命的报刊受到压抑，自己又办不了报纸，缺少舆论阵地的情况下，这种利用是有必要的。马克思给《纽约论坛报》写过文章，毛主席给长沙的《大公报》《湖南通俗报》写过文章，就是这方面的先例，是出于斗争的需要。当然，这些报纸的政治倾向是不同的，例如《世界日报》是亲蒋的；《中华日报》当时是反蒋的；《晨报》对于当权的反动统治者有奶就是娘，哪一派上台就捧哪一派；《申报》是"最求和平，最不鼓动革命的报纸"（《二心集·非革命的急进革命论者》），但都是资产阶级报刊。给他们写稿不等于同意他们的政治主张。想说什么，就说什么；能利用就利用；不让说，不能利用就拉倒，主动权掌握在自己的手里。鲁迅对此作过精辟分析："报纸没有一家没有背景，我们可以不问，因为我们自己绝办不了报纸，只能利用它的版面，发表我们的意见和思想。不受到限制，干涉，就可以办下去；没有自由，再放弃这块阵地。总之，应当利用一切机会，打破包围

着我们的黑暗和沉默。^①"因此，对于一切可以利用的舆论阵地，鲁迅总是不放过的。韦素园到《民报》，孙伏园到《京报》担任编辑，都得到过他的极力支持。

（二）在整个报纸的各个版面中，主要利用它的副刊

中国报纸从 19 世纪 70 年代起就有副刊，有的报纸还不止一个副刊，这些副刊通常接收外稿，有时还委托报社以外的人编辑，成为可以利用的舆论阵地。一般情况下，报纸正副刊的基本政治观点是一致的，但是在一定条件和一定情况下，也可能出现某种程度的不一致。原因是多样的。有的是办报人有意识地给副刊以相对的自由，这对进步的副刊的编辑人实际上是一种支持。他们的基本观点是一致的。有的是办报人在可以允许的范围内，开放部分篇幅，为自己装点门面，以广招徕，并不一定同意其中的观点。但在实际上则给自己办不了报的进步团体和个人提供了可以利用的讲坛。五四运动以来，许多曾经起过进步作用的副刊，就是这样办起来的。《民国日报》的《觉悟》《国民新报》副刊、《京报》副刊大体上属于前者，《晨报》副刊、《时事新报》的《学灯》《文学周报》和《中华新报》的《创造日》属于后者。除《创造日》外，前引的一些副刊鲁迅都写过稿。

利用副刊的相对独立性宣传自己的观点，是革命舆论战士在反动统治地区迫于形势而采取的一种权宜之计。但是要注意一点，就是要坚持原则。正如鲁迅在支持韦素园接编《民报》副刊

① 李霁野：《回忆鲁迅先生》，新文艺出版社 1956 年版，第 33 页。

时所说："自己办不了报，一般报纸不可能干干净净，我们只能利用它的一角，说自己的话，不作原则性的迁就就好了。[1]"

（三）即便如此，也不是所有的报纸都可以利用的

有些反动报纸鲁迅就决不和它们打交道。他所说的"人家在办报，我决不自行去投稿"（《华盖集·海上通信》），指的就是这种报纸。

例如《中央日报》，武汉时期沈雁冰、孙伏园担任副刊主编的时候，是革命的，鲁迅很支持，曾经表示即使累到"须吃药做文章"，也"非投稿不可"（《两地书》）。他的《无声的中国》等两篇文章就是在那一时期的《中央日报》的副刊上发表的。国民党右派叛变革命后，《中央日报》成为右派的反动喉舌，鲁迅就不再和他们来往。《时事新报》，鲁迅在五四时期曾经投过稿，当这个报纸为四大家族所攘夺时，鲁迅也不再为它写稿。

对一些企图借鲁迅的名字，装点门面的反动报纸，如黄萍荪所主编的《越风》半月刊，为蒋介石小骂大帮忙的《国闻周报》，以及肖同兹等所把持的《立报》等，尽管一再函邀，鲁迅都婉言谢绝，表示了道不同不相为谋。

（四）对于那些投过稿打过交道的报刊，也不是没有斗争的

《十四年的读经》（刊 1925 年 11 月《猛进》）就是对《晨报》的反苏言论的尖锐的抨击。《难答的问题》（刊 1936 年 2 月《海

---

[1] 李霁野：《回忆鲁迅先生》，新文艺出版社 1956 年版，第 26 页。

燕》）则是对《申报》吹捧武训的严肃的批判。当 1936 年 9 月 27 日的《申报·儿童专刊》上刊出梦苏作《小学生应有的认识》一文，公然提出中国人杀日本人应加倍治罪时，鲁迅表示了异常的愤慨，斥作者为"畜类"，斥那篇文章为"令人发指"的"昏话"（《书信·致黎烈文》），并扶病为《中流》写了《立此存照（七）》一文，进行批判。《涛声》初创时，鲁迅是支持的，但当这个刊物指责北平爱国学生，说什么"即使不能赴难，最低限度也应不逃难"时，就立即写了《赴难与逃难》一文，自称"逃难党"，主张"倘不能赴难，就应该逃难"，并对"党国"的媚外反共作了无情的揭露和嘲讽。这些报刊本来就是资产阶级报刊，作者鱼龙混杂，在利用这些舆论阵地时，鲁迅既有灵活性，也坚持原则性，该斗争时还是坚持斗争的。

四、鲁迅的办报斗争

鲁迅的一生，"弄文罹文网，抗世违世情"（《题呐喊》）。他的报刊活动是在重重的反革命的文化围剿下，在诬蔑、压迫、囚禁、杀戮的重重威胁下，在和特务、文探、叭儿、检查官老爷们作斗争的过程中进行的。

北洋军阀统治时期，鲁迅在北京办报、写文章，对北洋军阀的压迫进步报刊，他是进行过抗争的。对北洋政府封禁《民国日报》和稍后一个时期封禁《语丝》，鲁迅提出过愤怒的抗议，说："停止一种报章，他们的天下便即太平么？这种漆黑的染缸不打破，中国即无希望（《两地书》）。"他把希望寄托在南方的革命政府上。

1927年到了广州，亲眼看见这个"红中夹白""可以做革命的策源地，也可以做反革命的策源地"的城市终于为反革命所劫夺，他的希望因之破灭。反革命的毒气也立地袭来。刚到广州时的"革命战士"的称号被取消了。有的报纸竭力不使鲁迅的名字出现，有的报纸奚落他是"杂感家"，说"特长即在他的尖锐的笔调，此外别无可称"。有的报纸则捏造他已逃离广州，逃到还未经过"清党"的汉口去了的消息，借以暗示他就是共产党。在"如磐夜气压重楼"的情况下，鲁迅没有退却，他迎着敌人上，选择了上海这一逼近敌人心脏的阵地，扎了下来，紧握自己手中的笔，在舆论战线上，和敌人展开了顽强的斗争。在上海的这10年，是战斗的10年。这10年中，鲁迅在"敌军围困万千重"的情况下，岿然不动，决不屈服，经受了严峻的考验。

大革命后，国民党反动派在对革命根据地实行军事围剿的同时，对白区的进步文化事业实行了反革命的文化围剿。1928—1929年颁布了所谓《查禁反动刊物令》《宣传品审查条例》，在各大城市实行邮电检查和报刊出版登记制度，对革命的进步的报刊严加限禁。各处寄给鲁迅的报刊经常被没收。"言论的路很窄小，不是过激，便是反动"（《三闲集·现今的新文学的概观》）。鲁迅担任编辑的两个刊物也受到了冲击。《莽原》的一期因为刊有俄国文学作品的译文被扣，《语丝》被迫减少了"对于社会现象的批评"，"多登中篇作品"，终于办不下去了，被迫停刊。1928—

1929 这两年，鲁迅开始受到了 "极少写稿，没处投稿" 的威胁（《三闲集序言》）。他愤慨地把以前写的一首揭露北洋军阀的诗，重新引作他的新杂文集《而已集》的题词：

> 这半年我又看见了许多血和许多泪。
>
> 然而我只有杂感而已。
>
> 泪揩了，血消了；
>
> 屠伯们逍遥复逍遥，
>
> 用钢刀的，用软刀的。
>
> 然而我只有 "杂感" 而已。
>
> 连 "杂感" 也被 "放进了应该去的地方" 时，
>
> 我于是只有 "而已" 而已！

1930—1931 年国民党政府颁布了《出版法》和《危害民国紧急治罪法》，对革命的进步的报刊进行了新的迫害。柔石等左联五作家遭到屠杀。"文禁如毛，堤骑遍地"（《书信·致台静农》1932 年）。整个国民党统治区陷入白色恐怖之中，"禁锢得比罐头还严密"（《南腔北调·为了忘却的记念》1933 年）。在《语丝》停刊后的一段时期内，鲁迅能够写点东西的只剩下了左联的几个刊物，但《萌芽》只出五期就被封禁，《前哨》等也被迫转入地下，"没有了任意说话的地方"（《南腔北调·题记》）。1930 年这一年，鲁迅一共只写了后来收入《二心集》内的不到 10 篇短评，正如他在给曹靖华的一封信中所说："压迫是透顶了！"

《申报》来约稿后，开始"平均每月八九篇"，暂时地打开了一点局面，但不久他的文章又由于"常不免涉及时事的缘故"而"接连的不能发表了"（《伪自由书前记》）。送去的《保留》《有名无实的反驳》《不求甚解》等短评，或由于隐指国民党当局的亲日卖国，或由于讽刺蒋介石当局的不抵抗主义，而被扣发。连累到《自由谈》的主编人也遭到反动报刊的人身攻击。《自由谈》的"自由"本来是一句空话，现在连说点空话的这点"伪自由"也被剥夺了。

　　1933—1934 年之际，国民党反动派颁布了《新闻检查标准》和《图书杂志审查办法》，对各大城市的报刊实行预检。1934 年 2 月，全国有 149 种书报刊被禁，鲁迅已出版的著作全部成为禁书，鲁迅经常投稿的几个报刊也有不少被查封。1934 年 12 月，鲁迅在给刘炜明的信中，告诉他"在日报上，我已经没有发表的地方"。1936 年 2 月又在致杨霁云的信中，报告了他经常投稿的《海燕》等刊物被禁的消息，反革命的文化围剿，越来越紧迫了。

　　在 1934—1936 年这三年间，鲁迅送往各个报刊的稿件，成为众矢之的。有的题目被删改；有的文章"副刊编辑先抽去几根骨头，总编辑又抽去几根骨头，检查官又抽去几根骨头"（1935 年《花边文学·序言》），弄得面目全非，有的干脆全文都被禁止。

　　但是，鲁迅丝毫也不屈服，他以压倒一切敌人的英雄气概，一往无前地和黑暗势力进行了顽强的斗争。对于横逆之来，他都泰然处之。他在给日本友人的信中说："文坛所受压迫一天一天吃紧，然而我仍悠然度日"（《书信·致增田涉》）；"只要我还活着，我总要拿起笔来对付他们的手枪的"（《书信·致山本初枝夫人》）。后一段话写于 1933 年 6 月 25 日，正是杨杏佛被暗杀不久的时候，充分表达了鲁迅的无所畏惧的革命精神。

事实正是这样。当御用的检查官们挥舞大棒对他的稿件大砍大杀的时候，鲁迅根本不管他们那一套，反而在他的文章中，对这些人的嘴脸作了尽情的揭露（见《花边文学·后记》《且介亭杂文二集后记》等文）。当有的书商主动要求预检"以保血本"，有的新闻记者向反动政府"恳求保护正当舆论"的时候，鲁迅斩钉截铁地说："我不想求保护！"表示决不向压迫者投降。在给日本朋友的信中，他还更进一步地提出了要和检查官们打一仗（《书信·致增田涉》1935 年）的计划。

当他主编或经常联系的某一个刊物受到敌人的禁锢办不下去时，他就改换一个名称，再办下去。《萌芽》从第 6 期起改名《新地》，《前哨》从第 2 期起改名《文学导报》，以及《拓荒者》改名《海燕》，都出于他的指挥。

当一些"违禁"的稿件，在一个报刊上被扣发时，他就转移到另一个报刊发表。当一些文章在国内估计难以通过时，就先送到国外报刊或国内外文报刊上发表，然后再回译过来。

当鲁迅这一笔名遭到敌人的特别注意时，就"改些作法，换些笔名，托人抄写了去投稿"。鲁迅一生用过 130 多个笔名，其中大部分是在后 10 年"围剿"严重的时期使用的，仅在《申报》一个报纸上，鲁迅就先后换用了 41 个笔名，在《中华日报》上也变换过 13 个笔名。有的笔名，在迷惑敌人的同时，还寓有调侃嘲讽的意思。

那些被检查官们扣发了的文稿，鲁迅在结集时，通通收入，并一一作说明。被删节了的文句，也一一按原稿补足，并加注黑点，让读者们看出删节者的卑劣手法和险恶用心。这种做法既是对反动检查官儿们的权威的蔑视，也是对他们的无情揭露。

当反动派实行严厉的新闻检查，不许任何带有革命色彩的文字见于报刊时，鲁迅就采用隐晦曲折的笔法写作杂文。或以古喻今，或冷嘲热讽，和敌人进行斗争。这些文章表面上谈的是"风月"，实际上谈的是"风云"；表面上"嬉皮笑脸"，实际上"剑拔弩张"；发奸摘伏，淋漓尽致，使革命的人民受到激励，使敌人疾首蹙额，无可奈何。当然，受环境的限制，这些文章从表面上看，往往"吞吞吐吐""含糊的居多"，如鲁迅所说的是"上了镣铐的跳舞"（《书简·致曹白》1936 年）。

他就是这样，用他那支"金不换"的笔，通过报刊这一有力的舆论工具，"在这可诅咒的地方，击退了可诅咒的时代"。他的骨头是最硬的，在他的身上看不到丝毫的奴颜和媚骨。他的战斗的报刊活动的一生，是无产阶级革命新闻战士的崇高典范。他无愧为真正的"中国的脊梁"。

以笔为枪　以字为刃

　　鲁迅一生从事革命的报刊活动，有丰富的实践经验。对新闻学的理论，虽然没有做过专门的研究，但是有过不少十分精辟的论述，他的不少杂文，特别是晚年所写的杂文，运用马克思主义的阶级分析的观点和辩证唯物主义历史唯物主义的观点，从理论和实际的结合上，对报刊宣传工作发表过不少议论，提出过不少设想，学习和研究他的办报思想，对于丰富马克思主义的新闻学理论宝库，具有深远的历史意义和重大的现实意义。归结起来，有以下几点：

一、为革命办报，为革命写作

　　鲁迅认为报刊宣传工作是革命工作的一个重要的组成部分，办报、办刊物、写文章、造舆论，都是为了革命；为了"给寂寞者以呐喊"（《伪自由书序》）；为了"对于有害的事物，立刻给以反响或抗争"；为了"使不是东西之流缩头"；为了"撕去旧社会的假面"（《两地书》）；为了"注入深沉的勇气"，"启发明白的理性"，激发自己的国民性，使他们发些火花，（《坟·杂议》）；总是为了更好地揭露批判和打击敌人，鼓舞、激励和教育人民群众，推动革命的发展。

鲁迅是以革命的舆论战士自居的，他认为他在报刊上发表的那些评论文章，虽然时时针对个人，但"实为公仇，决非私怨"（《书信·致杨霁云》1934年）。为了和阶级的民族的敌人作斗争，他秉笔为枪，生死以之，决不妥协，决不动摇。虽然不免因此而树敌甚多，也决不回避。他认为这是革命的需要，是"无可避免，也不应避免的"。当"四一二"的白色恐怖笼罩着上海，"现在，比较安全一点的，还有一条路，是不做时评而做艺术家"的时候，他坚决选择了继续"做时评"的道路，当左联五作家被秘密处决，杨杏佛被暗杀，特务们扬言要用"更激烈更彻底的手段"对付鲁迅的时候，他坚守岗位，继续战斗，不因危险而却步，他豪迈地写道："危险？危险令人紧张，紧张令人觉到自己生命的力。在危险中漫游，是很好的（《准风月谈·秋夜纪游》）。""要战斗下去吗？当然。要战斗下去！无论它面对的是什么（《书简》）。"

鲁迅的许多笔名，也闪烁着犀利的战斗的锋芒。"韦素""桃椎"象征着驱邪除恶，"迅行""旅集"意味着奋勇赴敌，"丁萌""晓角"则是对即将到来的革命胜利的憧憬和颂赞，从一个侧面，表达了他为革命写作的思想。

鲁迅引革命者为同道，对那些在"革命史"上曾经战斗过的人始终怀有极大的敬意。他称赞辛亥革命时期资产阶级革命派所创办的一些报刊"多含革命的精神"（《热风·一是之学说》）。他认为那一时期值得保留下来的文章，主要还是那些曾经为旧民主主义革命作过鼓吹的"战斗的文章"。当周作人轻率地写了一篇《谢本师》，表示要和章太炎脱离师生关系的时候，他却充分肯定章太炎早期的战斗业绩，建议把早年在报刊上所写的"战斗的文章"一一辑录，使先生和后生相印，活在战斗者的心中（《且介亭杂文二集·关于章太炎先生二三事》）。

鲁迅的报刊活动实践，体现了他为革命造舆论的思想，他的每一篇文章，都是对旧世界猛烈的抗争和锋利的袭击，都贯彻着照耀时代的战斗的精神。

二、"战斗一定有倾向"（《且介亭杂文序》）

鲁迅认为凡"战斗一定有倾向"，一个报刊主张什么，反对什么，态度要明朗，决不能含糊。他反对把刊物办成"和平中正，吞吞吐吐的东西"（《华盖集·通讯》）。他最不爱看那种"命固不可以不革，而亦不可太革"之类的不痛不痒的文章，认为那样的文章，"那特色是在令人从头看到末尾，终于等于不看"（《二心集·上海文艺之一瞥》）。俞颂华办了一个《新社会半月刊》（1931 年·上海），请他提意见，出于爱护，他毫不客气地指出那个刊物的致命缺点是"平庸"，话说得四平八稳，谁也不敢得罪，读者看了无所得，办不办都没多大意思。

在给唐弢的信中，鲁迅指出一个报刊之所以一定有倾向，是因为它的编辑人总有他自己的政治立场，决不会"不属于任何一面"。"如果真的不属于任何一面，那么他是一个怪人，或是一个滑人，刊物一定办不好"（《书信》1936 年 5 月 22 日）。

鲁迅毫不隐讳地承认他的办刊物，写文章，总是"党同而伐异"的（《集外集·新的世故》）。办《莽原》的时候，接近新月社那一派人的来稿，他就坚决不登。他嘲笑那些自称"没有一定的圈子"的杂志编辑人，指出："办杂志可以号称没有一定的圈子，而其实这正是圈子（《花边文学·批评家的批评家》）。"他举例说："譬如，一个编辑者是唯美主义者吧，他尽可以自说并无定见，单在书籍评论上，就足够玩把戏。倘是一种所谓'为艺术而艺术'的作品，合于自己的私意的，他就选登一篇赞成这种主义的批评，或读后感，捧着它上天；要不然，就用一篇激进的好像非常革命的批评家的文章，捺他到地里去（同上）。"

既然有倾向，有一定的圈子，斗争就是不可避免的。在《中国文坛的悲观》（1933 年 8 月 14 日《申报·自由谈》）一文中，鲁迅特地引了《民报》和《新民丛报》，以及《新青年》中支持新文化运动和反对新文化运动两派间的斗争为例，来论证"有一个'坛'，便不免有斗争"。主张在报刊上开展必要的斗争。他认为任何刊物任何作者都不能"只是唱着所是，颂着所爱，而不管所非和所憎"，他们必然会"像热烈地主张着所是一样，激烈地攻击着所非，像热烈地拥抱着所爱一样，更热烈地拥抱着所

以笔为枪 以字为刃 /

091

憎——恰如赫尔库来斯的紧抱了巨人安太乌斯一样，因为要斩断他的肋骨""在现在这个'可怜'的时代，能杀才能生，能憎才能爱，能生与爱，才能文"（《且介亭杂文，再论"文人相轻"、七论"文人相轻"》）。他认为没有倾向，没有爱憎的报刊和作者是根本不存在的。

三、坚持正确的办报方向

鲁迅为革命办报，主张所办报刊必须坚持正确的办报方向。他亲自担任主编的报刊如《国民新报》副刊、《萌芽》、《奔流》等，即使在北洋军阀和国民党反动派的白色恐怖统治下，也始终坚持革命的办报方向，以大无畏的精神，同反动的军阀、官僚、政客及他们的御用文人进行了坚韧的战斗，译载了大量的革命文学作品，成为革命的舆论阵地，他担任编委或参加部分编辑工作的一些刊物，情况就复杂一些。但他仍然坚持斗争，抵制刊物内部的反动倾向，作出种种努力，提高刊物的革命色彩，加强刊物的战斗作用，端正刊物的办报方向。

例如，在《新青年》担任编委时就是这样。这个刊物虽然由激进的小资产阶级革命派领导，但资产阶级的知识分子还有很大力量。十月革命前，它在反封建上起了很大影响，但反帝是很不彻底的，在大力宣传民主和科学的同时，也介绍了不少西方资产阶级的反动思潮。十月革命后，《新青年》上介绍马克思主义的文章增多了，但也还有胡适之流所写的鼓吹"研究问题""整理国故"的反动文章。鲁迅支持它的进步倾向,对它的反动倒退则时时加以批判和抵制。

1918 年,当《新青年》的版面上充斥着"见鬼""求仙""打脸"之类的无聊的讨论时,鲁迅就公开表示反对,认为这一类文章"还可酌减","用刊物的宝贵篇幅刊载这一类无聊的通信,这功夫岂不可惜,这事业岂不可怜"(《集外集·渡河与引路》)。当胡适攻击钱玄同、刘半农两人所写的反对旧文学的文章"不登大雅之堂",把刘半农排斥在编辑部之外,打算将这个刊物垄断起来,多登他们那一伙儿的文章的时候,鲁迅马上斩钉截铁地告诉他:"这个杂志如果归你一手包办,我们就坚决不投稿"(沈尹默:《鲁迅生活中的一节》刊 1956 年 10 月《文艺月报》),使"胡博士"知难而退。1920 年底,胡适攻击《新青年》"差不多成了 Soviet Russia(《苏俄》,当时在美国出版的一种介绍革命后苏联情况的进步刊物)的汉译本",写信给陈独秀,并征求鲁迅等人的意见,要求以编辑部名义"发表宣言,声明《新青年》不谈政治,而只注重学术、思想和艺术的改造"时,鲁迅立即回信断然拒绝,表示《新青年》对反动当局的压力,没有必要"示人以弱""至于发表新宣言说明不谈政治,我却以为不必"(《书信致胡适》1921 年 1 月 3 日),再一次粉碎了胡适之流妄图改变《新青年》办报方向的阴谋。

在《语丝》担任编委时也是这样。《语丝》初创时是颇有朝气的。但是由于社长的政治倾向原来就不很一致,经常主持编辑工作的周作人、林语堂之流,又一个劲儿地把刊物拉向右转,公然宣扬"我们并没有什么主义要宣传,对于政治经济问题也没有什么兴趣"(周作人文,转引自荆有麟《鲁迅回忆》)。他们所写的文章,态度平和淡泊,内容不是苦茶古玩,就是谈鬼说禅,使刊物的调子越来越低沉,鲁迅对此非常不满,曾经不止一次地指出《语丝》态度还太暗"(同前书),《语丝》"虽总想有反抗精神,而时时有疲劳的颜色"(《两地书》),"《语丝》……在消沉下去"(《三闲集·我和语丝的终始》),极力扭转《语丝》的办报方向。他利用自己在《语丝》编辑部的影响,制止孙伏园向胡适、陈西滢之流靠拢,抵制了新月派诗人徐志摩等人的来稿。有意识地多刊登一些"揭发时弊"的文章,使《语丝》在支持进步的学生运动,反对北洋军阀及其御用刊物《甲寅》《现代评论》派的斗争中,在和国民党反动派的斗争中,起了较好的作用。只是由于这个刊物的组织,存在着先天性的缺陷,积重难返,业务经理人李小峰又一再对鲁迅的编辑工作进行干扰,鲁迅才最后放弃了这个阵地。

为了端正所办报刊的办报方向,鲁迅是坚持原则,坚持斗争的。

四、对敌论战不留情面

鲁迅的笔是"尖刻"有力的,往往三笔两笔,就"可使伏在大纛荫下的群魔嘴脸毕现"。他在对敌斗争中所写的文章,对于敌人"总是搔着痒处的时候少,碰着痛处的时候多"(《朝花夕拾·猫狗鼠》），使敌人原形毕露，无地自容。下笔不留情面，这是鲁迅的一贯主张。

对于敌人，鲁迅认为是不能温良恭俭让的，是不能"费厄泼赖"的，是不能讲究中庸之道的。当林语堂在《语丝》上发表《插论语丝的文体——稳健、骂人、及费厄泼赖》一文，宣传"对于失败者不应再施攻击"，对于已经下台了的如段祺瑞那样的人，就不应该"投井下石"，"再攻击其个人"，提倡所谓"费厄泼赖"的时候，鲁迅就坚决反对，并在著名的《论费厄泼赖应该缓行》一文中，提出了痛打落水狗的思想。当《现代评论》派分子招架不住鲁迅的批判，在《晨报副刊》上写文章告饶说，大家都是"大学教授"，不该"混斗"下去，还是"带住"吧的时候，鲁迅大声地回答他们："我还不能'带住'！"决不给那些以"公理正义的美名"和"温良敦厚的假脸，流言公论的武器，吞吐曲折的文字，行私利己"的"正人君子"们以任何喘息的机会。

1935 年在给萧军、萧红的信中，鲁迅再一次明确地阐述他的以上观点。"如果已经开始笔战了。为什么要留情面？留情面是中国文人最大的毛病。他以为自己笔下留情，将来失败了，敌人也会留情面。殊不知那时他是决不留情面的。做几句不痛不痒的文章，还是不做好"（《书信》1935 年 1 月 4 日）。

五、发扬"韧"的战斗精神，打好"壕堑战"

鲁迅认为在黑暗的旧中国，在敌人的残酷迫害下，革命的报刊工作者须时刻"兼想到周围的情形"（《且介亭杂文二集后记》），讲究斗争的策略，发扬"韧"的战斗精神，打好"壕堑战"。

鲁迅生长在旧社会，他的一生都是在和形形色色的枭蛇鬼怪作斗争的过程中度过的。在敌强我弱的情况下，他深深知道中国的革命是长期的艰巨的，"震骇一时的牺牲，不如深沉的韧性的战斗"（《坟》）。他不怕恶势力的围攻，但也决不逞匹夫之勇。不管敌人怎么恫吓、威胁，或设下陷阱叫骂诱战，他都不为所动，总是把主动权牢牢地掌握在自己手里，选择好适当的表现形式，捕捉好有利的战机，"徐徐扑之"，在狙击中赢得胜利。

对"左"倾机会主义路线统治时期，白区党的机关报刊和党的外围报刊在错误路线领导下所采取的一些极左的宣传手法，鲁迅是很不赞成的。

当时，在白区秘密出版的党的机关报刊，如《布尔塞维克》《红旗周报》等，不仅用大量的篇幅为"左"倾机会主义路线作鼓吹，宣传"目前中国政治形势的中心的中心，是革命与反革命的决死斗争"，"革命有在武汉及其邻近各省首先胜利的可能"，必须在各大城市加紧工人武装组织政治罢工，"以创造武装起义的胜利基础"等"左"倾机会主义的错误观点，而且在白色恐怖十分严重情况下，公然号召在上海各工厂公开地大张旗鼓地组织（党报）读报会，发展党报的工人通讯员。

在"左"倾机会主义路线的错误领导下，在白区公开出版的一些革命的文学刊物也完全不顾及公开出版的一般刊物和党的地下报刊应有的区别，把地下报刊上的一些口号，如像"拥护中国革命""苏维埃政权万岁！"等照样写到文章里面来，以致刊物很快就被国民党查禁。中国左翼文化总同盟的机关刊物《世界文化》，急于表示自己和党所领导的革命运动的密切联系，在创刊号上就以《一个伟大的印象》为题，发表了报道全国红色区域代表大会情况的通讯。只出一期，就被迫停刊。

鲁迅批判这种做法是"对于中国社会，未曾加以细密的分析，便将在苏维埃政权下才能运用的方法，来机械地运用"(《二心集·上海文艺之一瞥》)。他把这种做法形象地比喻为打"赤膊战"，认为是一种愚蠢的做法，其结果是便利了敌人。1933年当太原的一些进步文艺社团要在当地创办一份刊物的时候，鲁迅就诚恳地告诫他们，要"察看环境"，不要追求表面上的"激烈"，即使被"不明情形"的人暂时地"评为灰色"也可以，"万勿贪一种虚名，而反致不能出版"。因为"战斗当首先守住营垒，若专一冲锋，而反遭覆灭，乃无谋之勇，非真勇也"(《书简·致唐河等榴花艺社诸君》)。

此外，鲁迅对前述那些报刊上的"只图自己说得畅快"，一味"打打""杀杀""血血"的文字，和动不动就要拿敌人的脑袋"开西瓜"的咋咋呼呼的文章，也很有反感。他认为：辱骂和恐吓绝不是战斗，那些不接触社会斗争，不明白革命实际，关起门来高谈彻底的主义的人，表面上似乎很革命，其实是很容易从极左变成极右的。

六、加强报刊的评论工作

鲁迅认为办好一个刊物，首先要抓好评论文章的写作，组织好这方面的稿件，一个刊物没有有分量的评论文章，就不可能很好地发挥它的战斗作用。自己为报刊所写的杂文，绝大多数也正是评论文章。

在当时出版的一些刊物中：他比较满意的是《猛进》（政论性周刊，徐炳昶主编，1925 年 3 月创刊于北京，1926 年停刊），主要是因为这个刊物的评论文章较多，而且"很勇"（《两地书》）；不太满意的是《妇女周报》（《京报》副刊之一，陆晶清主编），也主要是因为这个刊物的"议论很少"（《两地书》）。对于一些综合性杂志或报纸副刊，出于爱护，他总是建议他们多编发这方面的稿件。《新潮》创刊不久，编者来信征求意见，他回信告诉他，希望《新潮》多刊载一些能够"对于中国的老病刺他几针"（《书简·致傅斯年》）的文章。韦素园主编《民报》副刊时，鲁迅也建议他"最好多登些具有现实意义的富于战斗性的杂文"（李霁野：《回忆鲁迅先生》第 33 页）。他认为当时的中国"最缺少的是'文明批评'和'社会批评'"（《两地书》），一个刊物倘没有这方面的稿件就不是一个好的刊物。

《莽原》刚刚创刊时，鲁迅的设想是把这个刊物办成一个"对于中国的社会，文明，都毫无忌惮地加以批评"的"发言之地"（《华盖集题记》），所需要的也正是那些"言之有物"的，"显豁"的，"撒泼"的，战斗性较强的，能够"撕去旧社会的假面"的评论文章。因此来稿中"倘有近于议论的文章,即易于登出"(《两地书》)。可惜的是像鲁迅这样的写评论文章的斫轮老手,在当时还太少,投稿人当中"做小说的和能翻译的居多,做评论的没有几个","花呀""爱呀""死呀""血呀"的诗偏又来得太多,鲁迅对此很不满意,曾经引为"缺点",作过批评,并多次声明,不希望把《莽原》办成"文艺杂志"。这件事也从一个侧面说明了鲁迅对评论稿件的重视。

七、一切报道都必须完全真实

鲁迅认为报刊上的一切宣传和报道,都必须建立在事实的基础上,保证完全真实。因为"宣传的事,是必须在现在或到后来有事实来证明的"〔《南腔北调·林克多(苏联闻见录)序》〕。如果违背了真实,随心所欲,信口开河,就会产生一种"坏结果",即"令人对于凡有记述文字逐渐起了疑心,临末弄得索性不看"(同上),将会影响报刊在读者中的威信,在宣传上起到相反的效果。

鲁迅自己在这方面是身体力行的。他所写的和编发的每一篇稿件,其中所涉及的每一个细节,都力求符合事实,不允许有一点出入。1925 年 12 月 24 日他在《国民新报副刊》上发表的《公理的把戏》一文,其中把杨荫榆请客的地点西安饭店写成太平湖饭店。发现了以后,鲁迅立即作了更正,并在收有这篇文章的《华盖集》的编后记中作了如下声明:"请客的饭馆是哪一个,和紧要关键原没有什么大相干，但从所有的批评都本于学理和事实的所谓'文士'学者之流看来，也许又是'捏造事实'，而且因此就证明了凡我所说，无一句真话，甚或至于连杨荫榆女士也本无其人，都是凭空结撰的了。这于我是很不好的，所以赶紧订正于此。"这说明他对报道的真实性的重视。

八、"应多量吸收新作家"

鲁迅认为办报刊"应多量吸收新作家"，特别是无名的青年作家，借以扩大刊物的稿源和作者的队伍，"找寻生力军，加多破坏论者"（《两地书》）。

鲁迅很注意培养新生力量。他每支持或自编一种刊物，目的之一都在于培养新生力量。他称赞青年作者的稿件"是东方的微光，是林中的响箭，是冬末的萌芽，是进军的第一步"（《白莽孩儿塔序》），认为它们虽然幼稚，但却是希望的所在。

他不迷信大作家，不赞成办刊物专收名家作品。他嘲讽说："所谓名家，大抵徒有其名，实则空洞，其作品且不及无名小卒，如《申报》本埠附刊或《业余周刊》中之作者（《书信·致杨霁云》1934年）。"当孙伏园主编的《京报副刊》只注意拉有名作家的稿件，不肯登载无名青年的作品时，鲁迅很不满意，一再和朋友们谈起这一点，并指责说："《京报副刊》越来越没有生气了（李霁野《回忆鲁迅先生》）。"相反，他对韦素园主编《民报副刊》时期，按照他的意见注意发现新的作者这一点，就很赞赏。

对于青年们的进步的办报活动，鲁迅是极为支持的。向培良等人办的《豫报》副刊，朱斐等人办的《波艇》《鼓浪》，唐诃、魏猛克等人办的艺术刊物，都得到过他的鼓励和指导。他欣赏他们的"蓬勃的朝气"（《华盖集·北京通信》），祝愿他们的"刊物从速出来"。为能够看到"战斗的青年的战斗"（《集外集拾遗·两封通信》）而感到高兴。他鼓励青年们多参加报刊工作的实践，在斗争中增长才干。1926 年 11 月当他离开北京去厦门，不能兼顾《莽原》的工作时，就极力支持未名社的青年们出来接办；并鼓励他们说："你们青年且上一年阵试试看，卖不去也不要紧，就印千五百，倘再卖不去，就印一千,五百，再卖不去，关门未迟（《书信·致李霁野》）。"要他们解除顾虑，大胆实践，在战斗中成长。

大革命后，鲁迅接受了马克思主义的历史唯物主义和阶级分析的观点，又亲眼看见了"同是青年，而分成两大阵营，或则投书告密，或则助官捕人的事实"，他对青年开始有所鉴别。对那些"切切实实，足踏在地上，为着现在中国人的生存而流血奋斗"，如柔石、白莽那样的青年，鲁迅是引为战友，在他们的身上倾注了深厚的无产阶级感情的。对那些"喊喊嚓嚓""嗡嗡营营"，拉大旗做虎皮，为反动派帮凶帮闲，如狄克那样的"文学青年"，鲁迅不但不再"无条件的敬畏"，而且要"投一光辉"，照出他们的丑恶嘴脸，对于他们的憎恶和鄙视，"是在明显的敌人之上的"。

九、加强报刊工作者的思想革命化

从记者、作家多数出身资产阶级、小资产阶级，长期脱离劳动、脱离工农这一客观实际出发，鲁迅很注意他们的思想改造和思想革命化。

鲁迅经常告诫青年的作家和记者们，要为革命而写作不要追名逐利，忘乎所以。不要只写了"几篇文字"，只办了"几本期刊"，便自以为是"立了空前绝后的大勋业"（《三闲集·鲁迅著译书目》）。不要只写了几篇赞美"劳动阶级"、歌颂"劳动大众革命"的东西，便高踞于劳动大众之上，成为需要"劳动者捧着牛油面包来献他"的精神贵族。

鲁迅希望自己的文字"速朽"。他认为革命的评论文字当与"时弊同时灭亡"（《热风·题记》）。他从来不把战斗的业绩当作个人向上爬的资本。他不以文字求名，不以文字求利。商务以优厚的稿酬相邀，他婉言谢绝。《民报》给他戴上"中国思想界之权威"的桂冠，《作家》（月刊）把他的照片排进"世界文学家"照片的行列，都遭到过他的批评。他以自己的行动在这方面为革命的报刊工作者提供了很好的表率。

鲁迅认真学习马列主义，严于解剖自己，也"时时解剖别人"。

他诚恳地劝告那些愿意献身于革命的作家、记者们，认真地读点马列的书，加强世界观的改造，一刻也不离开革命的实践，他劝告革命的报刊工作者们，不要"关在玻璃窗内作文章"，不要光"坐在客厅里谈谈社会主义"；不要做"摆着一副极凶恶的

'左'倾面孔"的口头革命派;"不要脑子里存着许多旧的残滓,却故意瞒了起来,演戏似的指着自己的鼻子道,'惟我是无产阶级'"(《三闲集·现今的新文学的概论》),他认为这样的人,"并非与无产阶级一气""于无产者并无补助",貌似"左"倾,"其实是很容易成为右翼作家的"。

鲁迅的这些办报思想,是他的革命的报刊实践的概括和总结,它不仅为当时的报刊工作者指明了方向,对今天的革命的报刊工作者也有很大的教益。

发现与探索*

——记祝文秀和她所提供的有关邵飘萍的一些材料

一、祝文秀与邵飘萍

祝文秀又名振亚，生于 1897 年，目前还健在，是邵飘萍的另一个妻子。她原籍南京，祖父辈始迁居无锡。她父亲这一代，家中原有十来亩地，生活勉强维持，后来因为遭到意外，家道中落。幼年时代的祝文秀只能靠母亲刺绣和在丝厂做工维持生活，她自己也作一些针黹，补贴家用。

17 岁那年，天津的一个髦儿戏班子到南方物色女孩子，看中了她，以一次借给 300 元安家费为条件，吸收她进班学戏，她母亲也随她在这个班子里充当做戏服的绣工。这以后，她随班演出于京津两地，唱过京戏，唱过梆子，也唱过无锡景之类的南方小

＊ 本文刊于《新闻学论集》1983 年 12 月第 7 辑。

曲，并且有一个颇有一点小名气的艺名，叫花小桃。原先借班主的那笔钱，利上滚利，翻了几番，母女俩无力偿还。班主竟要卖她去抵债，几个流氓恶少也在打她的主意，幸亏靠同班结拜姐妹们的帮助，代还了欠款，她才得以脱身。

1917年她21岁的时候，经人介绍初识邵飘萍于北京。经过一年多的来往，于1919年2月和邵飘萍结婚。先后安家于北京的羊皮市胡同、下洼子、刚家大院等地。从1919年到1926年，她和邵飘萍共同生活了7年，其间还一度到过天津、上海和日本。邵飘萍遇难那一年，她还不到30岁，料理完丧事以后，矢志不再改嫁，领养了一个男孩，以做针线和种菜为生，隐居于无锡前洲西塘，一直到现在。

过去，人们一般只知道邵飘萍有位汤修慧夫人，对祝文秀则一无所知。她是怎样被发现的呢？说来也有点偶然。1982年4月，邵飘萍的烈士身份重新得到肯定，他的骨灰也即将被安置进八宝山革命烈士公墓，我为此给《文汇报》写了一篇短稿，介绍其事，刊出后不久，就有一位自称祝韶华的中年人，带着一篮鲜花，找到《文汇报》党委，自称奉母亲之命准备把这篮鲜花送至北京邵飘萍烈士灵前，并代表她参加烈士骨灰安置仪式云云。问他母亲是谁？回答是：祝文秀，邵飘萍的妻子。与此同时，八宝山革命烈士公墓也收到了祝文秀、祝韶华从无锡发来的唁电。这才引起人们的注意。

《文汇报》在接待了祝韶华来访的当天，就把这件事通知了我，并要我就此事作进一步了解。我也是只知道有一位汤夫人，不知道有所谓祝夫人的，收到《文汇报》同志们的来信后，就根据他们所提供的线索，和文秀、韶华母子进行了通信联系，看到了他们寄来的有关邵飘萍的回忆文章，和他们所保存的有关邵飘萍的照片和其他文物资料，断定祝文秀确实是邵飘萍的另一位妻子。为了进一步证实这一情况，我还特地请教了新闻界前辈，和邵飘萍同时在北京办报并参加过邵飘萍被捕后的营救活动的萨空了同志，走访了在北京的邵飘萍的长子邵贵生和在上海的邵飘萍的次女邵乃偲。他们都认为祝文秀的未亡人身份，是有根据的，贵生、乃偲两位同志还依稀记得他们确实曾经有过这样一位母亲。我把这些情况反映给民政部门，民政部门经过复查，已经正式承认了祝文秀的烈属身份，无锡县民政局已经把她的名字列入当地烈属名单，并自 1982 年 6 月起，按烈属待遇逐月发给生活补助费。

为了对祝所提供的材料进行核实和补充，我最近又专程到无锡前洲公社西塘大队新三村，访问了祝文秀的家。那是一所两楼两底的新式农村住房，前临小溪，背负桑园，室内窗明几净，收拾得十分整洁，桌椅橱柜沙发等家具，几乎全部是 20 年代在北京住家时的旧物，就连窗帘椅垫之属，也都是半个世纪以前的精品，说明它们的主人确实是曾经沧海的人物。祝文秀今年 86 岁了，但眉目清朗，精神矍铄，头脑也很清楚，虽在南方生活多年，还能说一口很标准的北京话。对我提出的问题，她都能一一作出回答。除了记忆力有点衰退，行动稍有迟钝之外，看不出是一位年近期颐的老人。在政府的亲切关怀和担任农村小学教师的儿子、儿媳们的照顾下，她正在度过幸福的晚年。

二、口述回忆的价值

祝文秀所提供的有关邵飘萍的材料，主要有两部分。一部分是她口述后由祝韶华记录整理的两篇回忆文字，《我和飘萍共同生活的七年》和《关于飘萍的二三事》。这一次我去访问，她又对其中的一些细节作了补充。另一部分是她所收藏的有关邵飘萍的照片和遗墨。这一次去访问，她又对有关的背景作了一些说明。

在她所口述的回忆文字中，值得注意的有以下几点：

（一）有关 1912 年、1913 年邵飘萍办《汉民日报》时期的一些情况

《汉民日报》是邵飘萍参加主办的第一份报纸。由于年代久远，保留下来的材料不多。祝文秀的这批回忆文字中，有一两个片段是和《汉民日报》有关的。它们反映了邵飘萍这一时期办报活动之一斑，对他应对横逆的机智和风趣，也有生动的描写，可以补这方面材料的不足。

（二）有关毛泽东前往邵家看望邵飘萍的情况

关于毛泽东曾到邵家看望邵飘萍的情况，祝文秀在她口述的《我和飘萍共同生活的七年》一文中，只作了很简单的记录。我曾就此事去信向她查询，她回信补充说："我在羊皮树住家时，毛主席来过好几次。来的时间总是在午饭以后，飘萍在午睡，他就在客堂间等候，一个人坐着，不大说话。羊皮树那儿的房子是一顺

三间的旧式平房,我和飘萍住一间,母亲和弟弟住一间,当中这一间是吃饭和会客的地方,电话就安在这一间的门口,当我去接电话或打电话碰见他时,他总是很有礼貌地站起来,向我鞠躬致意,我边回礼边说'别客气,请坐'。"

这次去访问,她又补充了这样一些细节:(1)毛泽东每次来,都和邵在内室作长谈,但只用清茶,从未留饭。(2)邵曾经在经济上对青年毛泽东有所帮助,而且不止一次,至于数目就不清楚了。"羊皮树"应作"羊皮市",是西四迤南路东的一个小胡同。邵、祝婚后的第一个家,就安在这个胡同的九号,他们在这里一直住到1919年的9月。

邵飘萍在世期间,毛泽东曾经两次到北京,第一次是1918年8月至1919年3月,第二次是1920年2月至4月。后一次,邵飘萍已经去日本,不可能见到。因此,毛泽东到邵家看望邵飘萍,应是1919年2月邵祝结婚到同年3月毛泽东离开北京前这一个多月内的事。

关于毛泽东曾经得到邵的接济一节,我在汤修慧夫人那里也不止一次地听说过,而她则是从邵那里听来的。邵飘萍一生仗义疏财,乐于助人,颇有点"千金散尽还复来"的气概,对于钱向来不大在乎,为青年人革命活动的需要而慷慨解囊,这对于他说来,是在于情理之中的。这恐怕也是毛泽东称赞他是一个"具有热烈理想和优良品质的人",新中国成立后又多次派人去他家慰问的一个原因。毛泽东和邵飘萍在新闻学研究会有关活动中的交往,是大家都知道的,毛泽东曾经去邵家访问并作长谈这一点,过去还从未听人说过。祝文秀提供的这一情况，值得重视。

（三）有关 1919 年至 1920 年邵飘萍受皖系军阀通缉，化装逃离北京，转往日本这一年多的情况

邵飘萍因触怒皖系军阀，于 1919 年 8 月化装逃离北京，经上海"横渡日本"，担任大阪《朝日新闻》记者，一年后返回北京的这一段经历，不少介绍和研究邵飘萍的文章都有所记载，但是语焉不详。祝文秀所写的材料，对邵这一时期的经历有较详细的介绍。它说明飘萍这一次出走的路线，是先到天津，再到上海，然后折返天津，经奉天（今沈阳）、朝鲜去的日本。在日本居留期间，住在大阪的海泉寺。在那里待了半年，1920 年秋天，和后去的祝文秀一道经由朝鲜返回北京。这一行程并不是从上海直接"横渡"的。祝文中提到的那个"姓朱的"，应即是朱深，后来做过段政府的京师警察总监，当时是段祺瑞控制下的靳云鹏内阁的司法总长。

这一次去采访，祝文秀又对她所写的这一段材料，作了以下的一些补充：

　　邵飘萍逃出北京后，先是住在天津。在津期间，继续挥笔撰文，曾经派祝回京通过用人到《京报》馆取过一些参考用书。

　　从天津到上海，也是秘密行动。邵化装成工人，躲在三等车的一个角落里假寐。祝穿了母亲的衣裳，化装成保姆，

109

躲在车厢的另一侧陪着他。

在上海期间，先是住在四马路的惠中旅馆，开了 14 号 15 号两个房间，一间住宿，一间会客。后来嫌开支太大，在白克路（今凤阳路）永年里以每月 10 元的房费，租了一间亭子间，又向木器商店租了一些家具，住了下来。在上海期间，邵飘萍生过一场大病，但仍手不停挥，每天都有大量信件和文稿交邮付邮。在此期间，他还编写了一部题为《醋溜黄鱼》的时事讽刺剧，交上海各剧团演出，曾经引起轰动。

去日本，是自上海返回天津，化装坐四等车经由奉天前往的。等车时遭到警察盘问，推说去沈阳探亲，才得放行。

在日本期间，住在大阪的海泉寺。这是一座香火不盛的小庙，住持的和尚和尼姑是一对夫妻。庙内除供奉菩萨的大殿外，还有余房出租，房客共三家，除他们之外都是日本人。寓楼为两层木结构建筑，周围有花园假山之属。他们住两间，一间作卧室，一间作书房，每月房租 20 日元。这个地方离邵飘萍上班的《朝日新闻》社很远，往返都要坐很长时间的电车，因为房租比较便宜，才住了下来。①

---

① 关于这所海泉寺的情况，我曾函请现在日本的刘明华同志代为作一些调查。她为此特地访问了《朝日新闻》原论说委员、现任东京上智大学教授的三好崇一先生。三好先生很热心，立即打电话给大阪分社的有关人员，作了一些了解。据三好先生介绍，海泉寺位于大阪市南面的浪速区难波附近，是佛教净土宗的一所庙宇，创建者是海泉坊，庙以此得名。庙内有人小西来山的墓，庙的附近有很多商店及惠美须神社，神社经常举行祭典，战前庙内有房屋出租，战争期间沦为一片焦土，战后虽经整修，面积已缩小到只有战前 1/3 的样子，现在已不再有多余房屋出租了。

在大阪《朝日新闻》工作期间，邵飘萍每月的工资仅300日元。他们请了一位日本女佣负责买菜做饭和照顾他们的生活。由于物价贵，收入少，他们每天的菜金限制为一至二元，每餐只有一个菜。有一次邵飘萍忽发豪兴，带祝到一家中国饭店下馆子，只叫了三个菜就索价40日元，吓得他们再也不敢出去吃饭了。

"当时，邵飘萍工作学习都很紧张。每天绝早即起，伏案工作到7点，然后上班。下午4点下班回来后，继续伏案工作到晚上10点才休息。整天不是写文章，就是看书，几乎手不释卷。在日本半年多，除了祝来时到神户去接过一次船，和用两天时间陪祝匆匆地逛过一次东京之外，哪里也没去。他日文十分娴熟，日语十分流畅，客来谈笑风生，语言无滞。在日期间，除了买书，别无嗜好，可惜的是那些书分量太重，回国时不能全带，大部分都留赠给日本友人了。"

邵飘萍一生曾两次到日本，第一次是1914年至1915年，主要是求学，这一次是第二次，则兼有工作和学习两种性质。有关他第二次到日本的这段经历，历来了解得不多，别人没有介绍过，他自己也没有怎么提起过，祝文秀提供的以上情况，对了解邵的这一段经历还是很有帮助的。

（四）有关张作霖曾经以30万元巨款向邵进行收买的情况

以往只知道张作霖是屠杀邵飘萍的元凶，从不知道他还有过对邵进行收买遭到拒绝的事。

这件事值得注意的有两点。一是数目的巨大。它比袁世凯称帝时期企图收买梁启超时拿出的 20 万元，还要多 10 万元，这恐怕是民国以来数目最大的一笔收买舆论的交易。当然，是没有成功的一笔交易。二是邵飘萍的态度。他没有利令智昏，坚决顶回了张的收买。

这次访问，谈到这件事时，祝还补充了这样一个细节：当祝劝邵不要在《京报》上过多地得罪奉张，以免遭到后者的迫害时，邵回答她说："张作霖的那些倒行逆施，我不讲，没人敢谈，就是枪毙我，我也要讲！"另一方面，不为富贵所淫；一方面，不为威武所屈，由此也可以看出邵飘萍作为一个人民的记者的高风亮节。

在旧社会办报，邵飘萍不能免俗，自然也拿过别人的钱，例如，冯玉祥的国民军就曾经给过《京报》一定的津贴，只是他不饮盗泉，拒绝接受反动军阀官僚的收买而已。

（五）有关邵飘萍和京、津、东北等地联系的情况

祝文秀在回忆文章中多次提到她奉邵飘萍之命，化装前往京、津、东北等地打听消息和送信的事。祝的文化程度不高，既写不了消息，也写不了通讯，这些活动，除了打听到"白督军"被刺事的那一次以外，都未必与新闻采访有关，倒是与邵当时的政治活动有关。邵对张作霖无好感，但对奉系中以郭松龄为代表的思想较新的那一派还是有联系的。《京报》上就曾经发表过不少赞扬郭松龄的文章。对冯玉祥联郭倒曹倒张的秘密行动，邵也是十分

支持的。派祝去东北送信的那一次活动，估计就和这一背景有关。从祝文所描写的情景，也可以看出这些活动在当时的机密性质。

（六）有关邵飘萍被张翰举出卖的情况

张翰举出卖邵飘萍，诱骗他离开东交民巷使馆区致使他被捕遇害事，汤修慧在《一代报人邵飘萍》一文中也有记载，但是语焉不详。祝文秀也提到了这件事，但同样不够具体。这次去访问，她又补充了以下的一些细节："张翰举在答应帮助张作霖诱捕邵飘萍以前，曾经提出过两项条件：造币厂长和大洋2万元。事成之后，奉方毁约，他不但毫无所得，而且也被抓了起来。"

这个张翰举，绰号野狐张三，是北京《大陆报》的社长，一个投靠军阀官僚以办报为奔竞手段的无耻文人。出卖邵飘萍以前，他到处拿钱，生活异常阔绰，一个人就有两部汽车，但还不满足，不惜昧着良心用同行们的血来染红自己的顶子。这个卖友求荣的新闻界败类，后来没有得到善终，在一次和著名京剧演员孟小冬有关的情杀案中受到误伤，死于非命。管翼贤《新闻学集成》第6册收录的《北京报纸小史》一文中，载有其事，称他为"野狐张三"。

（七）有关邵飘萍和张季鸾交往的情况

祝文有两处提到张季鸾对邵的帮助：一处是在邵遭到皖系军阀迫害时，张建议他到日本去工作一段时期，以避其锋；另一处是帮助邵把祝文秀送往日本。这说明两人关系密切。

这次去访问，祝文秀还补充了以下的一些细节：（1）大阪《朝日新闻》原来聘请的是张季鸾，张把这个机会让给了邵飘萍，并向《朝日新闻》作了推荐。（2）邵遇害后，张对祝文秀和她母亲非常照顾，接她们到天津去住，每月馈送生活费100元，每星期必请她们母女吃一次饭，还经常送票到她们家，要她们看看戏散散心。祝氏母女从1926—1929年在天津先后住了三年零一个月，在此期间，每逢邵的忌辰，张都要到祝的寓所来慰问，并亲撰祭文，当着祝的面在邵的遗像前"一边流泪一边朗读，读毕焚化，以为祭奠"。

大阪《朝日新闻》是日本唯一曾经得过密苏里新闻学奖金的报纸，在国际新闻界有一定的声誉，能够应聘去那儿工作，对于旧时的资产阶级报人说来，是一个难得的机会。张季鸾为了保护邵飘萍，把去那儿工作的机会让给了他，邵死后，又对他的家属如此照顾，这些情况说明，这两位在旧中国的报坛上都颇有一点影响的报人之间，有着不寻常的交谊。他们也确实有不少相同的地方：都曾经是留日学生，都在北京当过记者、办过报，都因为反袁而坐牢。气质上也有相同之处：都能文善谈，都轻财好友，也都有一点风流倜傥的名士习气。当时的张季鸾还没有接办旧《大公报》，也还没有成为蒋介石的"国士"，他和邵的政治见解虽然不尽相同，但在某些方面还是有不少共同语言的。

（八）其他细节

祝文秀在我这次访问中，还补充了另外的一些情节，其中值得注意的有以下几点：

第一，邵飘萍在浙江高等学堂学习时，每试第一，成绩为侪辈之冠。同班有一位同学出于嫉妒，故意把别人的书塞进他的书桌，诬他偷书。校长很了解他，也很爱护他，知道这件事是别人栽赃，曾私下劝他考试时不必太认真，以免树敌过多。他不以为意。

第二，邵飘萍在杭州浙江高等学堂当学生时，就和秋瑾、徐锡麟等革命党人有联系。秋瑾被捕前曾写信给邵飘萍，信收到时，秋瑾已被捕遇害，邵曾为之叹息不已。

第三，鲁迅曾经到过邵飘萍和祝文秀设在宣内刚家大院五号的那个家，时间大约是在他为《京报》编《莽原》副刊的时候。他和邵一道坐《京报》馆的自备汽车来，来了以后就边喝茶边谈工作，没多久就又同乘一辆车走了。鲁迅来时，邵曾给祝作过介绍，说："这就是鲁迅先生。"

第四，邵飘萍被押到行刑地点后，转身向奉命前来监刑的军政官员们拱手说，"诸位免送！"然后微笑环视现场，状至从容。行刑前，奉命执行的士兵招呼说："请大人跪下！"邵飘萍笑着说："还要跪下？"话刚说完，就被击中倒地。

以上这些情节，有的是她亲见的，有的是她当年听邵飘萍自己说的，有的则是她听目击者说的，多数为已发表的专著和文章所不载，也是邵飘萍的研究者所不曾掌握的。其中尤以邵飘萍与秋瑾和鲁迅有过来往的这两条最为重要。过去，只知道邵参加过民初的反袁斗争，还不知道他从学生时代起，就和秋瑾这样的革命党人有过联系。他和鲁迅在办《京报》副刊和《莽原》副刊时，有过合作关系，通过信，并且同时被列入段祺瑞政府准备缉捕的黑名单，这些情况是大家都知道的。至于两人是否见过面，则无可查考，《鲁迅日记》中也失载。祝文秀所提供的这些材料，不仅有助于对邵飘萍的研究，对秋瑾、鲁迅的研究工作者，也有一定的参考价值。

三、珍藏照片及笔墨的价值

祝文秀所珍藏的有关邵飘萍的照片，共 47 张，大部分已移送给中国人民大学新闻系资料室庋藏。其中邵飘萍各时期的单人照片，包括他 1919 年遭到通缉后化装成工人逃离北京时拍的照片，共 14 张，他和祝文秀共同生活时合拍的照片共 20 张，他在日本工作学习时期拍的照片共 11 张，他遇难后的遗体照片和举行殡殓活动时拍的现场记录照片共 10 张。除了 1922 年 4 月拍的那张半身照曾在《京报》出版的邵飘萍遇难 4 周年纪念特刊上发表（近年来有关书刊上配发的邵飘萍照片，就是根据这一张翻拍的），1919 年 9 月化装成工人拍的那两张照片曾在 1924 年出版的他的《实际应用新闻学》一书中作为插页发表之外，其他的照片全都没有发表过，是研究邵飘萍一生和纪念这位新闻界烈士的一批极为重要极为珍贵的文物资料。

在这批照片中，最有价值的是他第二次去日本时期拍摄的那 11 张照片，以及记录他遇害后情况的那 10 张照片。

邵飘萍第二次去日本的那半年多时间，是他一生中十分关键的一段时间。在这一段时间里，他如饥似渴地从日文译著中学习和研究马克思主义，了解和思考有关"十月革命"和革命后的苏维埃俄国的问题，使他的思想有了一个很大的飞跃，他的那两部曾经对马克思主义在中国的传播起过重大影响的，介绍科学社会主义、介绍新俄国、介绍列宁和斯大林的专著，《综合研究各国社会思潮》和《新俄国之研究》，就是这一时期在日本完成的。关于他第二次去日本这一段时间的情况，祝文秀已经用书面和口头的方式提供了一些，这一批照片则为我们提供了一些形象化的资料。从这批照片上可以看出，邵飘萍在日本的这一段时期，生活是俭朴的，工作和学习是勤奋的。照片中的满架书刊（据祝文秀说，书房的另一面还有一批书报堆在地上，没有摄入镜头）和他孜孜矻矻手不释卷的一个个镜头，就是最好的证明。我用20倍的放大镜对以书架为背景的几张照片作了仔细地观察，发现摄入镜头的架上书刊共有 171 册，其中书 86 册，期刊 85 册。后一部分因为是横着摞在一起，书脊上又多数没有印字，究竟是些什么刊物，已经看不出来。前一部分能够看出书名的有以下 16 种，它们是：

《资本论大纲》（凤川均等）

《世界大革命史》（野平 ×× 等）（× 代表看不清楚的字，下同。）

《社会主义论》（安部 ××× 译）

《新社会》（第九卷合订本，平民大学编。）

《露（俄）国大革命史》（×××××）

《社会主义研究》（×××××）

《社会问题研究》（×××××）

《劳动组合运动史》（×××××）

《社会问题十二讲》（×××××）

《社会改造之原理》（×××××）

《社会主义社会学》（×××××）

《最近社会思想之研究》（×××××）

《过激主义之心理》（×××××）

《恋爱与结婚》（×××××）

《妇人问题与教育》（×××××）

《卖笑妇之研究》（×××××）

  其余的已经看不完全或看不大清楚了，但影影绰绰地还可以看得出来多数是社会学、经济学方面的书。照片中的书架上还放有四幅带着镜框的外国人的半身照片，其中三幅究竟是谁，已经难以确指，有一幅是可以看得很清楚的，那就是留着连腮大胡子的马克思，从照片中的这些藏书和陈设，不难想象照片的主人当时所向往的和致力研究的都是哪些方面的东西。邵飘萍后期的思想之所以有那么大的飞跃，他对马克思主义，对十月革命后的苏联，对中国共产党及其领导下的中国革命之所以采取那样积极热情的态度，从这些照片当中不是也可以看出一些端倪来吗？

记录邵飘萍遇害后种种场景的那 10 幅照片，有 5 幅是在邵飘萍被枪杀后的临时掩埋处拍的，有两幅是在地藏庵的临时灵堂前拍的，有三幅是在他大殓前后的临时停放处拍的，全都不曾发表过。从这些照片中，可以看到血肉模糊惨不忍睹的烈士遗体，可以看到弥漫着惨雾愁云的殡殓活动场景，也可以看到家属们在烈士灵前悲痛欲绝的镜头。看了这些照片，人们仿佛又回到了充满着血雨腥风的那个可诅咒的时代。屠夫们的凶残，令人发指。历史是不会重演的了，但却是不应该被忘记的。把这些作为那个时代的历史见证的照片保存下来，传给我们的后人，将会使他们更加珍惜革命的果实，更加热爱我们这个绝不容许豺狼虺蜮们恣意横行的美好的时代。

　　祝文秀所珍藏的邵飘萍遗墨，主要是几幅屏条和一些扇面，内容多是古人的格言和诗词，或写爱情，或谈风月，或抒怀抱，或念故人，没有什么豪言壮语，显然都是信笔挥写的即兴小品，是并不准备当作法书留之名山，传诸其人的。倒是几个闲章值得注意，它们是："邵氏之印""飘萍翰墨""家在三十六洞天""振青长寿"和"言满天下"。这些都从另一个侧面反映了主人的思想情趣和风采。邵飘萍参加过南社，是这个著名的革命文学团体的成员，他的诗词没有传世，这一部分遗墨所写的也并不是他自己的作品，但可以从中反映出他对古典诗词的爱好。遗墨的一部分也已由祝文秀移送给中国人民大学新闻系资料室庋藏了。

　　由于文化水平不高，又主要活动在家庭的圈子里，祝文秀对邵飘萍的办报活动和社会活动了解不多，提供不了更多的这方面的情况，她所写的和所介绍的有关邵飘萍的一些材料，也因此有一定的局限。她所收藏的一大批邵飘萍的往来信件、图书资料和文物照片，经过"文化大革命"期间的多次抄家和处理，也大多散失或焚毁，保存下来的仅仅是其中的极少一部分，这是令人遗憾的事。但是，祝文秀毕竟是邵飘萍曾经钟爱过的人，她和邵飘萍共同生活7年，是邵飘萍这一段时期工作生活情况的主要见证人之一。对邵飘萍第二次去日本的那一段经历说来，则是现存的唯一的见证人。在熟悉邵飘萍的人已经不多，各地收藏的有关邵飘萍的文物资料已经大部散失的情况下，[①]她所提供的这些情况和资料，还是弥足珍贵的。它将有助于我们加深对邵飘萍的了解，帮助我们更好地更全面地去分析和评价这位在近现代新闻史上有过重大影响的历史人物。

---

① 邵飘萍被害后，他的大部分信件、文稿和图书资料，都封存在北京《京报》馆旧址的一间房子里。"文化大革命"期间，几经折腾，这部分东西已经荡然无存。保存在汤修慧夫人处的有关资料，经过多次抄家，也扫地以尽。汤夫人手里现在连一张邵飘萍的照片也没有。作为纪念留在她身边的只有一张三四寸大小的钢笔画像，还是托人从刊有邵飘萍遗像的书刊上临摹下来的。

此夕银河分外明*

——记两岸新闻学者的一次交流活动

不久前，我和大陆的十几位新闻学者一道，应邀参加了台湾政治大学传播学院在台北召开的一个有关传播学教学与研究的学术研讨会。会后，应台湾《中国时报》《联合报》两大报系的邀请，参观了一些新闻单位，游览了阿里山、日月潭等风景名胜。在台半个月，会见和结识了不少旧雨新知。

这一次台湾之行，给我印象最深的是两岸同胞之间的浓郁的手足情谊。主持会议的政大传播学院院长潘家庆教授、参加会议的政大副校长赵婴教授、文化大学新闻暨传播学院院长王洪钧教授，以及政大、淡江、世新、铭传等院校的李瞻、赖光临、皇甫河旺、林东泰、王石番、杨志弘等教授，1989年曾以台湾新闻教育代表团的名义到大陆访问。担任会议秘书长的政大钟蔚文教授，

* 本文刊于《人民日报》1993 年 10 月 29 日第 10 版。

1992 年曾以调查研究名义到大陆访问。我和他们是旧相识。这次赴台，潘、钟两位教授亲到距离台北百里开外的桃园机场迎接。王洪钧教授和潘、赖、赵 3 位教授分别设宴款待，一片冰心，十分热情。海基会董事、台湾新闻学会楚崧秋理事长早在 3 年前就曾经向我和其他几位教授发过访台邀请，囿于台湾当局当时的一些规定，未能如愿。去年他到北京开会，我因事出国，再度相左。这次赴台，他以新闻学会名义设宴，一见如故，至感亲切。特别值得提出的是政大的李瞻教授。他从 1989 年访问大陆回台后，就极力促进两岸新闻学者的交流，多次策划邀请大陆学者回访。这一次研讨会的召开，和大陆学者的顺利入境，他出了不少力。会议结束后，他还特地叫了计程车，坚邀我到他的住所一叙，他的夫人第二天即将赴美探亲，有很多事忙着要办，听说我来，特意留在家中作陪，夫妇二人殷勤招待，情逾骨肉。文化大学的讲师萧素翠，是我 4 年前访日时认识的；《自立早报》的记者陈威傧，是两年前她作为文化大学的硕士研究生赴大陆收集论文材料时认识的；听说我从大陆来，也都热情相邀。或请到家中和她们的亲人们见面，或陪同到市区各处观光，尽兴才止。类似这样的约会，除了开会的那几天外，几乎每天都有 3 至 5 起，经常是从早上 6 点开始，一直忙到晚上十一二点才能休息。所至之处，得到的都是热情诚挚的接待洋溢着两岸同胞血浓于水的亲情。

和台湾的朋友们见面，经常谈到的是统一的问题。在台半个月，接触许多人士，几乎都想为统一大业作一点有益的事情，都想在有生之年，看到两岸之间的历史恩怨和人为的隔阂得以泯除。王洪钧教授在一次聚会中，曾经十分动情地说，他已年逾古稀，此生别无遗憾，"但悲不见九州同"！这位年逾古稀的老教授的一番话，曾使举座为之动容。许多知名人士都对自己的父母之邦怀有深厚的感情，都坚决反对台独，都期待着两岸的统一，能够早一日实现。

访台期间，两岸的新闻学者也就两岸的新闻教育、新闻学研究、受众调查以及新闻理论与实践中的一些问题，充分地交换了意见。由于政治体制不同，指导思想不同，分歧是存在的，但双方都尽可能地避开敏感的问题，做到求同存异。两岸学者还利用会前会后个别接触的机会，交换了各自的著作。大陆学者带去的新出版的《中国新闻事业通史》（第一卷）、《新闻学大辞典》，受到了台湾学者们的重视。台湾学者回赠的他们所写的《世界新闻史》《国际传播》等书，也受到大陆学者们的欢迎。两岸新闻学者还就两岸新闻学研究资料的交换问题、新闻史研究和《中国新闻年鉴》的协作问题，以及加强互访，互相提供研究上的方便等问题，交换了意见，商定了初步的方案。

"谁言阻遐阔，所贵在相知"。这次学术交流，正是一次"相知"的活动。它不仅促进了两岸新闻学者之间的了解，对两岸新闻学教学与研究工作的进一步开展，也是十分有益的。

中国近代传播思想的衍变*

传播这一名词，始见于《北史·突厥传》的"传播中外，咸使知闻"，在中国的语言文字中，至少有 1400 年以上的历史。但是，在漫长的封建时期，在封建君主专制制度的严密控制下，传播活动长期受到禁锢，始终没有得到正常的发展。早在北宋年间，就有所谓的"乱有传播"之禁。在当时，主要是禁止那些被称为"小报"的新闻传播媒体（见于徽宗皇帝的诏旨）。此后，一直到清朝中期，各种传播媒体，如"小报""小本""小钞""报条"等，都曾遭到过查禁。顺康雍乾等朝，还曾经多次出现参与传播活动的政府官员和报房主人被拘捕乃至杀戮的事件。这一情况，直到清王朝中晚期以后，才开始有所转变。

1840 年爆发的鸦片战争，撞开了闭关锁国的中国的大门，揭开了中国近代史的序幕。从那时起，到 1912 年中国历史上第一

---

* 本文刊于《新闻传播与研究》1994 年第 1 期。

个民主共和国的诞生为止，这是中国社会的传播活动空前活跃，各种近代化的新闻传播媒体相继问世，以及有关传播思想通过口耳流传、见诸文字、公开发表，迅速发展衍变的一个时期。

一、1840年至19世纪60年代末

从鸦片战争前夕到19世纪60年代末，是中国传播思想发展的第一个阶段，也是西方新闻传播思想开始进入中国的一个阶段。

最先向公众阐述西方传播思想的是这一时期到中国及其邻近地区创办中外文报刊的西方传教士和商人。他们首先把"新闻纸"这一近代化的传播媒体介绍给中国读者，并且强调他们创办这些新闻纸是为了"通中外之情，载远近之事，尽古今之变"（1857年1月26日《六合丛谈》第一号）；是为了帮助中国读者"得究事物之颠末，而知其是非，并得识世事之变迁，而增其闻见"；是为了"使华人增广见闻，扩充智慧，得以览之而获益"（《中外新闻七日报》1872年3月2日《西人在北京办报之集议》）。他们创办的这些新闻纸，所刊载的主要是以下的一些内容。（1）经济信息。包括航运消息和大量的有关银票单、水脚单、进出口货价与交易单等商业信息和商品广告。（2）国际信息。主要是有关世界各国人文、地理、政情、历史沿革、国际关系等方面的基本知识。（3）科学信息。早期主要是有关西医、西药、生理学、解剖学，以及数学、物理、化学、生物学等方面的自然科学的基本知识，后期也零零星星地介绍过一些有关西方的

社会政治、民主法制等方面的学说和思想。所有这些，其目的都是维护西方的利益，旨在倾销他们的商品，宣扬殖民主义者的威力与德政，改变中国人民思想闭塞的状况，消除他们对西方人的敌意。不过他们所提供的这些信息和知识，毕竟开阔了中国人的眼界，也为中国的读者展示了远比封建文化思想更为进步的资产阶级的某些文化思想，因此在客观上具有一定的启蒙作用，他们的传播思想，也给仍然处在被禁锢状态的中国人以一定的启迪。

这一阶段在中国办报的传教士和商人，也在他们所写的文章和他们所标榜的办报宗旨中，提出了"新闻则书今日之事""序事必求实际""贵在信实无欺""持论务期公平"等观点。第一次向中国的读者介绍了西方新闻传播学中的有关新闻的定义，新闻、评论报道必须符合事实，以及新闻工作者必须客观公正之类的思想。这些思想虽然颇能新人耳目，但并没有引起太多的注意。这是因为当时的中国人民还缺少近代化的新闻工作实践，对这些观点一时还难以有更深的体会。

与此同时，中国一些有识之士也开始重视新闻和信息的传播。他们从爱国御侮的需要出发，不满意于封建士大夫知识分子坐井观天，昧于世事，"避席畏闻文字狱，著书都为稻粱谋"的现状，一方面提倡经世致用之学，另一方面要求睁开眼睛看世界，更多了解国内的，特别是国外的情况，他们的代表人物，是担任两广总督的林则徐和他的好友、曾经在浙东参加过抗英斗争的魏源。

当时，客观条件还不允许他们创办近代化的报纸。他们所致力的主要是译报活动，即把外国人在境内外所办报纸上的信息，翻译介绍给中国的朝野人士。例如，林则徐主持下的《澳门新闻纸》，魏源编著的《海国图志》等。他们的译报活动，侧重于"了解夷情"和"采访夷情"。其目的在于"悉夷情""医瞑眩"，和"师夷长技以制夷"（《海国图志叙》）。这种传播思想，对嚣然自大、深闭固拒的中国封建思想，是一次大的冲撞，表明统治阶层中的一部分开明人士已经破篱而出，放眼世界，不愿再相安于那种旧的封闭的格局之中了。

1850—1865 年这一时期，爆发了太平天国的反清革命。这一革命政权的领导人之一洪仁玕，曾经提出过"设新闻馆"，兴"各省新闻官"和刊卖"新闻篇"的建议。其中，"新闻馆"和"新闻官"属于官方。前者旨在"收民心公议及各省郡县货价低昂，事势常变；上览之，得以资治术；士览之，得以知交通；商农览之，得以通有无，昭法律，别善恶，励廉耻，表忠孝"。后者旨在收集舆论和来自民间的信息，使"奸者股栗存诚，忠者清心可表，……一念之善，一念之恶，难逃人心公议"。"新闻篇"则属于民间，"准富民纳饷禀明而设"。其法是："或本处刊卖，则每日一篇，远者一礼拜一篇，越省则一月一卷，注明某处某人某月日刊刻，该钱若干，以便远近采买""朝廷考察若探未实者，注明有某人来说，未知是否，俟后报明字样，则不得责之""伪造新闻者，轻则罚，重则罪"。旨在使朝野之间情况明，信息通，"纵有一切诡弊，难逃太阳之照"（以上引文均见洪仁玕《资政新篇》）。洪仁玕的这些建议，涉及报纸这一传播媒体的政治功能、教育功能、传播信息功能，以及民间办报、舆论监督和新闻必须真实等方面的问题。这和清朝政府禁锢言论、限制报纸出版的政策相比，是一个大的进步。天王洪秀全对洪仁玕有关设新闻馆的建议，曾用"此策是也"的批示，表示赞赏。对有关设新闻官及准卖新闻篇的建议，则认为，"现不可行""俟杀绝妖魔后行未迟也"。这说明他对报纸的积极方面的作用，还认识不足。

总之，这一阶段由于海禁大开和闭关锁国的局面被打破，扩大新闻传播的思想在一些先进的中国人当中已经萌发，但碍于形势，还没有更多地见之于实践。

二、19世纪60年代末至19世纪90年代初

从 19 世纪 60 年代末到 19 世纪 90 年代初，是这一时期传播思想发展的第二个阶段。

两次"鸦片战争"的失利，使封建统治阶层中的一些人幡然醒悟。他们感觉到西方工业国家坚船利炮的威胁，开始致力于洋务运动，在"中学为体，西学为用"的口号下，建立了近代中国的第一批官办和官督商办的工业，设置了一批有关洋务的企事业机构，企图以此来维持封建帝国的统治，挽狂澜于既倒。与此同时，一批较早接触到欧风美雨的士大夫知识分子，也开始探索中国前进的道路，在中国只有变才能图存的观点指导下，提出了一系列有关维新变法的设想，为 19 世纪 90 年代后期的戊戌维新运动，作了思想上的准备和舆论上的铺垫。其中的代表人物，是王韬和郑观应。

王、郑两人都出身于封建书香门第，受过传统的儒家思想教育。王韬曾在外国传教士办的出版机构担任编译工作，后来多次出国访问；郑观应曾经在外商和洋务部门工作，后来又投资于近代工业。他们是那一时期对中西方的情况很了解，思想比较活跃的知识分子。19世纪60年代末至19世纪90年代初，他们曾经多次发表文章，阐述了变法自强的观点，也阐述了对报纸这一传播媒体的看法。

首先，他们都极力向中国朝野人士介绍和推荐近代化报纸这种已经盛行于西方国家的传播媒介。他们盛赞报纸内容丰富，"凡献替之谟，兴革之事，其君相举动之是非，议员辩论之高下，内外工商之衰旺，悉听报馆照录登报"；种类繁多，"士农工商各有报"，发行数量大，"少者数百本，多则数十万本，出报既多，阅报者亦广"（《盛世危言·日报上》）。他们还要求以英国《泰晤士报》为榜样，来创办中国人自己的报纸。

其次，他们都认为报纸可以帮助封建统治者"博采舆论"、了解下情，使君主"知地方之机宜""知讼狱之曲直"，使"君惠得以下逮"，实现"上有以信夫民，民有以爱夫上"（《弢园文录外编·重民》）的目的。郑观应说得更直接："欲通之达之，则莫如广设日报矣（《盛世危言·日报上》）。"

再次，他们都谴责外国人在中国的办报活动，指责外国人所办的报纸，"往往抑中而扬外，甚至黑白混淆，是非倒置"（《弢园尺牍·上方照轩军门书》），"每遇中外交涉，间有诋毁当轴，蛊惑民心者"（《盛世危言·日报上》），要求把报纸掌握在自己手里，并主张创办外文报纸，向外国人阐述本国的观点，以抵御侵略者的荒谬宣传。

最后，郑观应还着重阐述了报纸的社会教育和社会公益作用，指出："各省水旱灾区远隔，……自报纸风传，而灾民流离困苦情形宛然心目。于是施衣捐赈，源源挹注，得保孑遗，此有功于救荒也。作奸犯科者明正典刑，报纸中历历详述，见之者胆落气沮，不敢恣意横行，而反侧渐平，闾阎安枕，此有功于除暴也。士君子读书立品，尤贵通达时务，卓为有用之才。自有日报，足不逾户庭而周知天下之事，一旦假我斧柯，不致毫无把握，此有功于学业也。其馀有益于国计、民情、边防、商务者，更仆数之未易终也（《盛世危言·日报上》）。"他建议在中国各省、各府、各州、各县广设报馆，认为多办报纸，将有利于国家安定和社会繁荣。

王、郑两人不仅鼓吹和支持多办报纸，而且参加了这一时期的办报实践。王韬是香港《循环日报》的创办人和第一任主编，郑观应曾为港沪两地的不少报刊撰稿。他们的传播思想对这一时期中国新闻事业的发展，起了一定的推动作用。《华字日报》《中外新报》《述报》《新报》等报刊的问世，在一定程度上都受过他们的影响。他们的贡献主要有两点：第一，热情地向中国的公众介绍和推荐西方近代报纸这一传播媒体及其运作的模式；第二，部分地清除了在中国大量创办近代化报刊的思想障碍，削弱了来自封建统治者方面的阻力。

应该承认，阻力仍然很大，但坚冰已破，中国近代传播思想和传播事业进一步发展的高潮，已经临近了。

三、19世纪90年代初至20世纪初

19世纪90年代初到20世纪初的10年，是这一时期传播思想发展的第三个阶段。

这10年，是变法维新运动由思想酝酿进入实际运作的10年。变法虽然因慈禧太后发动的政变而宣告失败，但只有变才能图存的思想，已经深入人心，变已经成为中国时局发展的必然趋势。

这10年，也是近代中国的传播思想空前活跃的时期。以康有为、梁启超为首的维新派，在鼓吹变法发动政治改革运动的同时，十分重视报刊这一传播媒体的作用，在所写的信件、奏折、文章和专著中，曾多次阐述他们的传播思想。维新派的其他活动家，包括同情维新派的政府官员们，对此也有所发挥。

维新派有关传播思想的论述，集中在办报的目的及报纸的性质和作用两个方面。属于办报目的和办报必要性的论述，概而言之有以下五点。

（一）开风气

他们认为维新运动之所以障碍重重，在于思想禁锢，风气不开。报纸在开风气方面是可以起很大作用的。只有利用报纸这一媒体，大声疾呼，"振动已冻之脑官"，才能收事半功倍之效。梁启超所说的"发端经始，在开广风气，维新耳目，译书印报，实

为权舆"（《饮冰室文集》之一，《农会报序》）；唐才常所说的"广开报馆，……秦汉以来之愚障始云开雾豁，重睹光明，四民之困于小儒腐说辗转桎梏者，始脑筋震荡，人人有权衡国是之心，而谋变通，而生动力"（《唐才常集·湘报序》）；就是这一观点。同情维新派的官员瑞洵、沈兆炜等，对此也有所论述。

（二）开民智

他们认为中国要进行大的政治改革，必须首先开民智，而报纸则是提高"民之识见"和"民之智量"的重要手段。康有为在公车上书中，就曾经阐述过这一观点。谭嗣同在和朋友的通信中，也提到："新闻报纸最足增人见识。……今日切要之图，无过此者"（《谭嗣同全集·报贝元征书》）。曾经创办《无锡白话报序》的维新派报刊活动家裘廷梁说得更清楚："欲民智大启，必自广兴学校始，不得已而求其次，必自阅报始。报安能人人而阅之，必自白话报始（《无锡白话报序》)。"维新派思想家何启和胡礼垣在他们所写的《新政真诠》中，对报纸在开民智中的作用，也有过论述。

（三）开言路

早在 19 世纪七八十年代，不少支持维新运动的人，就提出必须开言路的问题。香港《循环日报》曾发表评论，批评了所谓"天下有道则庶人不议"的思想，认为"盛治之朝，惟恐民之不议，未闻以议为罪也"（见 1878 年 2 月该报所刊《论各省会宜设新报馆》一文）。在广州出版的《述报》，则把社会上的"因循之弊"，归罪于"言路之不广"，并首先把言路和报纸联系起来，指出"言路之六通四辟，……在民之有报馆焉"（见 1884 年 12 月 29 日该报所刊《开言路为自强首义说》）。90 年代以后，这方面的论述更为具体。维新派御史宋伯鲁把"指陈时事，常足以匡政府所不逮，备朝廷之采择"，列为报纸的四善之一，要求多办报纸（见宋伯鲁《奏改时务报为官报摺》）；维新派外交官伍廷芳称报纸为"舆论所在，公论所自出"，要求推广报纸（见伍廷芳《奏请推广报馆摺》）；谈的也都是开言路的问题。何启和胡礼垣在他们所著的《新政真诠》中，更明确地提出了"宏日报以广言路"的主张。

（四）通情况

这是郑观应的"民隐悉通，民情悉达"的观点的继续，梁启超、谭嗣同等人都曾经对此作过论述，强调他们所办的报纸，必须"广译五洲近事""详录各省新政""博搜交涉要案""旁载政治学艺要书"（梁启超《论报馆有益于国事》)，以帮助读者了解各方面的情况。汪康年所说的"通消息，联气类，宣上德，达下情"（《论设立时务日报宗旨》)、严复所说的"通上下之情""通中外之故"（《〈国闻报〉缘起》)，表述的也正是这一观点。

（五）助变法

这是把办报活动和变法活动紧密地结合起来的一种观点，较早提出这一观点的是郑观应。他说过"今如欲变法自强，宜令国中各省各州县俱设报馆"（《盛世危言·日报》）这样的话。公车上书以后，这方面的论述更多，要求更为迫切。梁启超曾经不止一次地强调过用创办报纸来推动变法运动的主张。裘廷梁说得更具体："无古今中外，变法必自空谈始，故今日中国将变未变之际，以扩张报务为第一义（《无锡白话报序》）。"吴恒炜则公然表示要"以二三报馆之权力以交易天下"（《知新报缘起》）。这说明他们办报的政治目的是明确的。

属于报纸的性质和作用的论述，概而言之，有以下四点。

第一，喉舌，国口，民史。最先提出喉舌思想的是梁启超和吴恒炜。吴恒炜在《知新报缘起》一文中提出"报者天下之枢铃，万民之喉舌也"的观点。梁启超也说过"报馆者国家之耳目也，国民之喉舌也"这样的话。也有把喉舌称为国口的，见于谭嗣同在《湘报后叙》中所说的："吾见《湘报》之出，敢以为湘民庆，国有口矣。"此外，还有不少维新派人士把新闻比附于历史，把报馆比附于史馆，见于梁启超所说的"报纸者，现代之史记也"（《清议报100册祝辞》）和唐才常所说的"泰西不立史馆，盖报馆即其史馆也"（《觉颠冥斋内言》卷1）。谭嗣同则更进一步，把报纸定位在民字上，认为"报纸即民史也"（《湘报后叙》）。

第二，利器。这是陈炽在反对外国人垄断中国报业的时候，首先提出来的一个观点。原话是"国之利器，不可假人"。[1]这一

---

① 见于陈炽在1893年所写的《报馆》一文，后收入他的《庸书》。

观点和后世的工具论，已经十分接近。

第三，党报。康、梁等早期所办的报纸，即具有政党报纸性质，只是还没有使用党报这一提法。1899年保皇会成立以后，才开始在他们的书信和文章中出现党报字样。1900年3月，梁启超在致康有为的信中，首先提出"吾党宜设一西文党报"的建议。此后，又在《清议报100册祝辞》中，对报纸的党派性质作了如下的论述："有一人之报，有一党之报，有一国之报，有世界之报""以一党利益为目的者，一党之报也""若前之《时务报》《知新报》者，进入一党报之范围也"。此后不久，康有为也说过《新民丛报》"为党报"的话。可见这一对师生之间，在他们的报纸具有党派性质这一点上，认识是一致的。与此相联系的，则是报纸是否必然有政治倾向的问题。维新派人士对这个问题的回答也是肯定的。严复的说法是：只要办报，"一举足不能无方向，一著论不能无宗旨"①。梁启超的说法是："史家必有主观客观二界，作报者亦然""有客观而无主观，不可谓之报。"（《敬告我同业诸君》）可见，这一时期的维新派人士，并不想回避他们办报的目的，也无意淡化他们所办报纸的政治色彩。

第四，监督政府，向导国民。在这个问题上，论述较多的是梁启超。他把"对政府而为其监督""对于国民而为其向导"，列为当今报馆的"两大天职"（《敬告我同业诸君》），并且认为报纸是舆论的代表，报纸对政府的监督，是一种舆论的监督。

---

① 见1898年8月5日《国闻报》所刊《说难》一文。

这一阶段维新派传播思想的代表人物是梁启超，他是 19 世纪下半叶维新派传播思想的集大成者。梁启超的传播思想，以 1899 年为界，可以大致分为两个阶段。前一个阶段的主要观点是肯定报纸的传播功能，认为报纸是国君的耳目，臣民的喉舌，是开拓维新变法风气的有力工具，主张办各种类型的报纸。后一个阶段的主要观点是肯定报纸的舆论机关作用和维新派报纸的党报作用，肯定报纸的监督职能和向导职能，提出新闻必须博、速、确、直、正，以及报纸必须"宗旨定而高，思想新而正，材料富而当，报事速而确"的办报标准。梁启超是中国近代新闻史上较早研究传播受众，讲究办报艺术，注重报纸的社会效果的报刊活动家。

这一阶段的传播思想，是为当时的资产阶级政治服务的，具体地说，是为戊戌前后维新派的变法运动和稍后的保皇立宪运动服务的。和前一阶段相比较，这一阶段的传播思想带有较多的资产阶级民主色彩。如果说王韬等人还时时为封建统治者借箸代谋，维护他们的政体，照顾他们的利益，梁启超等人更多考虑的，则已经是新兴的中国资产阶级的利益了。这自然是一个很大的进步。

在梁启超等人的传播思想指导下，这一阶段的新闻传播事业有了飞速的发展，绝大部分的维新派骨干都参加了办报活动。维新派的报刊在短短的两年内，由一两家陡增到 27 家，维新派的学会团体由 1 个增加到 20 多个。在广大的知识分子当中，出现了"智慧骤开，如万川涌沸"和"家家谈时务，人人言西学"的局面，维新运动也在一个很短的时期内，被推向了高潮。受维新派传播思想的影响，19世纪90年代以后，国人自办的报刊相继问世，封建统治者的言论出版之禁，被废弛于无形。虽然还有限制报刊的法令出台，以及迫害报刊报人的事例出现，但言论出版的藩篱已经被突破，万马齐喑的局面已经一去不复返了。

四、20世纪初至1912年

从20世纪初始到1912年的这12年，是这一时期传播思想发展的第四个阶段。

这12年，是孙中山先生领导的民主革命进入高潮的时期。中山先生早在1884年中法战争后就有革命之志，1894年创建了兴中会，发动了第一次武装起义，革命开始进入行动阶段。但受长期浸润于人心的封建思想的束缚和康、梁等政治改良思想的影响，在1900年以前的一段时间内，他仍被多数人视为异端，革命处于艰苦的阶段。1900年以后，形势有了明显的改变，指责的声浪渐小，支持的力量日增，经过10多年的奋斗和多次武装起义，终于在1911年一举推翻了清朝政府，建立了中国历史上的第一个资产阶级共和国，取得了民主革命的辉煌胜利。

这12年，也是近代中国的传播思想进一步发展和进入高潮的时期。

以中山先生为首的革命民主派的领导人十分重视革命的新闻传播活动，并曾在各种场合以各种方式阐述过他们的传播思想。

主要集中在以下几个方面。

首先，是关于办报目的的论述。他们和康、梁等维新派人士一样，并不讳言自己办报的政治目的。在很多文章中，他们都明确地指出，他们之所以办报，目的就是革命。这一点，在同盟会机关报《民报》的《民报之六大主义》一文中阐述得最为清楚："革命报之作，所以使人知革命也""民报革命报也，以使人真知革命为目的"，表明正处于上升阶段的中国革命民主派对自己事业的正义性质有着充分的认识，对自己的前途充满了信心。他们不再像改良派的某些人那样，用乞求的方式，要求封建统治者"广开言路"，而是把放言高论，对封建统治者进行口诛笔伐，当作自己的一项神圣权利。

其次，是关于报纸的性质和作用的论述。主要有以下三种观点。

第一，报纸是一种强有力的舆论工具。和改良派一样，革命民主派的报刊活动家们也把报刊视为喉舌和工具，称之为"国民之舆论"（《国民日日报·发刊词》）、"社会之公器"（《世界公益报告白》），区别仅在于两者之间的重视程度不同。在革命派的一些阐述报刊作用的文章当中，报刊被尊为贵族、僧侣、平民之外的"第四种族"（《国民日日报·发刊词》）、"第四等级"（《浙江潮》第 4 期筑髓文），比拟于"四千毛瑟""一支联队"和"法官""警察""侦探""军人""律师"；盛赞它可以"以言论寒异族独夫之胆，褫民贼之魂"；并由此得出"不必匕首，不必流血，笔枪可矣，流墨可矣，咄，此何事？曰报纸也"（郑贯公《拒约须急设机关日报议》）的结论。把报刊的社会地位抬到空前的高度，说明革命派的报纸理论家们比改良派的理论家们更为重视报刊在政治斗争中的作用。

第二，报纸具有舆论监督和舆论导向的作用。前者见于《少年报出世广告》所说的"监督政府"，《越铎日报发刊词》所说的"促共和之进行，尺政治之得失"，以及其他革命派报刊上发表的同类文章。后者见于《神州日报一周年纪念辞》所说的"指导国民"和《黄帝魂》中所说的"国民之导师"，以及其他革命派报刊上发表的同类文章。秋瑾则在《中国女报发刊词》中作了全面论述，结论是："具左右舆论之势力，担监督国民之责任者，非报纸而何？"对报纸的这方面作用，革命和改良两派都很重视，只是在实践中，革命派更重视报纸的舆论导向作用，在夺取政权以前，对报纸的舆论监督作用并不寄予过高的期望。

第三，报纸在传播知识、提高国民文化科学水平方面，具有特殊的作用。这方面的论断，见于《浙江潮》第4期所说的"国民教育之大机关"，《河南》第8期所说的"输入文明之利器"，《湖北学生界》第1期所说的"国民之知识"。《少年报》《珠江镜报》《黄帝魂》等报刊和文集上，也有类似的记述。在报刊能够"开民智"这个问题上，革命派和改良派的理论家们认识是一致的，所不同的只是后者只赞成用"开民智"等温和的手段来改造中国，反对任何激烈的行动，而前者则认为"开民智"是一项长远的任务，远水救不了近火，当前要推翻封建专制政府，光靠"开民智"是不够的，还必须依靠武装起义之类的暴力行动。

中国近代传播思想的衍变 /

再次，是关于办报方式和办报艺术的论述。青年报刊活动家郑贯公在《拒约须急设机关日报议》一文中提出的"调查不能不周密也""翻译不能不多聘也""讴歌戏本不能不多撰也""文字不能不浅白也""门类不能不清楚也""报费不可不从廉也""图画不可不多刊也"（见 1905 年 8 月 12—23 日《有所谓报》），以及老新闻工作者民主革命元老于右任在《论本报所处之地位并祝其前途》一文中提出的，"不可疾言之，未始不可徐察之。不可庄语之，未始不可婉拒之"（见 1907 年 4 月 3 日《神州日报》），都属于这方面的内容。中山先生在这方面也有所阐述，他所提出的"宣传在于感化""至诚是宣传的基本态度""对人而论，应该由近及远""就措辞而论，应该亲近有味"，以及宣传"要有做继续的劲头"，要注意"对象的利益和兴趣"[1]，都涉及办报方式和办报艺术的问题。这一阶段的革命派的领导人和报刊活动家们在这方面作过深入的研究，有不少适合当时办报环境的精辟见解。

这一时期革命民主派的传播思想当中，最值得重视的是办机关报的思想。和改良派的报刊活动家们一样，革命派的报刊活动家们并不讳言自己报纸的党派性，经常称自己的报纸为"吾党"的报纸，所不同的是他们不满足于创办一般的党报，而是要求在一般党报的基础上，创办和党的领导部门有较严格的组织隶属关系、充当党的机构的喉舌的正式机关报。"机关"一词始见于《汉

---

① 孙中山：《孙中山选集》，人民出版社 1981 年版，第 486、869 页。

胡汉民：《总理全集》，上海书店 1990 年版，第 503—504 页。

书》，并非外来语。早在 1903 年，邹容就提出过创办"言论机关"的建议（见章行严《苏报案始末记叙》）。这似乎是把"机关"和传播活动结合起来的开始，1905 年以后，机关报这一提法屡见于革命派报刊。最先提出创办机关报思想的是郑贯公，见于他在 1905 年 8 月 12 日《有所谓报》上所写的《拒约须急设机关日报议》一文。《民报》第 5 期刊出的《中国日报》告白，称该报为"中国革命的机关报之远祖"。《民报》第 9 期所刊陈天华的小说《狮子吼》，更通过主人翁之口，说出了"各国的会党，莫不有个机关报""这个机关报是断不可少的"。这些都说明，创办一批机关报进行民主革命的鼓吹，已成为当时革命党人的共识。革命民主派创办机关报的思想，明显地接受了 19 世纪俄国十二月党、民粹党和社会民主工党人办报活动的影响。当时，西方国家已进入大众化报纸发展时期，政党报纸的党派色彩从理论到实践都被日益淡化，而俄国的那些"民党"的机关报刊则方兴未艾，对中国的革命民主派办报活动，自然起了一定的借鉴的作用。

这一阶段革命派传播思想的代表人物，可以举出郑贯公、于右任、章太炎等一大批人，特别值得重视的是孙中山先生的新闻传播思想。中山先生从 19 世纪 90 年代起，就十分关心报刊宣传工作，是革命民主派报刊的组织者、缔造者和参加者。他的有关报纸性质和作用的论述，有关创办党报建立党的宣传机关的论述，有关宣传方法的论述，以及有关将革命学说灌输于人心，进而形成舆论的论述，都对当时的革命党人的办报活动起过重大的影响。

这一阶段以孙中山为代表的革命派的传播思想，是当时最先进的传播思想，是为辛亥革命时期资产阶级民主革命的政治服务的。和维新派的传播思想比较起来，这一阶段的传播思想，带有更多的资产阶级民主色彩。在他的指导下，这一阶段中国的新闻传播事业有了比维新运动时期更为迅猛的发展。革命党人从1900年《中国日报》创刊起，先后在海内外的几十个城市，创办了约120种以上的革命报刊，对资产阶级民主革命的胜利和共和国的诞生起了重大的推动作用。中山先生在总结辛亥革命胜利的经验时说，"此次革命推倒满清，固然有赖于军人们的力量，但是海内外人心一致，则是报馆宣传之功"（1912年4月27日对广东报界记者演说），又说，"革命成功极快的方法，宣传要用九成，武力只可用一成"（《中山全书》第三集《革命成功全赖宣传主义》），充分肯定了革命派报刊宣传工作的作用。

五、中国近代传播思想的衍变规律

1840—1911年的70多年，是中国近代传播思想从开始萌发到逐步形成体系的时期，是中国传播思想发展史上的一个重要的阶段。这70年间，传播思想在中国不断地有所衍变，寻绎其规律，可述者有以下几点。

第一，经济的发展，从根本上决定了传播思想的发展。古代中国很早就有传播活动，很早就出现了多种多样的传播媒体，但传播事业、传播思想长期发展滞缓，其根本原因就在于封建自然经济的制约。鸡犬之声相闻、老死不相往来的小国寡民生活，安土重迁、分散经营、自给自足的自然经济，以及由此产生的秦人视越人之肥瘠的封闭式的人际关系和社会心态，都不利于传播思想的发展。这一状况，直到鸦片战争爆发，封建的自然经济被迫瓦解，封建政府的闭关锁国政策被迫取消以后才有所改变。鸦片战争后，海禁大开，中国进入半殖民地半封建社会（中山先生称之为次殖民地），舶来于华的西方国家商人，为了占领市场，倾销商品，迫切需要有关中国的各方面的信息。新兴的中国民族工商业者，为了发展本国的市场经济，也增加了对国内政治经济文化等各方面信息的需求，促使新闻传播事业日趋繁荣。这是中国近代传播思想得以发展的客观原因。就这一点而言，中国近代传播的衍变和发展，也从一个方面反映了近代经济发展的进程。

第二，政治是制约传播思想发展的另一个因素。古代中国的封建统治者，奉行"民可使由之，不可使知之"的思想禁锢政策。清军入关后，又增加了民族的压迫。康雍乾三朝的文字狱，使不少人钳口结舌，避之唯恐不及。在这样的政治氛围中，不论是传播事业还是传播思想，都不可能得到正常的发展。鸦片战争后，这一情况逐渐地有所改变。西方国家的坚船利炮，从外部遏制了封建统治者故步自封、嚣然自大的气焰；太平天国起义和汉族地方军政力量的崛起，从内部削弱了封建中央集权的统治。这以后，一方面是新兴的中国资产阶级政治代表人物参政意识、民本意识的加强，以及以暴力手段夺取政权的愿望逐步成为现实；另一方面是封建君主专制制度受到冲击，统治者的治权遭到削弱，执政者被迫步步退让，迫害言论出版事业的法令难以认真执行，行动有所收敛，使得形势向有利于资产阶级民主的方向转化。

第三，中国近代的传播思想，既有先秦以来传统典籍中的"遍知天下"（《管子·七法》），"上下情请为通""得下之情则治，不得下之情则乱"（《墨子·尚同中》），"国将兴，听于民"（《左传·桓公六年》）等思想的影响，也有来自西方的影响。最先把西方的传播思想介绍到中国来的，是在中国办报的外国传教士；稍后，则是在西学东渐的过程中较早接触西方社会的一些先进的知识分子。后一部分人当中，如王韬、梁启超、郑贯公等，曾多次出入国门，对西方的传播活动和传播思想都有较深入的了解。1899 年出版的反映政党报纸向大众化报纸过渡时期西方新闻传播学观点的日本松本君平的《新闻学》，1903 年出版的反映大众化报纸自由竞争时期西方新闻传播学观点的美国休曼的《实用新闻学》，都有中文译本，都曾对当时中国的新闻传播思想起过影响。梁启超在 1901 年写作的《清议报 100 册祝辞》一文中，就引用过松本君平《新闻学》一书中的话。这一情况表明，中国近代的传播思想曾经从西方的传播学中得到不少的借鉴。但是，由于中西新闻传播事业的发展进程不同，西方的新闻传播观点被介绍到中国来以后，和中国的实际相结合，又带有不少中国的特点。

第四，思想先于实践。和中国的民族资产阶级还没有诞生，呼唤发展民族资本主义经济的言论已经风行一时一样，中国近代新闻传播思想的发展，也先于它的实践。不少鼓吹创办"新报"的文章，就是在 19 世纪七八十年代维新派报刊大量创刊以前出台的。这一点，和西方国家的新闻传播学研究晚于它们的实践有所不同。其原因是中国的新闻传播学研究工作者，可以从西方的新闻传播理论与实践中得到借鉴。他山之石，成为此山攻玉的手段。实践尚未开始，思想已经先行。这也是中国近代新闻传播思想发展中的一个特点。

喜见明代报纸 *

　　新一期的《新闻与传播研究》刊出了尹韵公同志写的《急选报：明代雕版印刷报纸》一文，介绍他在北图善本室发现了一份明代印刷报纸原件的经过，引起了国内外新闻史和文化史研究工作者的重视。

　　关于这份新发现的报纸，我同意已故明史专家谢国桢的这一观点："此即为邸报之一种。"也赞成尹文的另一个说法："极有可能是明代邸报的一种不定期的增刊或者说号外。"总之，它是一份实实在在的明代邸报类报纸原件。

　　过去，国内的新闻史研究工作者能够看到的古代报纸原件，最早的只到乾隆年间，再早的就没有了。明代报纸的出版发行和收藏情况，明人多有记载。但所提到的那些报纸，都没有留传下来。明人文集中收录的《天变邸抄》和北京、台北两地图书馆收

＊ 本文刊于 1994 年 4 月 7 日《北京晚报》。

藏的《万历邸抄》，都只是明时邸报的辑录件。曹雪芹的祖父曹寅的藏书目录中有《天启邸抄》若干册，后来不知去向，但估计也很可能只是明时邸报的抄件。因此，研究明代报史，深以无报可查为苦。

这份明代报纸的被发现，意义深远。举其大者，约有四端。（1）为新闻史研究工作者提供了一份明代报纸的实物。道理见前，不赘。（2）过去认为明代民间报业起始的时间不晚于万历十年。这份报纸出版于万历八年，证实了这一说法。但从其体例模式已经十分成熟这一点看，明代民间报业的起始时间，还可以往前提到万历初年乃至于隆庆、嘉靖以前。（3）研究印刷史的学者过去谈到中国印刷报纸起始的时间时，能够引为根据的只有顾亭林文集卷三《与公肃甥书》中所说的"忆昔时邸报至崇祯十一年方有活版"一段话。至于什么时候开始有雕版印刷的报纸，则不清楚。这份报纸的发现，证明早在顾文所说的活版邸报诞生的58年以前，就确切地有了雕版印刷的报纸了。（4）近年来，新闻学界曾经有过一种"邸报非报"的说法，认为近代报纸的鼻祖不在中国，而在欧洲。这份报纸的发现，为反对这种说法，提供了一个有力的物证。中国近代的报纸确曾从西方得到过借鉴，但怎么可能没有一点自己历史上的影响呢？

这次的发现，又弥补了我研究中的不足。雏凤清于老凤声。快哉快哉！

中国新闻学和新闻教育的摇篮*

——写在北京大学100周年校庆之际

北京大学是中国的最高学府。它综罗百代，熔铸中西，有着积累深厚的综合优势，曾经为当代中国众多学科学术的发展作出贡献，也为中国新闻学和新闻教育的发展作出贡献。它是中国新闻学和新闻教育的摇篮。

在中国的新闻学和新闻教育史上，北京大学拥有好几个第一：在高等学校开设了第一门新闻学方面的课程，建立了中国历史上第一个新闻学研究团体，出版了中国历史上第一本新闻学著作，创办了中国历史上第一份新闻学期刊；此外，她还是新中国成立初期那次院系调整之后，新设新闻专业的第一所大学，同时还是"文化大革命"后期，率先恢复新闻专业并开始招生的第一所大学。

＊ 本文刊于《中国记者》1998 年第 5 期。

北大开设新闻学课程，始于 1918 年暑假后的那个学期。具体地说，是那一年的 9 月。开的是选修课，供政治系高年级学生选修，也有不少外系学生前来旁听。课程的名称是《新闻学大意》，主讲教师是徐宝璜。这是中国新闻教育的发端。对于整个中国新闻教育的历史来说，正像鲁迅在赞扬白莽的《孩儿塔》一书出版时所说的，它"是东方的微光，是林中的响箭，是冬末的萌芽，是进军的第一步"。虽然还有点稚嫩，但有着深远的意义。

北大建立的第一个新闻学团体，全称是"北京大学新闻学研究会"，成立于 1918 年 10 月 14 日，停止活动于 1920 年 12 月中旬，前后存在了大约两年零两个月，是中国历史上的第一个新闻学研究团体。关于这个研究会，很多书里都有所记载，还有人写过文章，作过专门研究。简而言之，它虽然是北大校内的社团，但成员不限于校内师生。按照它的简章，"校内外人均可入会为会员"，只是在会费的收费标准上略有差别。在成立后的两年多时间内，它开过一次成立大会，一次改组大会，举办过新旧两期会员研究班，举行过研究期满发证仪式，召开过多次干事会和茶话会。现在还矗立在北京沙滩（五四大街）的那座著名的红楼，当时刚刚建成，称北大第一院，上述的那些会就是在这座楼内三层的第 34、35、36 等教室内召开的。研究会开始的一个阶段，每周有两至三次活动，通常在晚上，有时也安排在星期天的上午。由导师到会讲课。参加听讲的新旧两个班的会员共 55 人，其中包括当时在北大图书馆任职的毛泽东。

北大出版的第一本新闻学专著，是北大出版部以北大新闻学研究会的名义，在 1919 年印刷发行的。书名是《新闻学》，作者是徐宝璜。这是中国新闻史上的第一部新闻学专著。

北大出版的第一份新闻学期刊，是北大新闻学研究会主办的《新闻周刊》。这份刊物创刊于 1919 年 4 月 20 日，一共发行了三期。办刊的目的是："便会员之练习，便新闻学识之传播，便同志之商榷。"（《发刊词》）它"不仅为中国惟一传播新闻学识之报，且为中国首先采用横行式之报"（见 1919 年 4 月 21 日《北京大学日刊》）。这是中国新闻史上的第一家新闻学专业刊物。

上述的这些活动，具有以下两个突出的特点。第一，和西方新闻学研究和新闻教育发展的进程相当贴近。近代化的新闻事业是首先从西方发展起来的，到 20 世纪初，已有近 300 年的历史。但是新闻学和新闻教育的发展，则相对滞后。在欧洲，第一部新闻学方面的著作诞生于 1845 年；在美洲，第一部新闻学方面的著作诞生于 1873 年；还都是新闻史方面的书。新闻理论方面的书，在美国，则迟至 1903 年才问世。美国的大学直到 1869 年才开设新闻学方面的课程，1903 年才设立了第一个新闻系。北大的上述活动，在时间上，和西方国家十分贴近，并没有太大的距离。第二，一开始就受到校内师生、新闻学者和社会上的新闻工作者的重视和欢迎，得到了他们热烈的支持和全身心的拥护。

提起这段历史，不能忘记三个人。

第一个就是当时的北大校长蔡元培。他是 1916 年的冬天来北大的，到 1927 年正式卸任，在北大先后当了十年半的校长。这是旧北大历史上最辉煌的一段时期。他所提出的兼容并包、学术自由的办校方针，开阔了北大师生的视野，营造了群星灿烂的学术环境，推动了新文化运动的开展，奠定了北大在中国高等学府中首屈一指的学术地位。新闻学研究和新闻教育在北大的开展，也应该首先归功于他。新闻学家、新闻教育家徐宝璜，是他请来的；开设新闻学课程，是他决定的；建立新闻学研究会，是他批准的，并且亲自出任会长。研究会的许多活动，如成立大会、改组大会，以及研究期满颁发证书大会，他都积极参加并作了演讲。蔡元培之所以热心于新闻学研究和新闻教育，首先基于他和新闻事业的历史渊源。早在辛亥革命时期，他就参加过《苏报》《俄事警闻》《警钟日报》等革命报刊的办报活动。其次基于他对近代西方新闻学和新闻教育的了解。他曾经留学德国，那里是西方近代印刷术、近代报业和近代新闻学的策源地，他对此作过考察。从他的多次演讲和他给徐宝璜的《新闻学》一书写的序中，可以看得出来，他对美国新闻教育的情况也很了解。他是中国历史上，第一个热心支持新闻学研究和新闻教育的大学校长（另外一个是吴玉章）。

第二个是徐宝璜。他是公费留美期间，在密歇根大学专攻经济学和新闻学的。回国后，在著名的北京《晨报》参加过一段时期的工作。1917 年 9 月进入北大，担任教授兼校长室秘书。北大开展新闻教育和新闻学研究活动，蔡元培之外，他是最积极的一个。在中国新闻史上，他有两个第一：第一个在大学里讲授新闻学课程，第一个公开出版自己编写的新闻学专著。因此有"新闻教育第一位的大师"和"新闻学界最初的开山祖"（黄天鹏《新闻学纲要序》）之誉。他的那本《新闻学》，也因此被称为中国新闻史上的"破天荒"之作。此外，徐宝璜还保留有一个不大为人所知的纪录，即北大历史上最年轻的教授。他出生于1894年，应聘到北大任教时才23岁，是当时校内80多个教授当中最年轻的。和他同一年到北大任教的梁漱溟和胡适，当时一个24岁，一个26岁，都比他大。过去盛传胡适是北大最年轻的教授，其实是不对的。新闻学研究会成立后，徐宝璜是副会长兼导师，会务主要由他主持。此后，他除在北大任教外，还兼任多所大学新闻系的教席，并积极筹备在北大创办新闻系，可惜没有成功。1930年因脑出血倒在了北大的讲坛上。对于新闻学研究和新闻教育，他真是鞠躬尽瘁，死而后已。

第三个是邵飘萍。他是民国初年就崭露头角的著名新闻工作者，当时任《京报》和新闻编译社的社长。北大筹办新闻学研究会期间，他曾多次致函蔡元培，极力促成。研究会成立后，他应聘为导师，每周定期到会讲课，因为密切联系实际，又时时现身说法，讲自己办报和当记者的经验和体会，深受会众的欢迎。他和北大的关系密切。"五四""五卅""三一八"前后在北大举行的多次群众性集会，他都亲临现场，并发表演讲。他所办的《京报》，曾提供给北大学生，特别是那些加入了新闻学研究会的会员，作为实习的基地。他秘密加入共产党后，也是通过一位姓谢的北大女生，和上级组织保持联系的。1926年，他被奉系军阀杀害，成为新闻事业的殉道者。

他们的努力和支持，使北大成为当时全国新闻学研究和新闻教育的中心。新闻学研究会的会员中，有不少人在入会后不久，就积极地投入了办报和办刊物的实践。毛泽东在湖南创办了《湘江评论》，高尚德（君宇）、谭鸣谦、罗章龙、姜昭谟参加了《新潮》《向导》《光明》等刊物的编辑工作，陈公博则在广州创办了《群报》。他们的实践，加上同时期北大师生主办的《新青年》《每周评论》《国民》《努力周报》《读书杂志》《语丝》《现代评论》《猛进》《北京大学日刊》等报刊，虽然良莠不齐，瑕瑜互见；但对全国新闻事业的发展，无疑都起过一定的推动作用。

这一时期以北大为中心的新闻学研究和新闻教育活动，为中国新闻学研究和新闻教育的发展，奠定了基础。它所起的筚路蓝缕、以启山林的作用，早已载入典册，成为中国新闻史上极其光辉的一页。

新中国成立后，北大两度在中文系办起了新闻专业，前后16年，累计为国家输送了864名毕业生，再次成为中国新闻学研究和新闻教育的重镇。这一段时期的毕业生，目前有一些已经退休了；在职的，绝大部分都已是中国新闻战线的骨干力量。这是前一阶段的那一页历史的延续，是北大新闻学研究和新闻教育这部交响乐的又一个华丽的乐章。

我从1953年起，曾经两度在北大新闻专业任教，历时10年，对北大有一定的感情。目前，全国的新闻教育空前发达，设有新闻系或新闻专业的院校不下百所，而北大的新闻教育，却自

1978 年起，停止了，中断了。这是很令人遗憾的。我寄希望于北大的第二个百年，寄希望于北大现在的和未来的领导。像北大这样实力雄厚的，有着悠久历史和光荣传统的综合大学，是应该为中国新闻学研究和新闻教育的发展，作出更多贡献的。

中国新闻传播事业一百年*

100 年前，一个世纪之交的月黑人静的深夜，一位中国的报人，正坐着船旅行在由日本到美国途中的太平洋上，蓦然想起自己正处在"新旧两世纪之界线，东西两半球之中央"，触景生情，感慨万端，写下了下面的诗句："海底蛟龙睡初起，欲嘘未嘘欲舞未舞深潜藏，其时彼士兀然坐，澄心摄虑游窅茫……胸中块垒突兀起，斗酒倾尽荡气回中肠。独饮独语苦无赖，曼声浩歌歌我二十世纪太平洋。"当时，这位报人刚刚经历了一次失败的政治改革运动，被迫流亡海外，新办的一份报纸，又因失火而陷于停顿，家事国事天下事俱无可为，中心摇摇，愢焉如捣。上面的诗句，反映的正是这样一位中国新闻工作者，在上一个世纪之交，难以排遣的寂寞和压抑的心情。

一个世纪过去了。同样处在世纪之交，今天的中国新闻工作

＊ 本文刊于《国际新闻界》2000 年第 6 期。

者，却是另一番心态。三座"大山"已经推倒，新中国已经跻身于世界民族之林，综合国力正在不断提高，国家繁荣昌盛，建设有中国特色的社会主义的宏伟事业和整个国家的新闻事业都在蓬勃发展，在不久前结束的世纪之交的奥运会上，又以 28 块金牌，一雪"东亚病夫"的耻辱，进入了体育强国的行列。同样的抚今追昔，今天的中国新闻工作者，意气风发，豪情满怀，再也不会有上个世纪之交的那位报人的那些感慨了。

　　过去的 100 年间，随着国家民族的翻天覆地的变化，中国的新闻事业也在发生着巨大的变化。这 100 年来的中国新闻事业，以 1949 年中华人民共和国成立为标志，可以分为新旧中国两个阶段，大体上各占了半个世纪。

　　前一个阶段是旧中国办报活动的时期。这一阶段，又可以分为三个小阶段：1900 年至 1911 年的清朝政府统治时期；1912 年至 1928 年的北洋政府统治时期和 1928 年至 1949 年的南京国民政府统治时期。清朝政府统治时期约 11 年，是中国的新闻工作者冲破封建统治者的网罗，在海内外广泛开展办报活动的时期。这一时期内，资产阶级的维新派和民主革命派竞相办报，立宪党人主办的报刊、各类政府官报陆续出台，外国人投资创办的报刊也有一定的发展。北洋政府统治时期约 16 年，是资产阶级的政党报纸和各种政治倾向的报纸全面发展的时期。受第一次世界大战及战后中国民族资本主义经济有所发展的影响，民办的商业报纸进入黄金时期。在新文化运动、五四运动和中国共产党成立的推动下，各种宣传新思潮的报刊相继问世，党的报刊也由此诞生。北洋政府统治时期，以袁世凯为首的几任民国总统都曾对新闻出版事业进行迫害，出现"癸丑报灾"那样的办报活动的低潮，但并没有遏制各类报刊发展的势头。中国早期的广播事业也诞生在这一时期。南京国民政府统治的时期约 22 年，是国民党各级党报大发展的时期。京津沪等大城市和抗日战争时期大后方几个主要城市的民办报纸，在夹缝中求生存，也获得了一定的空间。共产党主办的报刊，先是在白区秘密出版，继而在苏区边区各抗日民主根据地和解放区公开出版，由小到大，发展更为迅速。通讯社和广播事业，也有长足的进展。国民党当局曾颁布过近百种各式各样的法规，对进步和革命的新闻出版事业实行限禁，但都未能得逞。

后一个阶段是中国共产党领导下的新中国办报活动的时期。这一阶段可以分成四个小阶段：1950—1957 年新中国成立初期的阶段，1957—1966 年开始全面建设社会主义时期的阶段，1966 年"文化大革命"爆发至 1978 年中共十一届三中全会召开以前的阶段，以及 1978 年至今的阶段。新中国成立初期的阶段共 7 年，主要做了两件事：一是有步骤地进行了新闻事业的恢复和改造工作，二是建立起初具规模的社会主义新闻事业体系。1957—1966 年的阶段共 9 年，是新中国的新闻事业有较大发展的阶段。这一阶段，适应社会主义建设全面发展的需要，报纸和广播电台大量增长，同时开办了电视事业。1961 年起，受调整国民经济发展速度的影响，新闻事业的规模一度被压缩。20 世纪 60 年代中期以后，又重新得到恢复。1966—1978 年的阶段共 12 年，其间，"文化大革命"的那 10 年，新闻事业特别是其中的报刊出版事业，受到了很大的影响。相对于报刊来说，这一时期的通讯社广播电视事业，有一定的发展，但也远未达到应有的水平。1978年至 2000 年的这一阶段，近 22 年，则是中国新闻事业变化巨大、发展极为迅速的时期。为适应建设有中国特色社会主义的需要，新闻事业加快了改革的步伐，报纸的种类和期发行量成倍增长，收音机和电视机的社会拥有量急剧增加，新闻媒体的总体结构也发生了变化。由以报纸为主体，逐渐转移到电视、报纸、期刊、广播、通讯社、新闻摄影、新闻电影等多种媒体互相配合、互相促进的新格局。形成了一个多层次、多品种、多特色、多功能，能够满足各种受众需求的新闻媒体体系。

这就是过去 100 年间，中国新闻传播事业发展的简单的历史。概括地说，这 100 年中国新闻传播事业的历史，是中国新闻传播事业由近代化向现代化发展的历史，是中国人民由被剥夺了在新闻传播媒体上发言的权利到成为新闻传播媒体的主人的历史，是中国的新闻传播事业由单一的媒体向多媒体发展的历史。

回顾中国新闻传播事业 100 年来的历史进程，有以下几个突出的特点。

一、发展的速度越来越快

以报纸为例，1901 年只有 125 家，1912 年，受中华民国临时政府成立的影响，发展到 250 家。在北洋政府统治时期，报纸的种数，大多数时间维持在 1000 种以下，最多的一年是 1921年，一度达到 1124 家。1927 年南京国民政府成立时，报纸总数是 628 家。在此后 22 年的国民党统治时期，全国报纸的总数在1000 种左右，最多的一年是 1936 年，一度达到 1503 家。抗日战争爆发后，数量锐减。战后有所恢复，到 1949 年南京国民政府垮台的前夕，国统区的报纸只有 1024 家。①

新中国成立后，改变了原来的报业架构，建立了以中国共产党各级党报为主的报业体系。1950 年全国专区以上报纸的总数为179 家，1952 年为 276 家，②1955 年为 392 家，③ 这是新中国成立初期的情况。此后，随着经济建设的发展，逐年递增，1960 年一度达到 1274 家。④ "文化大革命"中，报纸的出版受到极大影响。1978 年十一届三中全会以后，又重新恢复。此后 20 年，一直保持着旺盛的增长势头。20 世纪 80 年代初期出现了第一个高潮，1980 年 1 月 1 日至 1985 年 3 月 1 日的 4 年多时间里，平均每一天半就有一家报纸问世。1985 年的全国报纸总数达到 2191 家。90 年代初期出现了第二个高潮，1995 年的全国报纸总数一度达到 2202 家。此后，经过适度调整，到 2000 年基本上稳定在 2053种左右。

---

① 以上所引数字，统见方汉奇主编的《中国新闻事业编年史》，福建人民出版社2000 年版。

② 据中央人民政府国家统计局发布的统计数字，《人民日报》1953 年 9 月 29 日。

③ 据第三次报刊推广工作会议公布的数字，见 1956 年 3 月 9 日新华社所发消息。

④ 《中国大百科全书·新闻出版卷》，中国大百科全书出版社 1990 年版，第 485 页。

综上所述，发展的过程虽然有曲折，但发展的趋势十分明显。只用了 100 年的时间，中国报纸的总数即由 125 家增加到 2053 家，增长了 16.4 倍。这在世界各国新闻史上，是十分罕见的。应该指出，这只是单就报纸的种数而言，并没有涉及报纸的印数。20 世纪初的那些报纸印数极少，1901 年全国 125 家报纸的总印数，不会超过 10 万份，而新中国成立以后出版的报纸的印数动辄以亿计，1950 年为 8 亿份，1980 年为 163 亿份，1999 年为 300 亿份。[①] 后一个数字是 1901 年全国报纸印数的 30 万倍。如果按照这一方式来比较的话，发展的速度更为惊人。

广播事业发展的速度，也是惊人的。中国的广播事业肇始于 1923 年，第一座广播电台是美国人的公司创办的，1926 年才开始有中国人自己办的广播电台。在 1928—1949 年的南京国民政府统治时期，广播事业主要在一些较大的城市内发展。据统计，整个国统区 1937 年共有广播电台 78 个，总发射功率 100 多千瓦，收音机拥有量约 20 万台；1947 年共有广播电台 131 个，总发射功率 460 千瓦，收音机拥有量 100 万台左右。此外，从 1940 年起，以延安新华广播电台为代表，在一些抗日民主根据地和解放区，也开始有了党领导的人民广播事业。新中国成立前夕，全国各地已经有了 40 个人民广播电台。

新中国成立后，经过对旧广播事业的改造，广播事业完全由国家经营，1950 年全国共有广播电台 65 个；1960 年增加到 135

---

① 《中国记协负责人答本报记者问》，《光明日报》，1999 年 9 月 22 日。

个；1987 年增加到 386 个，收音机拥有量 2.6 亿台，广播人口覆盖率达到 68%。20 世纪 90 年代后期经过调整，到 1999 年，全国共有广播电台 298 个，县台 1287 个，中短波发射台和转播台 740 个，收音机拥有量近 3 亿台，人口覆盖率达到 90.35%。[①]20 世纪 20 年代初开始有广播的时候，收听的范围仅限于广播台所在城市的核心地带。到 20 世纪末，不仅覆盖了国内的绝大部分地区，而且冲出了国门。在北京的中国国际广播电台，现在每天用 43 种语言广播 211 个小时，听众已经遍布全世界。

电视事业的发展更为迅速。中国从 1958 年起开始兴办电视，当年播放的只有黑白画面，1979 年以后，才有彩色电视。从一开始起，中国的电视事业就以非常快的速度发展。1978 年全国电视台只有 32 家，社会电视机拥有量 300 万台。还没过 10 年，到了 1987 年，全国就有了各级电视台 366 家，社会电视机拥有量 11601 万台，全国电视覆盖率达到总人口的 73%。再过 10 年，到 1997 年，全国已有电视台 932 家，社会电视机拥有量 3.2 亿台，电视覆盖率达到总人口的 87.6%。两年后的 1999 年，经过整合，电视台集中为 368 家（另中短波发射台和转播台 740 个），而全国电视覆盖率则达到了总人口的 91.95%，电视的受众接近 11 亿，其中有线电视的受众为 8000 万。[②]后面这两个数字，均属世界第

---

① 数据来源为 1999 年 9 月 16 日《中华新闻报》及 2000 年 9 月 28 日《新闻出版报》。

② 数据来源为 1999 年 9 月 16 日《中华新闻报》及 2000 年 9 月 28 日《新闻出版报》。

一。仅仅 20 年的时间，电视台就增长了 12 倍，电视机的拥有量就增长了 107 倍，电视的人口覆盖率就增长了近 10 倍，这样的速度在全世界也是十分罕见的。

通讯社事业的发展幅度也很大。中国人自办的通讯社起始于 1904 年，到 1947 年，全国共有各类通讯社 647 家，除了国民党办的中央通讯社和共产党办的红色中华通讯社（新华通讯社的前身）外，多数通讯社的规模都很小。特别是其中的不少民营的通讯社，往往一块钢板、两三个人就能办起来。

新中国成立后，通讯社一律由国家经营，保留下来的只有新华社和中国新闻社两家。在 20 世纪 50 年代以来的近半个世纪的时间里，两家通讯社发展的速度都很快。50 年代初期，新华通讯社只有国内 6 个总分社，28 个分社，外加香港分社和志愿军分社，工作人员仅 2000 来人。经过 50 年的努力，现在的新华社已经拥有 32 个国内分社，48 个支社和记者站，在世界 90 多个国家和地区建有 5 个总分社和 101 个分社，用户超过 5000 家，日发稿量超过 200 万字；另外还办有 35 种报刊，工作人员超过 8000 人，已经实现了建立世界通讯社的目标，并跻身世界四大通讯社的行列。中国新闻社也由 1952 年前后的只有少数几个工作人员，每日仅播发口语广播 5000—8000 字，发展到在国内设有 22 个分支机构，设有 4 个分社，面向海内外 200 家华文媒体和各国新闻机构，拥有 500 多名工作人员的大社。

一个世纪以来的中国新闻传播事业，就是以如此高的速度发展起来的。

二、科技含量越来越高

过去的一个世纪，是新闻传播事业飞速发展的一个世纪，也是新闻传播事业的科技含量不断提高，传播的技术和手段越来越现代化的一个世纪。20世纪初期，新闻传播媒体只有一种，即印刷报纸。20年代发明的、通过无线电波传送声音的技术，促进了广播事业的发展。30年代发明的、通过无线电波和导线传送声音和图像的技术，促进了电视事业的发展。60年代发明的、通过电脑联网实现高容量信息流快速交互式传递的技术，促进了互联网事业的发展。后几种科学技术的发明和引进，使新闻传播媒体，由传统的报纸一种，发展成多种，出现了报纸、广播电台、电视台和互联网等多种媒体并存的局面。

这一进程，是在加速度的状态下完成的。印刷报纸从雕版印刷，发展到用平版印刷机印刷，用了1000多年。而由有线电报发展到无线电报，由无线电报发展到无线电广播，由无线电广播发展到电视，由电视发展到网络和电子报刊，都只用了不到30年的时间。这个世界由只有报纸一种新闻媒体，发展到4种新闻媒体，仅仅用了不到100年的时间，就全部完成了。

广播、电视对中国新闻事业的影响，已经昭昭在人耳目。互联网由于相对晚出，刚刚引起人们的重视，但其发展势头的迅猛，已经锐不可当。它作为一种全新的互动式的信息载体，作为人类有史以来最伟大的发明之一，正在深刻地影响着全人类的生活和新闻传播事业的发展。中国开始引进互联网络始于20世纪80年代末。90 年代初，上网的人数还不超过 1000 人。此后即以加速度的方式发展。1995 年为 8 万人，1996 年为 20 万人，1997 年为 67 万人，1998 年为 210 万人，1999 年为 400 万人。2000 年的年初，还只有 890 万人，到当年的 6 月份，就已猛增到 1690 万人。1997 年起，国内开始出现网站。当年只有 1500 个，1999 年发展到 15153 个，截至 2000 年 6 月，已发展到 27300 个。[①] 与此同时，全国已有 273 种报纸上网，占全国报纸总数的七分之一。办得比较好的几个媒体的网站，如《人民日报》的网站，新华社的网站，中国国际广播电台的网站等，都以其网页设计之精美，栏目之众多，内容之丰富，信息量之大和信息的迅速、准确、及时，受到了国内外点击者的高度重视。在这一回合的传播技术和手段的"革命"中，中国基本上做到了和世界同步，差距非常微小。而这一切，都只不过是过去那一世纪的最后十年间的事。

在互联网技术闯进中国新闻传播事业的前后，其他传统的新闻媒体也大量引进最新的科学技术，来改造旧的设备，增加传播手段的科技含量。不少报纸已经告别了铅与火，告别了纸和笔，实行激光照排，实行电脑拼版、传版，实行胶印、彩印，实行整个编辑部工作的电脑联网化。20 世纪 80 年代中期以后，不少报纸和电视台普遍利用卫星接收文稿、照片和图片，利用卫星进行电视转播。到 20 世纪末，全国利用卫星传送的电视频道已达到 41 个，使不少电视受众，能够在家里看到其他省市的卫星频道节

---

① 据《日本经济新闻》2000 年 7 月 31 日报道，见 2000 年 8 月 24 日《参考消息》。

目。与此同时，不少媒体还引进了数码传送技术，实行新闻摄影的数码化，广播制作、传输、播出的数码化，以及电视后期制作和演播的数码化。

科技含量增加的结果，使新闻传播媒体的信息量越来越多，越来越快，社会效益和经济效益也随之提高。时至今日，新闻传播媒体已经成为全国应用高新科学技术最为快速有效的部门之一。

三、与各个时期的社会政治生活始终保持着紧密的联系

新闻传播事业是社会上层建筑设施中的重要组成部分，她每日每时都在迅速全面地反映着作为经济的集中体现的社会政治生活，并和后者保持着相依相存的紧密联系。这一点，在 20 世纪中国新闻传播事业发展的过程中，表现得尤为突出。

从 20 世纪的最初几年开始，中国政治舞台上的各个阶级、各个政党、各个政治团体和各派政治力量，都无不和报纸保持着密切的关系。他们或者自己办报，或者以直接间接的方式控制报纸，力图把报纸掌握在自己的手里，为他们的政治利益服务。其他社会上的报纸，尽管有不少以不偏不倚为标榜，也无不有它们各自的政治倾向。

最先叱咤于 20 世纪中国报坛的，是资产阶级的维新派和民主革命派。这两派的领导人都十分重视办报，都不讳言他们所办

报纸的政治倾向，甚至公开承认他们所办的报纸就是他们自己的
"党报"。革命派的同盟会在东京，其分支机构中部同盟会在上海
开会时，讨论的第一个议题，就是办报。孙中山后来总结辛亥革
命的经验时，曾经充分地肯定报纸的作用，认为辛亥革命之所以
能够取得胜利，报纸宣传工作的功劳占了九成，武装起义的功劳
只占了一成。

　　中华民国成立以后，受临时约法保护公民言论出版自由的影
响，在全国范围内掀起了一股办报热潮，其中绝大部分都是资产
阶级政党报纸。不仅国会中的同盟会（国民党）和共和党（进步
党）两大党团各自办了一大批报纸，连党员人数不多、很不起眼
的大同民党、东社、中国社会党、自由党、工商勇进党、中华共
和宪政会、中华平民党等十几个小党，也纷纷办起了自己的报纸。

　　在野的政党和政客们办报，掌权的封建军阀也办报。如袁世
凯，就采取两手策略，一方面，对反对他的报纸严行查禁并迫害
相关人员；另一方面，自己派人办报。先后在北京上海两地出版
的《亚细亚报》和在北京出版的《民视报》，就是直接为他造势
的御用报纸的代表。

　　北洋政府统治时期也是这样。国会内的各个政治派系，北洋
系统内的直系奉系皖系等各路军阀，分疆而治的各个地方实力
派，都办有自己的报纸，为自己鼓吹。奉系的《东方时报》，皖
系的《公言报》，直系的《正义报》是其中突出的代表。这一时
期北京先后出版过 90 多家报纸，几乎均有上述的政治背景。有
人对当时的情况作过这样的描述："每一次政局变动，同时就有一

大批报纸连带倒坍，但是过了几时，又有一批新的日报出现在大栅栏的报摊上了。"[1]

国民党统治时期，国民党当局十分注意利用报纸为自己的"军政""训政""宪政"活动造势，为自己的内外政策作宣传。不仅中央和地方各级省市党部办报，政府各部门办报，各级部队系统办报，连复兴社之类的特务组织也办报。此外还利用投资、津贴、配纸和战后接收敌产等各种手段，对民办的报纸进行控制。据1946年南京国民政府内政部公布的材料，当年国统区共出有报纸984种，其中国民党各级党部办的党报400多种，国民党各级部队办的报纸229种，以"国民党同志"个人名义主办的数十种。这三部分加起来就不下650多种，占了70%。剩下的30%中，还有不少是间接受其控制的地方派系报纸。[2]共产党报纸允许出版的，只有作为点缀的重庆《新华日报》一家。这唯一的一家，也在1947年被强迫停刊了。

新中国成立以后，关闭了有帝国主义侵略者背景的报纸和国民党系统的报纸，通过公私合营等方式，对少数民办的报纸进行了社会主义改造；同时，建立起在中国共产党集中领导下，由各级党委机关报、部队报、行业报、民众团体报和民主党派报共同组成的社会主义报业体系。在1949—2000年的半个世纪中，这些报纸在党的领导下，坚持为人民服务，坚持为党的工作大局服务，坚持正确的舆论导向，坚持真实性的原则和实事求是的原

---

① 张静庐：《中国的新闻纸》，光华书局1928年版，第64页。
② 曾虚白：《中国新闻史》，三民书局1966年版，第461—500页。

则，严格遵守党的政治纪律和宣传纪律，当好党和人民的耳目喉舌，为建设有中国特色的社会主义，做出巨大的贡献。新中国的报纸强调政治家办报，强调政治意识，具有很强的政治色彩。

不论古今中外，新闻传播与政治的关系，历来十分密切。新闻传播制度向来都是政治制度的一环。但像中国近百年来的新闻传播事业这样，如此密切地和各时期的政治保持着联系，在世界新闻传播史上，也是比较突出的。

四、与各时期的社会经济辅车相依同步发展

过去一百年来，中国新闻传播事业的经营管理，是和各时期的社会经济紧密联系、同步发展的。

20 世纪初的一段时期，各资产阶级政党、各派军阀政客和各地方实力派主办的报纸，在当时的中国新闻传播事业中，占有较大的比重。这些报纸大多有公款支持，旨在为各自所属的小集团的利益服务，不计盈亏，不注意经营管理。和这些报纸相联系的，还有一些依附各派军阀政客的报纸，它们"仰给于津贴"，规模不大，"凡具数百元资本即可创办"（熊少豪《五十年来北方报纸之事略》）。后一类报纸，对发行和广告都不太经心，"尝有每日仅印十余份，分送给予津贴之主人翁，而外间绝未一纸者（观棋《北京报业偶谈》）"，同样不重视经营管理。比较重视经营管理的是一些老牌的商业报纸，但受当时经济衰敝的影响，经营的效果并不理想。

第一次世界大战期间和稍后的一段时期，受民族资本主义经济有所发展的影响，一些老牌的商业报纸才有了较大的发展。其中的代表是《申报》《新闻报》两报。《申报》销量一度达 15 万份，《新闻报》销量一度达 20 万份，是当时发行量最大的两家报纸。《申报》还在上海市中心区自建了五层楼高的馆舍，购置了当时最先进的印刷设备，增出了《申报月刊》《申报年鉴》等附属刊物，编印了《申报丛书》和质量很高的全国地图，兴办了《申报》流通图书馆等社会文化事业，使《申报》的业务进入了它的鼎盛时期，报社的声望和影响空前提高。在《申报》的带动下，狄楚青在上海办的《时报》，邵飘萍在北京办的《京报》，胡政之等在天津办的《大公报》，也都在经营管理上有所创获，取得了很好的效果。与此同时，在当时新闻出版事业最发达的城市上海，还出现了由史量才投资的包括《申报》《新闻报》和天津《庸报》在内的报业集团；由张竹平牵头的，包括《时事新报》《大陆报》《大晚报》和申时电讯社在内的"四社"集团。这一段时期，是旧中国的民营报纸经营成绩卓著，经济效益最好的一段时期。

　　新中国成立初期，报纸的经营管理问题，曾经引起主管部门的重视。为了解决全国公营和民营报纸的经营亏损问题，新成立的中央人民政府新闻总署曾经召开过一个全国报纸经理会议，通过了一个《全国报纸经理会议的决议》，规定全国报纸都必须实行"企业化"的经营方针。"公营报纸必须把报社真正作为生产事业来经营……条件较好的公营报纸应争取全部或大部自给，条件较差者，亦应在政府定期定额的补贴下，争取最大可能的自给程度。""私营报纸亦须在已有基础上，进一步改善经营方法。"[1]此后不久，经过社会主义改造，私营报纸相继改组，转为公营，新闻总署撤销，不设专门的政府机构管理报纸，报纸经营管理问题，也不再列入政府议题。

"一五"以后，全国的经济纳入计划经济的轨道，报纸的经营管理也按计划经济的模式运作。经费按主管部门核定的预算，逐月或逐季拨付，统由国库开支。基建和增添设备的费用，另行申报，专款专用。由于生产资料按计划调拨，生活资料按计划供应，除了书刊出版文艺演出以及少量公告之外，根本没有什么广告，报纸除了发行的收入之外，没有其他的进账。事业的发展，只能按国库拨款的多少，量入为出，没有多少回旋的余地。这种情况，一直维持到改革开放以前。

1978 年十一届三中全会以后，由于执行了"一个中心两个基本点"的国策，以及建设有中国特色的社会主义市场经济的基本路线，情况有了翻天覆地的变化。按照马克思早就提出的新闻媒体既有上层建筑的性质，同时有经济基础的性质的观点，新闻传播事业正被纳入社会主义市场经济的轨道，实行企业化，使新闻媒体既是党和人民的喉舌，也是一个个独立核算的经济实体。随着观念上的变化，新闻传播行业内进行了一系列的改革。新闻报道的思路更加开阔，新闻的信息量不断扩大，媒体的服务功能全

---

[1] 《全国报纸经理会议通过关于报社经营的决议》，《人民日报》，1950 年 1 月 1 日。

面拓宽，多种经营蓬勃发展，在媒体之间和媒体内部引进了竞争机制，结构和布局也根据市场和受众的需要作了适当的调整。经过近 20 年的改革，已经形成了一个多层次，多品种，多特色的媒体结构。以报纸为例，既有日报，也有早报、午报、晚报；既有各级党和政府部门的机关报，也有行业报、专业报、都市报、农村报，以及经济、法制、科教文卫和社会生活等各方面的报纸，力图全面地满足不同职业不同文化层次的受众的需要。

由于实行了以经济建设为中心，社会主义的市场经济空前繁荣，营销两旺，广告的需求大增。从 1979 年起，各种媒体纷纷刊播广告。当年各新闻媒体的广告收入即达 1500 万元。此后，逐年递增。1980 年为 1.1 亿元；1990 年为 25 亿元；1991 年为 35 亿元；1992 年为 50 亿元；1993 年为 100 亿元；1997 年为 200 亿元；1998 年为 259 亿元。[①] 进入 2000 年后，发展更快，仅前 6 个月就达 282 亿元。[②] 广告的收入使媒体的经济效益逐年递增，截至 1999 年，全国已经有 33 家报纸的广告收入过亿元，其中收入最高的《广州日报》，年广告收入近 10 亿元。[③] 电视台由于拥有世界上最多的电视受众，广告的收入增加得更快，仅中央电视台一个台 1997 年的广告收入即达 42 亿元，1999 年底拍卖 13 块黄金时段的标版广告时，仅其中的第一块标版，就收入 1800 万

---

① 数据来源为 1993 年 11 月 30 日、1995 年 3 月 24 日《人民日报》，1993 年 1 月 21 日、1998 年 11 月 27 日《光明日报》。

② 数据来源为 2000 年 8 月 7 日《人民政协报》。

③ 数据来源为 2000 年 9 月 25 日《新闻出版报》。

元。① 丰厚的广告收入和多种经营的收入，使各种新闻媒体的经济实力倍增。不少媒体逐年减少来自国库的拨款，不少媒体已经完全实现经费自给，其中不少媒体还能够向国家上缴利税。同时，不少媒体纷纷以所得的收益，建造馆舍，更新设备，增加编辑、采访、印刷、发行、社会文化事业和社会公益活动的投入，使新闻事业的发展进入良性循环。

为了发挥群体的优势，加强新闻传播媒体的现代化经营，1996 年出现了全国第一个报业集团——广州日报报业集团。截至 2000 年 10 月中旬止，全国已经有了 16 个报业集团。这种报业集团不同于以追逐利润为唯一目标的资本主义报业集团，而是在产业属性之外，兼有国家属性、政治属性、时代属性，是具有中国特色的社会主义的现代化的报业集团。

近 20 年来的中国新闻传播事业经营管理的发展，不仅发展了新闻传播事业自身，也使由多种新闻传播媒体组成的新闻信息产业，成为中国的新的经济增长点。

五、新闻工作者的队伍越来越壮大，新闻工作者的素质越来越提高

20 世纪的最初几年，全国新闻工作者只有区区几百人。经过民国初年时期、北洋军阀统治时期和国民党统治时期三个阶段近

---

① 数据来源为 1999 年 11 月 9 日《北京晚报》。

50 年的发展，全国新闻工作者的总数，增加到了几千人。

新中国成立后，随着人民新闻事业的建立，新闻工作者队伍迅速扩大。但到 60 年代初，全国新闻工作者总数也只有 1 万人左右。[①]

新闻工作者队伍的迅速扩大，是改革开放以来近 20 年间的事。随着这一时期新闻传播事业的全面发展，新闻工作者的人数急剧增加。据 1985 年公布的统计材料，截至当年 3 月底，全国报业系统的新闻工作者已经陡增到 103223 人。[②]1985 年以后，全国新闻工作者队伍继续保持着旺盛的增长势头，到 1999 年，全国新闻工作者的人数已经达到了空前的 55 万人，[③]是新中国成立初期的 55 倍，是 20 世纪初期的 600 多倍。

新闻工作者的社会地位和文化素质也有了相应的提高。20 世纪初期，中国新闻工作者的社会地位和各方面的素质普遍偏低。当时的情况是"全国社会优秀分子大都醉心科举，无人肯从事于新闻事业。惟落拓文人，疏狂学子，或借报纸以发抒其抑郁无聊之意兴；各埠访员，尤鲜高贵（雷瑨《申报过去之现状》）"。梁启超、于右任等人的报刊政论活动，以及黄远生、邵飘萍等人的新闻采访活动，提高了新闻工作者的社会地位，但新闻工作者的整体素质仍然不高。这以后，随着众多高层次的人才进入新闻工作领域，新闻工作者的整体素质，逐步有所提高。据研究工作者

---

① 数据来源为 1999 年 9 月 22 日《光明日报》。

② 数据来源为 1986 年 7 月 9 日《人民日报》。

③ 数据来源为 1999 年 9 月 22 日《光明日报》。

对 20 世纪部分名记者的文化程度所作的抽样统计，具有秀才以上功名的，占 8%；具有国内大专以上学历的，占 22%；曾经出国留学具有国外学历的，占 30%；学历不详，但曾在中等以上学校担任过教职的，占 5%；曾经学习过一门以上外语的，占 54%（曲长缨《论中国名记者产生的内外因素》）。这虽然只是新闻工作者群体中最杰出的一部分人的情况，但也足以反映这一时期新闻工作者整体水平之一斑。

新中国成立以后，强调政治家办报，新闻工作者的政治素质受到高度重视。在此基础上，文化素质也有所提高。据 1986 年公布的数字，全国报业系统的社长、总编辑有大专以上学历的占 67%；在 457 名社长中，具有大专以上学历的共 299 名，占 65%；15245 名总编辑中，具有大专以上学历的共 1060 人，占 69%。[1] 这一情况，在以后的十来年间，随着 20 世纪 80 年代中期以后，新中国成立初期新闻骨干的大量离退休，有很大改变。拥有大专以上学历的新闻工作者的比重，逐年递增。

在提高新闻工作者队伍的整体素质方面，新闻教育事业的发展，起了很大的作用。中国的新闻教育起始于 20 世纪的第二个 10 年，到 20 世纪中叶，曾经先后在 50 多所大专院校设立新闻系或专业，为旧中国的新闻事业输送过人才。但培养出来的学生人数很少，累计不超过 1000 人。新中国成立初期，经过院系调整，仍有 4 所大学新闻系和两所新闻专科学校继续招生。其中包括

---

[1] 数据来源为 1986 年 7 月 9 日《人民日报》。

1955 年新创办的中国人民大学新闻系。新闻教育的大发展，是改革开放以来的 20 年间的事。1978 年全国只有不到 10 所大学设新闻系，在校学生只有五六百人。经过 20 年的不断发展，截至 2000 年 9 月，全国设有新闻传播学类专业的高等学校已超过 60 所，大学新闻专业点已超过 100 个。此外，还在高等学校和社科院研究生院设立了新闻传播学硕士点 40 个，新闻学和传播学博士点 8 个、博士后流动站 1 个。在校的各类学生接近 1 万人，充分发挥了新闻人才摇篮的作用。

与此同时，新闻学和传播学的研究也越来越受到重视。20 世纪的上半叶，只有少数几所大学设有研究机构从事新闻学研究，公开出版的新闻学专著不过数十种。新中国成立后的前 30 年，这方面的研究也只限于高等学校，累计出版的专著和教材也不过数十种。改革开放以后的 20 年，新闻传播学的研究空前发展。据有关方面的统计，截至 1999 年，除高等学校外，全国还有 200 家左右新闻研究机构和新闻研究社团，40 多家公开发行的新闻专业期刊，累计出版的新闻传播学专著达 2000 多种。[①] 对新闻人才的培养和新闻事业的发展，都起了一定的推动作用。

在新的世纪之交，回顾过去 100 年中国新闻传播事业的发展，中国的新闻工作者深受鼓舞，也深感责任的重大。

中国新闻传播事业的发展，是与国家和社会的发展同步的。随着建设有中国特色社会主义事业的不断前进，中国的新闻传播

---

① 中国新闻事业五十年成就展组委会：《建设一支高素质的新闻队伍》，《中华新闻报》，1999 年 9 月 30 日。

事业正面临着广阔的发展前景。到 21 世纪 50 年代，中国不仅将发展成为一个经济上的大国和强国，也将发展成为一个新闻传播事业的大国和强国。在可以预见的这一段时间内，中国的新闻传播事业，在党的领导下，将继续坚持正确的舆论导向，继续坚持实事求是的思想路线，继续坚持社会效益与经济效益的统一和社会效益第一的原则，继续按照为人民服务，为社会主义服务的方针，以及社会主义市场经济规律的要求，时刻倾听群众的呼声，反映群众的意愿，诚心诚意地为人民谋利益，完成由单一的功能和角色向多种功能和角色的转变，沿着有中国特色社会主义新闻事业的发展道路阔步前进。

中国的新闻传播事业任重而道远，中国的新闻工作者应该加倍地努力。

注重学习方法[*]

我们每个人都经历了不少学习，目前和今后也都要学习，关于学习可谈的方面就很多了。对于我们从事新闻传播学研究的同学们，我想主要有三点。

一、正确的政治方向

第一点就是，应该有一个正确的政治方向。这主要是因为我们新闻传播学和政治的关系非常密切。既然和政治密切就要有一个方向。记得当年北大的老校长严复办报的时候说过这样的话："一立论不能无宗旨，一举足不能无方向。"一立论不能无宗旨，办报纸、发表评论必然有个宗旨：你支持什么，反对什么；一抬腿就有一个方向问题，腿往哪儿迈，东、南、西、北、中都有个

---

* 本文及《如何做好新闻学研究》《知识在于积累》为 2001 年在清华大学新闻与传播学院的演讲。

方向问题。梁启超在讲这个问题的时候是和历史合起来讲的，他说办报的人和写历史的人一样，都应该要注意政治。梁启超一辈子写过 1500 万字的文章，他说他所写的文章都和政治有关。他办报期间所写的就更不用说了。他在谈报纸和政治之间的关系时说，一个研究历史的人，有主观和客观两性，办报也是这样，"有客观无主观不得谓之报"，这是他的原话，办报的人光是"客观"，没有自己的立场观点，"不得谓之报"。我们从事新闻传播学的研究，必须有一个正确的政治方向。从民族的角度来说，我们要振兴中华，从公民的角度来说，我们要遵守法律，以及坚持四项基本原则，坚持党的路线方针政策等。如果是党的机关报或者是党的媒体，还要讲究宣传的纪律。这个立场是必须有的，每个人实际上都有自己的立场，关键看你屁股坐在哪个地方。

西方国家的新闻工作者或新闻传播研究者，尽量想淡化这个新闻传播运作中的政治色彩，但实际上是离不开政治的。西方新闻学里，经常谈记者应该有"新闻感"，他们也说成"第六感"，就是五官之外的第六官。"新闻感"，其实它无非就是个政治敏感，对一些客观信息及政治上的评估来作出决断。这个新闻该不该报道，有多大新闻价值，也是从政治上来考虑的。西方国家比较多地强调客观报道，其实客观报道本身也是有立场的。客观报道本身虽然报道的是客观事物，但在选择报道哪些、不报道哪些的时候就有个立场。鲁迅讲过这样的话：画家画的都是客观事物，但是你看画家画的或者是山水，或者人物，或者花鸟虫鱼，有哪个画家画大便？画毛毛虫？画鼻涕？没有哪个画家画吧。同是客观事物，画家在画的时候，就有个选择。这个选择就体现了他的好恶和爱憎，画家选择的是真、善、美的事物。

所以，从事新闻学和传播学首先要有个正确的政治方向。和这相联系的，还必须有一个好的人品。具体地说，要讲究职业道德，要讲究新闻道德。日本东京大学一个故去的老新闻学者叫小野秀雄，他说过这样的话：新闻系别的课都可以不开，新闻伦理这门课一定要开。无非就是强调未来的新闻工作者要养成职业道德。此外还要有敬业的精神，中国历史上那些著名的新闻工作者，像梁启超、邵飘萍、成舍我等人，都是非常有敬业精神的。所以，我想说的第一点就是要有个正确的政治方向。

二、较广的知识面

关于学习我想说的第二点就是，要有比较广的知识面。这一点对于从事新闻传播学研究的同学来说尤其重要。马克思讲过这么一句话，凡是人类感兴趣的事情，我都感兴趣。我想，我们新闻工作者、新闻传播学研究者也应该有这样的抱负，兴趣应该广泛，知识面应该宽，学科的基础要打得宽一些。主要原因是新闻传播学是边缘学科，涉及人文社会科学的方方面面。因此从事新闻传播学，必须有非常广阔的知识面。过去胡适讲过一句话，叫作："为学当如金字塔，既能博大又能高。"我想不必因人废言，胡适这句话没错。治学，特别是从事新闻传播学研究，其知识结构就应该像金字塔那样，有非常广阔的基础，然后又有高度。可

注重学习方法 /

以说老一辈的新闻工作者或者新闻学者，他们都知识非常渊博，涉猎非常广。

譬如，"戊戌维新"时期的梁启超，他之所以能在《清议报》《新民丛报》《时务报》当时一些维新派的报纸上发表那么多给人以启迪的、充满智慧的文章，主要是因为他有非常渊博的人文社会科学方面的知识。他的文史基础当然是很好的。对于当时的一些新的知识，他也是非常积极地去追求的。戊戌政变以后他跑到日本，从 1898 到 1900 年，他就看了 100 多种日文的人文社会科学方面的书。他在《清议报》上发表的文章和他这个时期的广泛涉猎是分不开的。

辛亥革命时期的老报人章太炎，知识也是非常渊博的。他自己说，十三经、史传、诸子、说文，21 岁前"读之殆遍"。21 岁前这些书他统统都看过，十三经是儒家一些基本经典著作，三史、三传、四书、五经这些；诸子、春秋战国的那些，如庄子、墨子、韩非子等人的著作；说文，是语言学方面的。这些他都"读之殆遍"。这些经典的著作当时像章太炎时代的学人，基本上都烂熟于胸，有很多能背诵如流，所以写文章时可以摇笔即来，一肚子都是典故。当时人念书，这些基本功都是相当踏实的，比如，康有为的《辑杜》，就是把杜甫的诗重新组装成他写的诗。说明是辑杜，所以也不算抄袭了。但是需要有点本事啊，杜甫的诗 1400 多首，老先生全都背得下来。当时人念书在这些方面的基本功下得是很踏实的。

《大公报》的记者张季鸾的知识是非常渊博的，除了那些基本知识的基础之外，他对国际政治情况也是了如指掌。他 1941 年去世，所以赶上了第一次、第二次世界大战。对于战争时期的新闻报道、评论和写作他都非常清晰，有关数据他都了如指掌，各个有关交战国家的军事力量的一些数字他都记得非常清楚。恽逸群是解放初期《解放日报》的社长，他 15 岁就基本上把儒家的经典都念完了，20 岁的时候念过 1000 本书，非常渊博。

在这方面，鲁迅也是个榜样。鲁迅在"一·二八"淞沪战争打响的时候开始住在日本租界的外围，后来迁到上海日本租界的核心位置，住在旅馆里。在此时期内他在旅馆里住了将近一个月，碰见一个日本的年轻人，这个年轻人经常和他聊天。据这个年轻人后来回忆，他当时并不知道这个老先生是鲁迅，他一会谈进化论，一会谈黑格尔，一会又谈很多自然科学方面的东西，还谈医学方面的东西。这个年轻人谈起日本的酒，老先生就跟他作日本的酒和绍兴的酒的对比，总之是年轻人和鲁迅在一起的这一个月间觉得他真是无所不知。后来这个年轻人也成了一个著名学者。他在回忆录里说，后来知道和他交谈的这个老先生就是鲁迅，他说鲁迅的学问"比日本的五个博士加起来还要多"。可见鲁迅的知识面非常宽。

知识面需要宽，对我们新闻传播学研究生说来，就应该向这方面努力，知识要博。博的对立面就是陋，就是知识不足，知识不足就容易在工作中出现错误，出现笑话。这是应该尽可能避免的。为了避免我们知识面的不足，在学习时我们应该注意，既要把马克思主义的一些经典著作学好，也要把文、史、哲的基础课程学好。作为新闻传播学的研究生，还应该把和新闻传播学有关的一些专业课程、必修课学好，教学计划里规定的这些课程都是我们的知识结构里很需要的课程。除此之外，我们还不妨广泛地涉猎。比如说，也应该看一点文学书，哪怕小说也应该看一点。20世纪50年代的时候，在大学里学联共党史时有过一本书，就是联共党史文艺参考书目，书目里开出来的大概都是小说，不下100种。学第一章时可以看哪些小说，学第二章时可以看哪些小说，书目里都给你提供了详细的介绍。因为文学实际上是客观的一种反映，托尔斯泰就是俄罗斯的一面镜子，要了解资本主义方方面面的情况，可以看巴尔扎克的《人间喜剧》。巴尔扎克有一本书叫《幻灭》，里面就写了很多西方新闻工作者的情况。你看小说也可以学到不少历史知识、社会知识。所以，小说有的时候也不妨看看。

看书的面不妨放宽一点，鲁迅就曾对青年建议过，扶乩的书、谈婊子的书、谈帝国主义的书都不妨看看，这些作品可以扩大你的知识面。扶乩大家听说过没有？现在恐怕没有了。说的是，树的主干，两个分叉，两个人、分别拿着一边，两个人共同运作在下面沙盘上写字，写一个字拿沙盘的人就摇，沙就平了，再写第二个字。扶乩的时候，谁都可以请，玉皇大帝啊、关公啊、菩萨啊，都能请过来，在那里写字。这里面当然是装神弄鬼，但是这方面的书鲁迅说也不妨看看，看看它是如何编造。

知识面要宽，要做到知识面宽就要多方面"求同存异"，就是杜甫所说的"转宜多师是吾师"，要多方面地去求教，要看方方面面的书。对文学作品来说，不要光看一个作家的书，还要看许多人的书、方方面面的书，就像蜜蜂采花一样，采了很多花的花粉之后才能酿出好蜜。

南开大学的陈省身教授，原在美国任教，现已退休并长住南开。他曾说过这样的话：要有广博的知识，不要只念自己本身科目以内的东西，本身科目以外的知识你也应该有所涉猎。用杨振宁的话来说，就是你把天线拉长一点，你就可以得到多一点的信息，"转宜多师"的结果呢，酿出来的蜜才会是好蜜。一个很浅显的道理，大家都知道柴鸡就比肉鸡好吃，老太太养的鸡就比鸡场喂的鸡好吃。因为前者是放养，鸡又吃点草籽儿、虫子，有时吃点石头帮助消化，它的自选动作很多。鸡场的鸡就是非常简单的饲料，再加上激素啊、维生素之类的，鸡长得很胖很重但是没味道。所以，广东菜里的白斩鸡，就指定必须是农家养的"姑娘鸡"，只有还没嫁人的小母鸡肉才嫩，味道才好。

在这方面梅兰芳是个很好的例子，他是京剧艺术大师级的人物，他的艺术非常精湛。虽然大家这个年龄赶不上看梅兰芳本人演出，但现在还能看到他的录像、他的电影，那确实是非常精彩的。我看过梅兰芳演出，他演《贵妃醉酒》那出戏时，先出来四对宫女，再出来四对级别高一些的宫女，然后再出来几个太监，最后才是舞台灯一亮，梅兰芳出场。出来以后只走两步，一亮相，就把八对宫女全都比下去了。眼神的运作、扮相，不是一般的京剧演员能够达到的。为什么梅兰芳有这么高的京剧艺术造诣呢？梅兰芳自己说，他的武功是跟一位大师学的，是著名的武生，是他外祖父的徒弟；他的《贵妃醉酒》——晚年经常唱的一出戏，是跟陆三宝学的；他的那本《红泥冠》是跟王瑶卿学的；《武家坡》是跟他伯父梅雨田学的；他的昆曲是跟乔慧兰学的。他把所有这些大师级的艺术都吸收了，然后融会贯通成为梅派鼻祖。他在《贵妃醉酒》里有一个身段，据他自己说，是跟演曹操的黄瑞申学的，是从曹操的身段里头引用过来表现杨贵妃的醉酒。他在《刺虎》这出戏里有一段唱腔，是跟民国初年的著名武生学的，这段戏全名叫作《贞娥刺虎》，说的是李自成部下的一个将领被一个宫女刺死的故事，因为带有贬低农民起义将领的嫌疑，因此新中国成立后这出戏就不唱了。其中有一段唱腔，就是从武生的唱腔里吸收过来的。梅派艺术就是这样多方面借鉴、吸收的结果。所以，多方面学习、扩大知识面，对我们新闻传播学的研究生是有好处的。

除了要有比较广的知识面，还要有一定的专业方向，要处理好"博"和"约"的关系。像胡适说的，既能博大，有广博的知识基础，又有比较高等级、尖端这方面的造诣。这是我想说的第二点。

三、娴熟的文字基本功

关于学习我想强调的第三点，是要有比较娴熟的文字基本功。对于从事和将要从事新闻传播学研究或工作的人，培养自己娴熟的文字基本功是终身受用的。

历史上很多著名的新闻工作者，都有非常娴熟的驾驭文字的能力。比如梁启超、邓拓这些著名的新闻工作者，他们驾驭文字的基本功都是非常娴熟的。

梁启超一生担任过将近 10 家报纸的主力，写了 1500 多万字的文章，平常大概平均每年都得出个几十万字的成果。据说最多的时候他一天写过 5 万字，这可能是不确实的，但是根据他日记的记载，梁启超一个晚上写 8000 字的情况还是有的。在他宣统三年有一天的日记里是这么写的：吃完晚饭以后写了一篇给《国富报》的社论——《美国东方政略记》，论述美国在远东的政策，5000 字。写完之后休息一下，又写了一篇论铁路问题的文章。当时沙皇俄国占领了中东铁路的筑路权，要从锦州修一条铁路，梁启超就此事发表评论，写了 2000 多字。写完之后天还没亮，想起《横滨商会报》让他写个发刊词，然后拿起纸来又写了一篇，1000 多字。他的日记上写着：从黄昏的时候到太阳升起方得空闲。用毛笔写的，不要说写一遍，抄一遍都是非常累的，而梁启超都非常轻易地完成了。而这些都是成品，第二天就要发排见报的。梁启超的文章自称是笔锋常带感情，条理非常明晰。他自称写文章有"春蚕食叶之乐"，就像春天进到养蚕的屋子里就听到一片沙沙沙春蚕吃叶的声音，他写文章就听见笔在沙沙沙地挥洒。梁启超不以写文章为苦，而以写文章为乐，这点如果没有非常娴熟地驾驭文字的基本功是做不到的。很多新闻工作者都说写文章是个苦事，成为乐事是印出来成为铅字之后，写的过程中是苦事。很多记者说自己的稿子是挤牙膏式地挤出来的，是憋出来的，是用烟一根一根熏出来的。但是梁启超没有这个问题，而是"春蚕食叶之乐"，这就需要娴熟的文字功底。

黄远生也是，这是民国初年的一个名记者，他采访有时候出去，有时候在家里请客。请客过程中宾朋满座觥筹交错、高谈阔论，他请的都是政府高官，谈话中信息量很大。他一边应酬一边交谈，一边拿起纸来写，写完后就发稿，写作技巧非常娴熟。

邓拓也属于这样的人，邓拓在抗战期间曾经"八头骡子办报"，就是所有的家当八头骡子就可以拉走。白天就和敌人周旋，敌人在围剿扫荡，报社工作者就骑着马迂回反扫荡。他的那些社论都是骑在马上打腹稿，到了驻地以后真是下笔千言倚马可待。

这些老新闻工作者之所以能做到这点，就是因为他们有娴熟的文字基本功。我们将来是从事新闻工作、媒体工作的，虽然现在有的媒体已经不用笔了，不用笔也得形成文字或者形成书面的东西，组织、策划最后形成文字的过程也是需要娴熟的文字基本功来完成的。

与之相联系的，就是我们还需要有好的外语基础。我们面临着入世这么一个新的局面，我们走的是改革开放的路线，外语对我们新闻工作、媒体工作非常重要。全世界现在大概有5600多种语言，精通一种或两种外语，对于我们未来的新闻传播工作者是不算太高的要求。实际上，老一辈的新闻工作者和学者中不少都是外语很好的。梁启超号称懂两种外语，章太炎别看是老学究，但他是懂日语的。鲁迅懂4种外语，咱们清华国学院的大师陈寅恪是14种，他是能说四五种，能听懂七八种，能看14种。

这里外语包括一些少数民族的文字，包括汉、满、蒙、回、藏，包括已经死掉的西夏文。像他这样的学者当然是比较有天分的，不是很多，但我们至少争取精通一种。对于外语来说，伤其十指不如断其一指。有一门第二外语，我想对我们做好新闻传播工作和从事研究都是有好处的。关于学习我想就谈这么三点。

如何做好新闻学研究

一、研究需秉持原则

说到研究，我想讲五点。

第一点，研究要有所师从，就是把前人的学问先接收过来。你不可能样样都自己开始、开创，先把前人的研究成果接过来，然后你才能站在前人的肩膀上起步。

第二点，要有一个好的学风。具体地说，要实事求是，要理论联系实际。可以说人文社会科学都要理论联系实际，但是新闻传播学恐怕更应该理论联系实际。从事新闻传播学理论研究的，要联系实际；从事新闻传播学实务研究的，要联系实际；从事新闻传播学历史研究的，同样要联系实际。因为历史任何时候都是为现实的，它不是为了发思古之幽情无端地去研究历史，它总是要为现实服务的，所以都要联系实际。

在研究过程中应该有马克思主义理论作指导，要勇于去探索。宣传是有纪律的，学术应该是没有禁区的，应该允许探索。因为马克思主义是需要发展的，不能当作教条和僵化的东西。如果是按照把马克思主义当作教条和僵化的东西这样的观点去学习马克思主义，那么"一国两制"就不会有，一个中心两个基本点就不会有，"三个代表"也不会有。马克思主义总是要根据中国的实际不断发展，要经常运用马克思主义的立场、观点和方法去研究新情况、解决新问题。要实事求是，要理论联系实际，要有个好的学风。

第三点，要有一定的胆识。也就是说，要有真正的见解，因此就不要迷信权威，应当不唯上、不唯书。你认为正确的观点就要去坚持，要敢于坚持真理。因为真理往往是存在不同学派之中的。

离我们比较近的、两个很有力的例子，就是顾准和马寅初。顾准是在 20 世纪 50 年代就对计划经济的一些弊端提出质疑，并提出了商品经济的观点。马寅初是 1958 年的时候提出了他的人口论，提出要控制人口。马寅初作这个报告的时候我也在场（当时他是北大的校长，我在北大工作），是在北大办公楼礼堂里马寅初阐述他的观点的。当时有一句话给我印象很深。他说，如果我们现在不抓人口，25 年以后我们的老百姓就要埋怨我们的领导。这个话不幸让他言中。所以，后来有人说是"错批 1 人，误增 3 亿"，其实还不止 3 个亿。当时把马寅初批得是狗血喷头。1958 年 4 月到 1958 年 7 月，在媒体上发表批评马寅初的人口论的文章大概有 200 多篇。当时马寅初还说过这个话：我虽年近80，自知寡不敌众，仍要单枪匹马，直到战死为止，决不向不以理服人而以压力服人的批判者投降。老先生是很有骨气的，很有学术良知的。这是值得我们学习的很好的榜样。没有一定的胆识，他就不可能说出那样掷地作金石声的话。因此要敢于坚持你认为正确的东西。

在学术研究上有两种做法我认为是不好的：一种是墙头芦苇，跟风倒，追风，看风向，摸气候，这个不好；还有一种是常有理，什么时候他都有理。前一种类型的学者，在"评法批儒"的时候红得发紫，他就是唯上、唯书，跟着风评法批儒，文章是整版整版地发，按照当时的"评法批儒"的观点重新改写史学著作，按照"四人帮"定的那些调子改写，后来成了笑柄。现在谁还看他们的书呢？后一种类型我觉得也不好。有一位领导在20世纪五六十年代写过一首诗，要破除西湖的土塑的偶像，还写信支持红卫兵破四旧，可是到了80年代他去杭州视察的时候，又批评杭州当局"你们对历史文物不够重视""对西湖的历史文化景观好像不够重视"。这位老先生真是"常有理"，我觉得这样也不好。应该是不要跟着风走，应该坚持的是你认为正确的东西，不要迷信权威，也不要唯上和唯书。

第四点，就是研究要有一定的新意。新意来自自己深入的研究。在研究过程中你不妨做出大胆的假设，然后去求证它，这是胡适说过的话，"大胆假设，小心求证"，这句话其实也没错。求证也可能证成功，也可能证不成功，小心求证有什么错？大胆假设，如果你一点胆子都没有，去在学术领域内作出新的假设，那学术如何前进呢？你总要做出一些假设，这个假设还不妨大胆一点。假设之后再去求证它，以科学的态度去论证它。论证成功了，你的假设就成立；论证不成功，你的假设就不成立，不成立就取消你的观点，这就是科学的态度。那么，我想这话没错。

第五点，研究的时候要充分占有材料，要稳扎稳打，要步步为营，要厚积薄发。充分占有材料以后，你才能作出比较准确的判断。充分到什么程度，最好是竭泽而渔。这和生态平衡没有关系，而是说把材料收集得越充分越好。我 50 年代的时候曾经尝试给太平天国的宣传活动作一下研究，了解一下太平天国到底运用了什么手段、通过哪些媒体来进行它的宣传活动。太平天国一共 15 年，从 1850 年到 1865 年。那么为了研究这个题目，我当时把所有能够找到的太平天国的书、资料和有关的研究成果从头到尾看了一遍，大概花了 4 个月的时间。结果写出来的东西只有 3000 字，实在写不出太多的东西。但是我比较踏实，因为我自己觉得当时已经是尽了力了。当时能够找到的已经发表的或者图书馆收藏的有关太平天国的资料都看过。后来的事实证明，我的功夫也没白下，因为从那时候到现在半个世纪过去了，关于太平天国的宣传，除了那 3000 字以外好像还没有新的观点出来，基本上就是那些了。能够做到这一点，我自己的体会就是，你把所有材料充分占有了，你的观点就比较站得住。所以，在资料占有上要尽可能做扎扎实实的工作，"不积跬步无以至千里"，一步一步地把工作做踏实，不要想一口就吃成个胖子，不要急功近利。

二、写好研究论文

关于怎么进行研究，我就想讲这么五点。那么，下一个阶段就是怎么写论文。研究生总要写文章，写研究的成果。写论文，其实是对研究生学习成果的一个综合检查，平时去学习、去吸收，等到写作论文就像酿成蜜了，出成果了。怎样写作论文呢？我想谈四点。

第一点，就是要选好选题。选题主要抓住三点：

一是要了解本学科研究的现状，得了解这个学科领域内现有研究的状况，已经有了哪些成果。用经济术语来说就是你得了解行情，你别做些劳而少功、劳而无功的事情。题目没选好，做了半天，结果是前人走过的路，写过文章了，早就有了成果了，你的功夫就白花了。不要看到那些好的题目就动手，往往路边的李子是酸的。因为路边的李子要是不酸早就让别人吃了。所以，要了解学科的研究现状。

二是从主观上看要选择能够发挥你优势的突破口，从客观上看要选择资料的储备足够使用的选题。资料有待开掘，但是富矿还是贫矿，这些都需要有数。选题不要选不是自己优势的东西。我们学校有一个博士生，他的选题是研究外国记者在中国的活动。但是他的第一外语是日语，可外国记者在中国的活动大量是使用英语的，所以他的主观有先天缺陷，结果他写出来的论文大量是第二手材料，因为他没法使用英文的第一手材料。很多外国记者写的报道他看不懂，有关的传记和文献资料他无法使用，所以他写起来就比较费劲，经过了多次的反复修改。同一届的同学都拿到学位毕业了，而他这个论文却搁浅了，研究生院没有让他通过，让他再加工，结果煮成一碗夹生饭。虽然后来书也出来了，写得也还不错，但是毕竟是没有发挥他自己的优势。如果他把这个题目改成日本媒体在中国的活动，那他就如鱼得水了。这就是因为他的题目没有选好角度。我们还有一个研究生，选了一个题目是研究北京的新闻史，计划三年内完成，可是正好赶上三年内北京图书馆搬家，搬家期间所有报纸封存。所以他这三年就没法利用北京图书馆的馆藏，结果论文就没写成。他如果不选这个题目，也许就写成了。论文没写成，七耽误八耽误，学位也没拿到手。所以这个题目也没选好。因而，选择好突破口这一点很重要。

三是题目的大、中、小要适当。要可着料子做衣裳，要量体裁衣。有的题目是适合大题大做的，有些是适合小题大做的，有些是可以大题小做的，怎么个做法要应该有个权衡。比如，在座的李老师（李彬）的那本书《唐代文明与新闻传播》，他这是大题大做。盛唐的文化浩浩荡荡，内容丰富极了，他也给做出来了，这叫大题大做。和他同一届的有一位老师写的题目是研究一个报纸，是19世纪在澳门出版的一家葡萄牙文的报纸，一共才出了67期，加起来才薄薄的这么一本合订本。这位老师念学位写的博士论文就是研究这报纸，67期的报纸就这么大的一本书，结果写成学位论文还出了书。这就是小题大做，也能写好。大题小做的也有，列宁有篇文章叫作《马克思主义学说的历史命运》，这题目大不大？结果他就写了2000字。这要是作为博士论文，搁在我们研究生院就通不过，因为它字数不够。实际上这也是研究成果，不能按字数来衡量好坏。可见大题小做也是可以的，就看你怎么做。就是要根据具体的情况来作出选择。

第二点，也就是第二阶段，酝酿。酝酿就是你采来花粉，然后回去就要酿蜜了。广泛收集材料，然后进行深入的个案研究，做些必要的调研，做些定量的、定性的分析。这个过程中还需要重读前人有关的专著和文献，充分利用和借鉴前人这方面的研究成果，这样才能完成酝酿的过程。

第三点，就是谋篇。写论文第三个步骤就是要给你的论文搭一个结构、搭一个框架，拟一个提纲，做一些规范、宏观的考虑。

在这些方面，中国的不少作家的个人习惯不一样。茅盾的习惯是提纲拟得非常细，事先考虑得非常周详，哪个环节怎么展开，他每个细节都考虑好才动手；巴金是另外一种类型，他不打提纲；鲁迅也不打提纲。大家经常看到这样的镜头，鲁迅坐在长椅上拿着一支烟斗，眯着眼睛抽烟，实际上他在谋篇，他在构思，他在打腹稿呢。他未必拟一个提纲，但他也会有宏观的考虑。

在文学家里头，也确实有些连提纲、谋篇都没有的，这种情况也有，如民国初年那些鸳鸯蝴蝶派的作家，他们写文章、写小说带有很多即兴的性质。比如，有什锦小说，10个人今天你写，明天他写，张三、李四、王二麻子轮着写，10个人合着写一篇文章。事先也没有一个总的规划，各人写各人的。鸳鸯蝴蝶派里有个作家叫包天笑，他实际上也是报人，也是新闻工作者，办《时报》的。他在报上写的连载小说是《空谷兰》，一天写一段。当时有的作家是同时给几家报纸写这种连载小说。其中在上海滩上有个最有名的姓王的，同时给10家报纸写小说，雇一辆黄包车，坐着黄包车到一家报馆给这家报纸写一段，500字，然后再坐着车到另一家报纸那里写一段，然后再到第三家。后来听说这几家报纸在一块印，干脆到印厂一屁股坐下来，分头写几段。包天笑是给《时报》写小说的，《空谷兰》是言情小说，才子佳人什么的。写着写着家里来电报了，他是苏州人，说是老爷子病了，赶快回家去看看。他就赶快回家吧，临走时托付给他的同事，说这个《空谷兰》您就费点神儿接着写吧，然后回家去了。等到一个月他父亲病也好了，回到报社一看，他那个女主角已经让人快写死了。他急坏了，他底下还有很多戏呢，写死了没法唱啊。赶快接过来又把这姑娘写活了，几服药下去又缓过劲儿来，又接着写下去。像这样的一些小说，带有随意性的情况，极个别的也是有的。

但是，文学创作还可以，也不足为训，写论文是不行的，必须要有个规划，要谋篇。写文章除了要有文采，还要有个章法。所以必须事先对你的论文有个宏观的考虑，搭好架子，然后动手。

第四点，就是进入精心写作阶段。这个阶段是前期研究结果的延续，是最后一道工序了。你积累了材料，作了研究，到写作的时候实际上也是研究的继续，写作过程也是研究的过程。

一般来说，有了框架提纲以后，还可以一边写作一边做一些调整。写作过程中要考虑和注意的，一个是"六新"，一个是"四要素"。哪"六新"呢？要考虑怎样作出新的概括，怎样作出新的分析，怎样运用新的语言，怎样补充新的材料，怎样提出新的见解，怎样得出新的结论。在写作过程中要考虑做到这"六新"。同时，也要注意论文的"四要素"。所谓"四要素"，就是论点、论据、论证和论述，也就是观点、材料和立论证明的方法与策略，以及文字表述的要领和技巧。在论点方面，要做到观点鲜明、有破有立；论据方面，要做到充实；在论证方面，要做到分析细致、逻辑严密；在论述方面，要做到文字尽可能简练和明确有力。

至于文章的写法，那就不必强求了。每个人可以有自己的文风。譬如北大的朱教授，他的研究面很广，对于中外文化交流史有研究，对于中国哲学史、日本哲学史、朝鲜哲学史、音乐史、戏剧史、宗教史还有目录学，他都有著作，比较渊博。他写文章的风格就是快。一般是早上四五点钟爬起来，写到八九点钟为止。一两万字的文章往往是文不加点一挥而就。有的时候引文的原书都不用查，非常有才气。这是一种写法。

再比如冯友兰，他是做过清华的文学院长的，晚年在北大教书。晚年因为眼神不好，所以《中国哲学史新编》是用口述的方式，他口述，助手帮着记，记完之后他再看、再整理，一般不需要大的修改就能完成。他的逻辑非常严谨，他的观点你未必同意，但是他的论述绝对不会引起误解，他的逻辑分析的功底很好。这也是一种文字风格。

朱光潜，是美学家也是哲学家和语言学家，北大的教授。他写文章是先拟非常详细的提纲，考虑得很周到，资料收集得很充分，准备都做好了以后才动手写，写起来就像潺潺流水一样非常明晰，非常清澈，而且经常用一些诗的语言，既是论述论证的文章，又有诗的语言。朱光潜的散文是写得非常好的。朱光潜和季羡林先生的散文都是写得不错的，但都不是中文系的。他们的语言文字非常好，条理非常明晰，这是一种文风。

熊十力是哲学家，后期在北大教书，他写文章非常富于战斗性、批判性。灵感来的时候抓起一张纸就写，有时候就是别人来信的反面，写起来都是狂草。然后一边写一边嘴里还念念有词，写完之后还重新朗读一遍，还浓圈密点，有的时候全都是圈了反而就重点不突出了。这也是一种写法，他的文章非常有气势，像长江大河一样。

汤用彤，哲学家，就是汤一介的父亲，乐黛云的公公。我认识他的时候他是北大的副校长，他写文章就和熊十力相反，非常谨慎，字斟句酌，慢慢推敲。两三千字的文章要写个三五天，一边写一边改。鲁迅常常说，写文章不要十步一回头。怎么叫十步就回头呢？就是写一句，从头再看一遍；写第二句，先把第一句看一遍再写；写第三句，把前面两句都看一遍再写……鲁迅认为写文章不必如此。但是这个汤老先生就属于这一类，写文章非常谨慎，推敲得非常严谨，但是他写的文章看不出不连贯，给人的印象是一气呵成的。

所以这个文字的风格是因人而异的，不必求同。有自己的文字风格没有什么不好。但是最好文章写完以后多看几遍，最少要三遍。第一遍作一般的修饰，第二遍在分析上作一定的提高，第三遍作一些推敲，实在改不动了，再放到抽屉里去做一些别的事情，过了几天再来看就能改动了。改到自己改不动了，大概这些文字就是这个水平了。

此外，写论文还要注意一些规范的问题：凡是引文都必须注明出处，凡是参考别人的书都应该开列相应的书目，这也是种职业的规范，要尊重别人这方面的劳动。西方国家的一些论著，在这些方面是非常讲究的。比如，剑桥的《中华民国史》，总共1033页，后面的参考书目是154页；剑桥的《中华人民共和国史》，707页，后面附的参考书目是110页，占的比重是全书的15%。这说明他们写文章非常慎重，对他们参考过的每本书的作者的劳动都是非常尊重的，也说明他们看的书多，下的功夫深，不是非常草率地去完成论著。

知识在于积累

学习也好，研究也好，都必须积累。这一点，社会科学尤其重要。自然科学也许靠一些思想火花啊，靠一些敏锐的洞察啊，社会科学也许也需要，但是更需要长期的积累。积累的功夫是从事人文社会科学研究的人必须要下的基本功。为什么说板凳要坐十年冷，就是因为要去做积累的工作。

怎么积累呢？前人有过很多做法。最简单的做法就是强记。就凭记性好，积累在脑子里就行啦。晋朝有个郝隆，南方人，人家黄梅天过后要晒晒衣裳、晒晒被子、晒晒书，他端着凳子出去晒太阳。人家问，你怎么不晒那些东西啊？他说，书都在我肚子里啦，晒晒太阳就行了。明朝有个叫张溥的人，他的书斋叫"七焚斋"，据说他读完一本书就烧一本书，笼火来做饭。人家问他，你怎么舍得烧啊？他说我都记住了。这两个人记性也许是好的，但是从《晋书·艺文志》和《明史·艺文志》里看，成果都不多，说明都是晒太阳晒的，笼火做饭做的，说明靠记性强记不一定是可行的。学者当中强记的也不是没有，比如，陈寅恪的记性就很好。他是 1945 年去英国治眼睛的，手术失败后就基本上看不见了。1946 年回清华教书的时候给六个研究生讲课，是在眼睛完全失明的情况下讲的，两个讲师给他写板书。他讲到哪儿的时候，讲出原文，他能把引文出自哪本书的哪卷、哪页都能记住。刚才说过他懂 14 种外语，这确实是个有天分的人。应该说钱钟书的记性也不坏，他的《管锥编》引用了 2000 种书，但他家里是没什么书的，起码没有李彬的书多。他的书都看图书馆的，自己不大买书，可是他的《管锥编》引用那么多的书，这说明他的记忆力是不错。靠强记来从事研究，前人是有这方面先例的。新闻工作者中记忆力好的也不乏其人，邓拓也是记性好的，他写《燕山夜话》时是一个星期发一次，往往是发稿前一天总编辑去他家说明天要发稿了，请你抓紧写一写。邓拓马上请主编在客厅坐坐，喝杯茶、抽根烟等一等，一支烟的工夫，一篇千字文就出来了，而且征引的材料都是一应俱全，基本上靠强记。

但是，第一，不是每个人都有这种天分，有这种天分的人毕竟是少数，我们多数人没有强记的本事。第二，强记这东西有时不太靠得住。因为记忆力会随着年龄增长而衰退。俞平伯先生本来记忆力是很好的，可是晚年他讲课的时候就记不住了。有一次上课的时候跟学生说，我昨天看到一副对联，好极了。学生问：上联是什么？上联，忘了。下联呢？下联是什么什么什么春，就剩一个字了。虽然他说对联好极了好极了，可是别人也没法跟他一块儿欣赏啊，他记不住啊。记性会衰退的，甚至会衰退得连自己的名字都记不住了，所以，强记第一是会衰退，第二是靠不住的。有的时候会有失误的。

第二种做法就是在书上做记号，比如朱夫子，朱熹。他看书的时候看第一遍在书上用青笔做记号，第二遍用红笔做记号，第三遍用黄笔，反正用不同颜色来表示他不同的阅读次数。他需要斟酌的、有些新颖想法的，他都用笔做出记号。列宁看书是夹纸条。20世纪50年代的时候我看见很多先生和老师书架上的书都夹纸条。这个夹纸条就跟速记一样，短期内有效。速记符号都是记得声音，记完之后得马上整理，如果不马上整理就成了天书不知所云了。纸条也有同样的问题，你夹少了还可以，夹多了就等于没夹了。如果满架子的书都是纸条，就等于没夹纸条了，就跟阿里巴巴四十大盗似的，在门上都画上圈，踩点的任务就算是白干了。做记号这是前人比较常用的做法，但是也不一定可靠。有一句话说，离山十里，柴在家里；离山一里，柴在山里。烧柴做饭，离山十里家里反而有柴，离山一里家里反而没有柴。以为书都在架子上呢，实际上书还离他远着呢，还不是他自己的呢。

第三种做法就是做笔记。有心得就写成笔记，比较典型的就是王映麟的《困学纪闻》、顾炎武的《日知录》，以及他们的学术著作。宋朝还有一个叫苏子荣的，搞历史，先把史实按年编写一遍，再按事编写一遍，其实就是按通鉴历史本末的写法，分别写一遍，所以他烂熟于胸。这也是前人的一种做法。

第四种做法就是卡片。卡片这种东西是近代才出现的，因为过去中国传统纸张都是很软的，而卡片都是相对有一定硬度，能站起来的。但这种做法在历史上前人也采取过类似的。比如思左，写《三都赋》时，想到一个好的句子，马上写下来贴在墙上；白居易写书的时候有六个瓶子，把写书搜集的材料分别投在六个瓶子里；李贺的锦囊妙句，那个锦囊也是他收集有关材料的容器。元朝有个叫陶宗仪的，是种地的，是从事耕种的一个学者，在种地过程中偶然有个心得体会的时候马上拿起笔来写在树叶上，把树叶收藏起来。后来他写了一本《辍耕录》，大部分的材料就是根据他在劳动过程中偶尔想到的那些观点积累起来写成的。司马光编《资治通鉴》时搜集了大量的纸条，一屋子的纸条，这样的一些纸条、树叶子或是投入锦囊、瓶子里记录的这些东西，实际上都是今天的卡片的原始状态，都是一种变相的卡片。我是比较倾向于建议大家在开始研究的阶段去建立起自己的卡片，作为积累自己观点和材料的手段。

比较起来，上面几种积累的方法，强记也好、做笔记也好，我认为还是做卡片最好。那么做卡片需要注意哪些要领呢？我举出五点。

第一点，卡片上摘引的材料要有个标题。

第二点，你必须对摘引的材料注明出处，出处必须是非常详尽的出处。比如，摘引自哪篇文章，这篇文章刊于哪份报纸或者哪份期刊。如果摘自某本书，那么书的作者、出版社、出版年份、书名、页数，这些数据都应该非常详细地注清楚。

第三点，卡片要保持一定的独立性，不要和别的卡片有什么亲戚关系。卡片就是卡片，有了标题、有了出处以后卡片可以随便扔，需要的时候再分类，不需要的时候可以随便放。是独立的，不要互相参见，不要这个卡片没完再接另一个卡片，这样就不独立了。

第四点，就是卡片要写单面。为什么反面不写呢？主要是以后你可以把你的相关材料的卡片摆在桌面上分析，如果两面都写就办不到。

第五点，就是卡片要一元化。看书要专注，另外可把包含学术问题或材料的他人来信、报剪文章做成卡片形态。字数太多，卡片纸不够，可先用纸延长后，再折叠成卡片大小。

我做卡片是从 1945 年开始的，到现在已经有 55 年了，从中受益很多。

我今天给大家讲的只是"游泳术"，要真正在新闻传播学领域内有所成就，大家还得自己下水游泳。

知识在于积累 /

203

以革命斗志办报*

　　章太炎名炳麟，又名绛，笔名枚叔、西狩、末公、末底、独角、台湾旅客、菿汉阁主等，浙江余杭人，是近代中国著名的国学大师，著名的社会活动家，同时是著名的报刊活动家和报刊政论家。从 1897 年开始为报刊撰稿起，到 1936 年他去世之日止，章太炎曾经为海内外的 87 家报刊（其中包括 16 家日报和 71 家期刊——内 26 家为政论期刊）撰写过 791 篇各类文章，其中有相当大一部分是政论文章。在此期间，他还参加过 10 家报刊的编辑工作，并且担任过其中 5 家报刊的主编，晚年还在他担任校长的国民大学内设置了报学系，成为新闻教育的倡导者。章太炎曾七次被追捕，三入牢狱，其中好几次都和办报活动有关。他的一生和近代中国的报业有着极其密切的联系。

＊ 本文及《"有学问的革命家"之新闻思想及政论特点》刊于《新闻传播论丛》
　 2001 年第 6 辑，原标题为《章太炎与近代中国报业》。

一、第一阶段（1897—1900）

章太炎和中国近代报业发生联系，是从"戊戌维新运动"时期开始的。1895 年，康有为发起公车上书，并在北京、上海两地成立强学会，宣传变法，章太炎当时正肄业于杭州的诂经精舍，从俞樾治古文经，又问学于黄以周、孙诒让、宋衡等朴学佛学大师，得到消息后，立即寄去会费 16 元，报名入会，对康、梁的活动表示支持。1896 年，梁启超、汪康年等在上海办《时务报》，他曾以浙江同乡的关系，去信给汪康年，和汪就如何办报事进行探讨，表示了他对维新派宣传工作的关心。1897 年 1 月，汪康年邀请他担任《时务报》撰述，他欣然就道，在上海《时务报》工作了三个多月，直到 4 月中旬才辞职返杭。这是他参加办报活动的开始。

在《时务报》工作期间，他除了编报外，还在该报第 18、19 两期发表了《论亚洲宜自为唇齿》和《论学会有大益于黄人亟宜保护》等文，提出了大办学校，遍设学会，"以革政挽革命"等主张。他的文章刚发表，就受到了该报读者和维新派同仁们的重视。黄遵宪立即致函汪康年，称赞"章氏之文，颇惊警"。谭嗣同则在致汪康年、梁启超函中称赞说："贵馆添聘章枚叔先生，读其文，真巨子也。[①]"这是章太炎第一次在报刊政论上崭露头角。但是他对康、梁等人的"倡言孔教"不太赞成，由于今古文经学

---

① 谭嗣同：《谭嗣同全集》，生活·读书·新知三联书店 1954 年版第 371 页。

之间的门户之见很深，他和报社内的康门弟子"论及学派，辄同冰炭"，争论激烈时，至于"攘臂大哄"，终于去职。

离开《时务报》后，章太炎回到杭州，参加了当地出版的《经世报》的编辑工作。这家报纸创刊于 1897 年 8 月 2 日，由宋恕、陈虬和章等任撰述，是一个旬刊，设有本馆论说、皇言、庶政、学政、农政、商政、兵政、交涉、中外近事、格致、通人著述等栏目，刊载了不少记述国内外大事和介绍新学术、新知识的文章。章太炎在这家报纸上发表了《变法箴言》《平等论》《读管子书后》等文。这家报纸的《例言》，也有可能出于章太炎之手。不久，《实学报》《译书公会报》在上海创刊，章太炎又相继为这两家报纸撰稿，并担任了《译书公会报》的主笔。在《实学报》上，章太炎发表了《实学报叙》《后圣》《儒道》《重设海军议》等九篇文章，后来辑入《訄书》一书中的一些篇章，就是首先在这家报纸上发表的。在《译书公会报》上，章太炎发表了《译书公会叙》《读日本国志》等四篇文章，在"开民智"，"广见闻"，介绍"泰西政艺"等方面，配合同时期的维新派报刊，作了大量的工作。

1898 年春，章太炎应张之洞的邀请来到武昌，曾计划与梁鼎芬、王仁俊等合作创办一份旬刊报纸《正学报》，为正在进行中的维新运动扫清一点思想上的障碍，"使孤陋者不囿于见闻，以阻新政，而颖异之士亦由是可以无遁于邪也"（章太炎《正学报缘起》[①]）。由于双方"论政不合"，没有成功。8 月回到上海，时

---

① 章太炎：《章太炎政论选集》，中华书局 1977 年版，第 58 页。

值汪康年主办的《昌言报》创刊，他应邀担任主笔，先后在该报发表了《书汉以来革政之狱》《蒙古盛衰论》等四篇文章。不久，政变爆发，"六君子"遇难，康梁等流亡日本，章太炎也遭到通缉，被迫逃离上海。

1898年12月4日，章太炎抵达台北。当时日本据台已经4年，对台湾人民言论出版的控制，正在逐步加紧。获准公开发行的报刊，只有《台湾日日新报》《台湾商业新报》《台北新闻》《台中新闻》《台澎日报》等少数几家，大多由日本人出面主办；而且制定了一部《台湾新闻纸条例》，规定所有报纸都必须经过审批和新闻预检，才允许公开发行。章太炎是经日本友人山根虎雄的介绍，进入《台湾日日新报》担任该报记者的。《台湾日日新报》创刊于1898年的5月6日，由《台湾新报》《台湾日报》合并而成，是日本驻台总督府的机关报，当时担任社长的是日本人守屋善兵卫。章太炎这时已经稍有文名，被台湾文坛誉为"千言立成的大文章家"和"著名学者"，他的到来，受到了当地新闻界和文化界的热烈欢迎。在《台湾日日新报》工作期间，章太炎主要担任该报汉文版的记者，结交了不少日籍和台湾籍的朋友，如馆森鸿、罗秀实、李越涛、连横、林佛园、魏清德等，在报上发表了不少诗文，其中有一些涉及内地的政治，为报社当局所不怿，章太炎也对当局的干涉极为不满，曾经把守屋善兵卫，詈为守屋"恶"兵卫，并在第二年的夏天，拂袖而去，在台湾只待了半年多一点的时间。

1899年6月，章太炎抵达日本，先后住在东京小石川区梁启超家和横滨《清议报》社。早在台湾时期，章太炎就曾以台湾旅客的笔名，为《清议报》写过《祭维新六贤文》等诗文，对变法的失败，谭嗣同等人的死难，以及康、梁等人的沦落海外，表示哀悼和同情。至是又陆续为《清议报》撰写了《客帝》《儒冠》等十来篇文章。其中《客帝》一文，虽然对清帝有所指摘，但并不同意"逐满之论"。

这一次，章太炎只在日本待了两个多月，就启程回国，经上海返回杭州。1899 年冬，他由杭州回到上海，很快就被邀请担任《亚东时报》的主笔。《亚东时报》创刊于 1898 年 6 月 25 日，1899 年 5 月起，由唐才常任主编。这一年冬，唐才常为酝酿自立军起义事去湖北以后，才由章太炎接任。他除了编报外，还在这家报纸上发表了《游两京记》《今古文辨义》等两篇文章。这一段时间，章太炎住在汪康年主办的《昌言报》社内，除主编《亚东时报》外，仍然和海外的康、梁保持联系，并不时为康、梁主办的报纸供稿。

从 1897 年担任《时务报》撰述，到 1899 年主编《亚东时报》，是章太炎办报活动的第一个阶段，也正是他后来自我反省时所说的，"弃本崇教""违于形势""饰苟且之心""与尊清者游"（见《訄书·客帝匡谬》）的阶段。在这一段时期内，章太炎先后为 9 家报刊撰写了 44 篇文章，并且担任过其中 6 家报刊的编辑工作和一家报刊的主编。这一阶段的章太炎，虽然在经学研究上与康、梁相水火，但在政治观点上，和康、梁是一致的。梁启超所作的《广诗中八贤》，章太炎就被列为其中的一贤；梁所编的"师友论学笺"中，也把章太炎的文章骈入。说明这一阶段的章太炎，仍然和康、梁保持着密切的联系，他们之间相濡以沫，并未相忘于江湖。

二、第二阶段（1900—1911）

章太炎和中国近代报业发生联系的第二个阶段，是 1900 年到 1911 年这一段时期，也是他和以孙中山为首的革命党人密切合作，为革命派报刊撰稿，参加革命党人的办报活动，为辛亥革命作舆论准备的时期。

章太炎从少年时代起，就有朦胧的反清思想。1899 年经梁启超介绍，在横滨始识孙中山之后，"相与谈论排满方略，极为相得"[1]，始有革命之志。这时，他和康、梁等虽然还有联系，梁启超主办的《新民丛报》上，也发表过他的一两篇文章，但只是论学之作，政治观点上已逐渐和康、梁疏远了。

1900 年 8 月，唐才常、严复等在上海召开"中国国会"，章太炎在会上当场剪掉了象征民族压迫的辫子，表示了革命的决心。会后，章太炎立刻写信给革命党人在香港办的机关报《中国日报》，介绍了这次"国会"开会的情况，以及他在会上"遽断辫发以明不臣满洲之志"的经过，并附上新近写作的《拒满蒙人入会状》及《解辫发说》两文，希望"登之贵报，以示同志"。

---

① 冯自由：《革命逸史·第二集》，中华书局 1981 年版，第 26 页。

前一篇文章作于 7 月 29 日，后一篇文章作于 8 月 3 日，有"东胡贱种""愤东胡之无状"及"满洲政府不道"等语，都是激烈的反满文章。《中国日报》收到后，立即全文发表，并在按语中称赞说："有清以来，士气之壮，文字之痛，当推此次为第一。"这是章太炎这位"以文章排满的骁将"在报刊上发表的最早的两篇革命文字，也是《中国日报》上刊出的最早的一批有强烈反满色彩的文字。和这两篇文章相呼应的，则是 1901 年 7 月，他在留日学生主办的《国民报》第四期上发表的《正仇满论》一文。这篇文章不同意梁启超在《清议报》上发表的《中国积弱溯源论》一文中，把中国的积弱，归罪于"那拉一人"的观点；认为中国积弱的根本原因，在于清朝政府的腐朽而反动的统治，这个政府"无一事不足以丧吾大陆"，表示了强烈的"仇满"情绪。

1902 年 2 月章太炎第二次到日本，在东京发起组织了"支那亡国 242 年纪念会"并起草了由他领衔发布的《支那亡国 242 年纪念会启》，在兴中会机关报香港《中国日报》上公开发表。在此前后，他还撰写了后来收入《訄书》中的《客帝匡谬》一文，表示和过去的拥戴清室的观点决裂。这是这一时期他所写的具有强烈革命色彩的另外两篇政论文章。

使得章太炎名声大噪，在海内外享有盛誉的，则是他这一时期为上海《苏报》所写的几篇政论文章，和他在"苏报案"中的突出表现。

《苏报》初创于 1896 年，原是一份挂"日商"招牌的报纸。1900 年后，为湖南人陈范接办，转为中国人自办的报纸。陈范是一个当过知县的退职官员，开始接办《苏报》的时候，还是一个同情维新运动的人。他延请妹婿常州人汪文溥担任主笔，"高唱保皇立宪之论"，使这个报纸带有浓厚的"保皇"色彩，"时人多以康党目之"①。1902年以后，陈的思想有了很大改变，报纸也明显地转为同情革命。这一年的4月，蔡元培、章太炎等在上海成立了革命外围团体中国教育会，并支持一部分进步学生组成爱国学社，开展革命的宣传和教学活动。在陈范的主持下，《苏报》和爱国学社建立了密切的联系，大量刊载学社师生措辞激烈的讲稿和演说记录，并约请学社师生轮流为该报撰写社论，使《苏报》成为中国教育会和爱国学社的公开的言论机关。1903年5月27日，陈范正式聘请爱国学社的成员章士钊担任《苏报》的主笔。从这一天起，到7月7日止，《苏报》在将近一个半月的时间内，先后发表了20来篇带有强烈革命色彩的文章，并向读者介绍了新近出版的邹容所写的《革命军》，终于遭到了官方的忌恨，被清吏勾结租界当局强行查封，章太炎和邹容被捕入狱，史称"苏报案"。

章太炎于1902年6月从日本回到上海，回来后即在爱国学社任教，积极支持《苏报》的工作。在章士钊担任主笔期间，他先后在该报发表了《革命军序》（刊6月10日该报）、《康有为与觉罗君之关系》（刊6月29日该报）和《狱中答新闻报》（刊7月6日该报）等文。其中《革命军序》是为邹容的《革命军》一书所

① 冯自由：《革命逸史·初集》，中华书局1981年版，第120页。

写的序。在这篇序文中，他把这本以"犀利之笔""浅直之辞"进行民主革命宣传的小册子，比之为震撼人心的"雷霆之声"，给以很高的评价。《康有为与觉罗君之关系》是发表时使用的题目，后来被转载时通称《驳康有为政见书》或《驳康有为论革命书》，是针对原来发表在《新民丛报》上的康有为的《答南美洲诸华侨论中国只可行立宪不可行革命书》一文而发的。在这篇文章中，章太炎以雄直之辞，表达了强烈的反清革命的主张。《狱中答新闻报》作于他被捕以后，刊于《苏报》被封的前一天。在这篇文章中，章太炎怒斥了《新闻报》所代表的保守势力，表达了自己和邹容两人"相延入狱，志在流血"，坚持走革命道路的信心和决心。此外，章太炎还参加了《驳革命驳议》（刊 6 月 13 日该报）一文的部分写作任务，这篇文章是针对《中外日报》所刊的《革命驳议》一文而发的，批判了那篇文章的作者所提出的革命不能救国，只有保皇立宪才能救国的错误观点。这篇文章由章太炎、柳亚子、蔡冶民、邹容四人合作完成，章太炎执笔的是其中的第一段。这些文章批判了改良的道路，弘扬了革命的主张，起了强烈的震撼人心的作用。其中，以驳"康"书的影响为最大，堪称这一时期鼓吹革命最有战斗力和最有光辉的一篇檄文。

清方和租界当局蓄谋对《苏报》进行迫害，起始于 6 月下旬。风声泄漏后，不少有牵连的人如蔡元培、陈范、章士钊等，早已先期走避，章太炎却不愿苟免。6 月 30 日，当捕役们到爱国学社点名抓他的时候，他正守候在客室中，自指其鼻说"我就是"，欣然随之而去。第二天，邹容闻讯，也自行投案。一场以清廷为原告，他们两人为主要被告的诉讼，随之开始。在法庭上，参加"会审"的清方官员"不甚识字，觳觫殊甚，但云公等速说，我与公等无仇无怨而已"（见章太炎《狱中与吴君遂张伯纯书》），给大清帝国丢尽了脸也出尽了丑，而被告的章、邹等人则慷慨陈词，把法庭当成宣传革命的讲坛。"事毕，乘马车归捕房，观者填咽，诵'风吹枷锁满城香，街市争看员外郎'而返"（同上）。这次诉讼虽然以章被判刑三年，邹被判刑两年结案，但他们都因此受到了人们的同情和尊敬，成为轰动一时的风云人物。

1906 年 6 月，章太炎刚从狱中释出，就被同盟会派遣专人接到日本。在东京，"同志迎于锦辉馆，来观者 7000 人，或着屋檐上"（见《太炎先生自订年谱》光绪三十二年条），受到了英雄般的接待。此后不久，章就被邀请到《民报》担任主编。

《民报》1905 年 11 月 26 日创刊于东京，是"同盟会"的机关报。它号称报纸，其实是一个期刊（自称月刊，但经常脱期），从 1905 年到 1910 年，共出版 26 期。先后担任撰稿工作的有陈天华、胡汉民、汪精卫、汪东、朱执信、廖仲恺、宋教仁等 68 人。章太炎从第 6 期起到第 24 期止，担任该报主编达两年之久，先后在该报发表了 58 篇文章，包括 24 篇论说和 18 篇时评，占该报所刊全部文章的 24.6%，成为该报最主要的作者。《民报》先后共有张继、章太炎、陶成章、汪精卫等四个编辑发行人，也以他担任主编的时间为最长。他在《民报》上发表的《革命之道德》《中华民国解》《排满平议》《政闻社员大破坏状》《讨满洲檄》《定复仇之是非》《与人书》《印度中兴之望》等文章，反对帝国主义对中国人民的侵略，谴责清朝政府的民族压迫政策，支持殖民地半殖民地国家的民族解放运动，赞颂盗跖、李自成、洪秀全这样的一些历史上的英雄人物，宣扬甘于艰苦不畏牺牲的革命道德作风，揭露和鞭挞混入革命队伍内部的丑类，起了十分有利的激励人心的作用。他所写的《俱分进化论》《代议然否论》《五无论》等文章，虽然其观点不完全为革命党人所认同，也充分地表述了自己的理想和主张，受到了读者的关注。他所发表的《演说录》《答铁铮》《主客语》等提倡国粹的文章，是为了弘扬中华民族悠久的历史文化遗产，"用国粹激动种性，增进爱国的热肠"（见《民报》第六号《演说录》）。他所发表的《人无我论》《大乘佛教缘起说》《四惑论》等弘扬佛教教义的文章，则是企图以佛教华严宗的"一切众生皆是平等"的那种平等的精神，以及"普度众生，头目脑髓都可以施舍与人"的那种精神去献身于革命，"用宗教发起信心，增进国民的道德"（同上）。

由于章太炎的加入，《民报》的影响大为提高。景梅九在《罪案》一书中回忆当时的情景时，这样写道："正值《民报》对《新民丛报》激烈笔战的时代，忽然得一位学问渊博文章朴茂的章先生，来主笔政，大家怎能不分外欢迎。别的先莫说起，单是一篇《革命之道德》，便把学界全体激动起来，有多少顽固老先生见了这一种议论，也都动魄惊心，暗暗地赞成了种族主义。①"

---

① 《中国近代史资料丛刊》编委会、中国史学会：《"中国近代史资料丛刊"辛亥革命·第二辑》，上海人民出版社、上海书店出版社 2000 年版，第 246 页。

章太炎进入《民报》后的那一年冬天，该报在东京锦辉馆举行创刊周年纪念会，到场祝贺的竟有万人之多，堪称盛况空前。这一时期，《民报》的声望，也达到了前所未有的高度。"国内学子以得《民报》为幸，师禁之转益珍重，化及全域，江湖耆帅，皆愿为先驱"（《太炎先生自订年谱》光绪三十二年条）。

章太炎在《民报》的工作大体上可以分为两个阶段：1906年7月至1907年3月（《民报》第6~12期）是第一阶段，1907年3月至1908年10月（《民报》第13~24期）是第二阶段。前一阶段的《民报》的编辑工作，是在孙中山先生的指导下进行的。后一阶段，孙中山和同盟会的一大批骨干力量离开日本到南洋一带进行武装起义的准备工作，《民报》的编辑工作主要由章太炎单独负责。

进入1908年以后，国内外反动势力相互勾结，加强了对《民报》的限制和迫害。一方面，禁止《民报》在国内的发行；另一方面，收买动摇分子，分化《民报》的队伍，派人潜入报社投毒，同时由日方出面，指控《民报》违反出版法和激扬暗杀破坏治安。对日本当局的无理指控，章太炎代表《民报》进行了坚决的抗争，都无结果。终于在出版第24期后被迫休刊。

《民报》的休刊，除上述外部的原因外，还有内部的原因，就是同盟会内部的分歧。在《民报》，这一分歧主要表现为章太炎和孙中山之间的分歧。孙中山对章太炎没有在《民报》上更多地宣传同盟会的纲领和他的"非常革新之学说"有点意见。章太炎则对孙中山把筹集来的大部分捐款，投入武装起义的准备工作，留给《民报》的经费太少，也很不满。当时，《民报》的经费确实困难，编辑工作人员至于饔飧不继，但孙中山为了组织武装起义也在需款，无力解决《民报》的困难，章太炎对此很不谅解，对孙时有指摘，甚至发展到人身攻击。在章、孙之间为《民报》事争辩得十分激烈的时候，光复会总部在东京成立，章太炎和陶成章出任正副会长，从同盟会中分离了出来，双方的矛盾，更难弥合。1910 年 1 月，在孙中山的支持下，《民报》在东京秘密复刊，由汪精卫出任总编辑。章太炎当时还在东京，曾在当地报纸上发表文章表示反对，斥之为"伪《民报》"，把同盟会内部的分歧公开化，为同志所不满。续出的《民报》，刊号与休刊前的该报相连，只出了两期，即出至第 26 期，就最后停刊了。

在为《民报》而引起的这场争辩中，孙中山时时以革命利益为重，潭潭大度，谆诚豁达，只在内部分歧已经完全被公开以后，才在一定场合作一些必要的申辩。而章太炎则咄咄逼人，不留余地，暴露了他的宗派情绪，以及傲慢、偏狭、自以为是等缺点，做了不少亲痛仇快的事情，成为他的盛德之累。

从 1906 年 6 月至 1911 年 10 月，章太炎一直住在东京。这一段时期，他除了主编《民报》外，还经常为在日本出版的《复报》《汉帜》《革命评论》《天义报》《学林》《教育今语杂志》，在上海出版的《国粹学报》和在槟榔屿出版的《光华日报》等报刊撰稿。以在《国粹学报》和《学林》上发表的为最多，前者为 52 篇，后者为 15 篇，两共 67 篇，占这一时期他为上述报刊撰写稿件的 78%。其中，不乏激昂慷慨的鼓吹革命的诗文，但也有不少与《民报》中的文章桴鼓相应，志在弘扬和保存国粹的鸿篇巨制。其目的主要是激发读者的爱国爱种之心，进而达到壮大排满复汉力量，推翻清朝专制政府的客观效果。正如他在《东京留学生欢迎会演说辞》一文中所说：只要"提倡国粹"，让大家都知道中国的语言文字，典章制度，人物事迹，"我想就是全无心肝的人，那爱国爱种的心，必定风发泉涌，不可遏抑的"（刊《民报》第6期）。

这一阶段，历时11年，是章太炎和中国近代报业发生联系的第二个时期。在这一段时期内，他先后为18家报刊撰写了172篇文章，并且担任了其中两家报刊的编辑工作。这是他积极为革命作鼓吹，深受读者爱戴的一个时期；也是他一生当中，政治上的"战斗业绩"最辉煌的一个时期。正如他的学生鲁迅后来所说："我知道中国有太炎先生，并非因为他的经学和小学，是为了他驳斥康有为和作邹容《革命军》序，竟被监禁于上海的西牢。……我爱看这《民报》，也并非为了先生的文笔古奥，索解为难，或说佛法，谈'俱分进化'，是为了他和主张保皇的梁启超斗争。……战斗的文章，乃是先生一生中最大最久的业绩（鲁迅《关于太炎先生二三事》）。"1913年5月孙武等在为章太炎请勋致民国政府的呈文中，也突出地强调了章太炎这一时期在报刊上为革命作鼓吹的功绩，有"此次民国告成，全由于人心之倾向共和，而养成最近之人心，不得不归功于十余年来之言论。至言论之中坚，则当以章炳麟称首。……此其功业，比于孙文、黄兴，殆难相下"（见1913年5月28日《民立报》）等语。民国政府据此发布命令，"授以勋二位"。可见对章太炎这一时期在办报和言论宣传活动上的贡献，朝野各方面的意见是一致的。

三、第三阶段（1911—1936）

章太炎和中国近代报业发生联系的第三个阶段，是 1911 年起直至他 1936 年因病去世的这一段时期。在这一段时期内，章太炎曾先后为 60 家报刊撰写了 585 篇文章，并且担任过其中两家报刊的主编或发行人。

1911 年 10 月，武昌起义成功，清廷土崩瓦解。章太炎在日本得到消息后，立即作回国准备，于 11 月中旬返抵上海。对这位曾经为革命的宣传做出杰出贡献的报刊政论家，海内外新闻媒体都表示了极大的敬意。革命党人在槟榔屿主办的《光华日报》特刊出《文字功》一文，认为革命之所以成功，"当推原于文字（宣传）"，并把章太炎的功绩列于首位（见 1911 年 11 月 16 日该报）。革命党人在上海主办的《民立报》则刊出题为《欢迎鼓吹革命之文豪》的社论，盛赞章太炎为"中国近代之大文豪"和"革命家之巨子"，欢迎他的归来，并且推之为"新中国之卢梭"（见 1911 年 11 月 16 日该报），对他寄以很高的期望。

在回国后的最初一段时期，章太炎没有办报，只是在革命党人在上海主办的《民立报》《民国报》上发表一些文章，阐明自己的政见和对民国前途的构想，并积极筹组新的政党。1912 年 1 月 3 日中华民国联合会在上海成立，章太炎被推为正会长，程德全被选为副会长，参加这个会的还有张謇、蔡元培、熊希龄等。章太炎在筹组中华民国联合会的同时，即积极筹备办报。

1912年1月4日《大共和日报》在上海创刊。它是中华民国联合会的"发表言论机关"（见该会章程第18条），同时是南京临时政府成立后，最先出版的几家报纸之一。这家报纸日出两大张，由马叙伦担任总编辑，汪东、王伯群、胡政之等任编辑记者，章太炎则是该报的社长和"全部主任"。同年3月，中华民国联合会改组为统一党，两个月后，又改组为共和党，《大共和日报》继续充当这两个党的言论机关。

章太炎在担任该报社长期间，先后在该报发表了《大共和日报发刊辞》《与张謇论政书》《敬告同职业者》《与报界俱进会书》《布告反对汉冶萍抵押之真相》等26篇文章，阐述了他对时局的主张，以及他对一些具体问题的看法，经常和孙中山和南京临时政府及国民党唱反调。他所写的该报《发刊辞》，竟然发出了"民主立宪，君主立宪，君主专制，此为政体高下之分，而非政事美恶之别。专制非无良规，共和非无秕政。我中华民国所望于共和者，在元首不世及，人民无贵贱，……非欲尽效法兰西，美利坚之治也"（见1912年1月4日该报），这样的怪论。此外，在迁都、改历、对外借款及实行土地国有政策等方面，也都持异议，和在临时政府执政的国民党相对立，表现了浓厚的宗派情绪。张謇首先提出来的"革命军兴，革命党消"这一瓦解革命党士气的口号，也是通过这一时期他发表在《大共和日报》上的文章，散布出去的。1912年冬，章太炎被北京政府任命为东三省筹边使，12 月 23 日共和党本部开会欢送，他的《大共和日报》社长的职务，才自行解除。从 1 月 4 日到 12 月 23 日，他一共在这家报纸待了 12 个月零 19 天。

《大共和日报》在章太炎离开后，继续为共和党作鼓吹。1913 年 5 月，共和党联合其他一些小党改组为进步党，该报又转为进步党的言论机关，直到 1915 年夏自动停刊。在章太炎离开后的两年多时间里，这家报纸接受过袁世凯的津贴，为袁世凯说过一些好话，和国民党方面的《民立报》《民权报》等报，就一些意见分歧的问题，展开过笔战，但是并不支持袁世凯的帝制。这些都是章太炎离开以后的事情了。

1913 年春，章太炎到长春就任东三省筹边使，"僚属才十人"，"既鲜事，经费亦少"（见《太炎先生自订年谱》1913 年条）。但他还想做点实事，其中之一就是办一份机关报。报名定为《筹边日报》，由章自任主笔，聘前警局总务科员赵述之为经理。也许是由于缺乏经费，这份计划中的报纸没有办成。几个月后，章太炎离职南下，不久又遭到袁世凯的软禁，这件事就不了了之了。

在此后的 20 年间，章太炎辗转上海、广州、昆明、重庆、恩施、武昌、余杭、长沙、上海等地，最后定居于苏州。开始还担任过个别名誉性的公职，参与过一些政治活动，并时时就一些公众关心的政治问题发表意见；但终于"身衣学术的华衮，粹然成为儒宗"，而且"退居于宁静的学者，用自己手造的和别人所制造的墙，和时代隔绝了"（鲁迅《关于章太炎先生二三事》）。

在这 20 年间，章太炎仍然和不少报刊保持密切联系。其中，既有时事政治性的综合报刊，也有纯学术性的期刊。属于前者的，可以举出《申报》《新闻报》《时报》《时事新报》《中华新报》《民国日报》《顺天时报》《大公报》《益世报》《苏州明报》《庸言》《甲寅》《醒狮》《大中华》等近 20 种。章太炎在这些报刊上发表了不少政论文章和表态性的通电和文告。中年就国内政局发表的一些意见，晚年就支持抗日问题和学生爱国运动问题发表的一些谈话和文电，就大多是在上述这些报刊上发表的。其中，尤以发表在《申报》《时报》和《中华新报》等这几家报纸上的为最多。仅《申报》一家，就发表了 127 篇。属于后者的，可以举出《雅言》《国故》《国学丛编》《华国月刊》《国学厄林》《国学论衡》《国学商兑》《越风》《制言》等 40 多种。内容大多为论述经学小学等学术方面的文章和演讲稿。其中以发表在《雅言》《制言》《华国月刊》这三家刊物上的为最多。仅《制言》一家，就发表了 157 篇，因为他是这家刊物的主编。这是一家在他晚年长期居住的苏州出版的刊物，也是他一生中主办的最后一家刊物。

这一阶段是章太炎和中国近代报业发生密切联系的最后一个阶段。在这一阶段内，章太炎出于政治上的宗派情绪，和对某些人的偏执看法，发表过不少攻讦过当的文字，也受别人利用，"参与投壶，接受馈赠"，写过一些谀墓的文章。这些，正如后人所说，"不过白圭之玷，并非晚节不终"（见前引鲁迅文），是可以谅解的。最后几年所写的要求团结御侮的文电，使他早年的爱国情结再现光辉，立比高节，尤足矜式。

有学问的革命家

一、章太炎的新闻思想

章太炎在参加办报活动和为报刊撰稿的过程中，逐渐地形成了自己的新闻思想。他的新闻思想，涉及的方面很广，主要集中在以下四点。

（一）报刊要为当前的政治服务

对创办报刊的目的，章太炎各时期的提法是不一样的，但有一点相同，即必须为当前的政治服务。

戊戌维新时期，章太炎提出的办报目的主要是开民智和开风气。1896年《时务报》初创的时候，他在给汪康年的信中，就建议这家维新派的机关报，应该"驰骋百家，掎摭子史，旁及西史，近在百年，引古鉴今，推见至隐"。并论证说"证今则不为卮言，陈古则不触时忌"①。他在为译书公会办《译书公会报》的时候，提出的办报宗旨为"开民智，广见闻"，因此规定其内容以"广译东西切用书籍报章为主"（见《译书公会报》第一期《启事》）。他在筹办《正学报》的时候，也提出这份报纸必须以"选译东西各报为主"，以便"使孤陋者不囿于见闻以阻新政，而颖异之士，亦由是可以无遁于邪也"②。其目的都是广开民智广开风气，为维新运动的发展，扫除障碍，作思想上的准备。

辛亥革命时期，章太炎提出的办报目的是"为民斗杓，以起征胡之铙吹"，和"相我子孙，宣扬国光，昭彻民听，俾我四百兆昆弟，同心勠力，以底虏酋爱新觉罗氏之命。扫除腥羶，建立民国"（见章太炎《民报一周年纪念辞》，原刊《民报》第10期82页）。其目的是为反清革命作舆论上的准备。

南京临时政府成立以后，章太炎提出的办报目的是"上通国政，旁达民情"（见章太炎《敬告同职业者》，刊1912年1月7日《大共和日报》，和"（附设言论机关）扶助共和政府之完全成立，而保亚洲和平之大局"（见章太炎所撰《中华民国联合会启》，刊1911年11月20日《时报》）。

所有这些，都表明办报的目的，是为当时的政治服务。

（二）人民应享有言论出版自由

这是民主革命者在和封建统治作斗争时首先提出来的进步观

---

① 章太炎：《章太炎政论选集》，中华书局1977年版，第3—4页。

② 章太炎：《章太炎政论选集》，中华书局1977年版，第58页。

点。章太炎是这一进步观点的服膺者，也是维护这一神圣权利的勇猛的斗士。

早在少年时代，他就对封建专制统治者的禁锢言论深为不满。此后，在他的一生中，对那些因为触犯言禁而遭到迫害的牺牲者，始终十分同情，并尽可能地给予支持和声援。1903年，当他在狱中得到报馆主笔沈荩因发表了不利于当局的报道，被清廷杖杀的消息之后，立即写了《狱中闻沈禹希见杀》一诗，以示哀悼。诗云："不见沈生久，江湖知隐沦。萧萧悲壮士，今在易京门。魑魅羞争焰，文章总断魂。中阴当待我，南北几新坟。"[1]比沈为"壮士"，引为同道。1926年，当他听说杭州一家报纸的主笔许祖谦因言论遭到地方当局的逮捕时，立即致电五省联军总司令孙传芳，要求释放。1934年，当《申报》主人史量才因言论主张触怒当道被特务暗杀时，他亲自为史撰写墓志铭，慨叹"清议之权，自匹夫尸之，常足以贾祸"，并对史的因清议而"竟为人阻隘而死"，表示愤怒。

在新闻工作的实践中，章太炎也是对言论出版自由多方限制的坚决抗争者。在这方面，他有过三次蜚声于世的抗争活动。

第一次是在"苏报案"审讯过程中。他在法庭上，临危不怯，侃侃而谈，"不知所谓圣讳"，并在狱中撰写文章，勉励战友，怒斥顽敌。

第二次是在《民报》被禁事件的审讯过程中。他在法庭上和

---

① 章太炎：《章太炎诗文选注》，上海人民出版社1976年版，第38页。

日方的警视厅长展开了如下的激烈辩论："我语裁判长，我言革命，我革中国之命，非革贵国之命。我之文字，即鼓动人，即煽惑人，煽惑中国人，非煽惑日本人，鼓动中国人，非鼓动日本人，于贵国之秩序何与？于贵国之治安何与？厅长无言。我语裁判长，言论自由，出版自由，文明国法律皆然，贵国亦然，我何罪？厅长无言。我语裁判长，我言革命，我本国不讳言革命，汤武革命，应天顺人，中国圣人之言也。故中国法律，造反有罪，革命无罪，我何罪？厅长无言。"[1]不仅有理有据，而且从气势上压倒了对方，真是掷地有声，精彩绝伦。

第三次是在1912年3月南京临时政府内务部分发了《民国暂行报律》之后。他立即在《大共和日报》上发表了题为《却还内务部所定报律议》的社论，反对在建国伊始，就对报刊出版事业诸多限制，并从法理上对这一暂行报律进行了驳斥，表示"绝不承认"。结果是孙中山从善如流，以大总统的名义予以撤销。

这些抗争活动，表明章太炎不愧为鼓吹和坚持言论出版自由的健者。

（三）报刊应对政府进行必要的舆论监督

早在辛亥革命以前，章太炎就曾经在《民报》上发表的《代议然否论》一文中，提出应开放言禁，使"通达历史、周知民间利病之士"得以利用报刊对政府进行必要的监督的主张。当时，全国都在清朝专制政府的严密控制之下，这种主张，无从实现。

---

[1] 汤志钧：《章太炎年谱长编》，中华书局1979年版，第288页。

有学问的革命家 /

民国成立以后，孙中山的民权主义思想受到重视，成为立国之本，在新形势下，章太炎又在很多场合，重申了他的上述主张。1912 年 1 月，他在为《大共和日报》所写的《发刊辞》中率先指出："风听胪言，高位之所有事；直言无忌，国民之所自靖。日报刊发，大义在兹。箴当世之痛疚，谋未来之缮卫，能为诤友，不能为佞人也（见 1912 年 1 月 4 日《大共和日报》）。"以此表示了利用"日报"进行舆论监督的强烈愿望。1913 年宋案发生后，他又从北京致电该报，要求对此案"认真监督，无任委蛇"（见 1913 年 3 月 26 日《民立报》）。同时致电上海《神州日报》负责人汪德渊称："君为报界最公正人，果属佞臣主使，君乌可以无言（同上）。"要求他履行舆论监督的职责。可见他对舆论监督的期望值还是很高的。

遗憾的是，在他的有生之年，他的这一主张，并没有得到很好的实现。

（四）报刊从业人员应该信守职业道德

这也是他的一贯主张。对报业从业者违反职业道德的行为，他自始就深恶痛绝。早在 1898 年筹办《正学报》的时候，他就曾对当时个别报纸的"蜚语中人，荧惑观听"表示不满。民国以后，他对报界的不正之风，进行过多次批评。曾批评当时北京的报纸"以嫉妒之心，奋诬污之笔""白黑混淆，难为辨别""信口造谣，甚于齐谐志怪"（见章太炎《致报界俱进会书》，刊 1912 年 6 月 2 日《大共和日报》）和"情在爱憎，而志相倾陷"（见章太炎《新纪元报发刊辞》，刊 1912 年 4 月 22 日该报），批评沪鄂两地报刊，"所录多非实情"（见《章太炎宣言》，刊 1913 年 5 月 21 日《时报》）。他要求报纸"无故无新，不偏不倚，立言敷论，平允正当，无一毫偏狭之见容于其间"（见 1912 年 6 月 15 日《天铎报》所刊《大共和日报广告》）和"据实著录，勿尚假托"（见《章太炎宣言》，刊 1913 年 5 月 25 日《时报》），要求记者"不侮鳏寡，不畏强御"（见前引《致报界俱进会书》）和"事不可诬，论不可宕，近妇言者不可听，长乱略者不可从，毋以法理虚言而蔽事实，毋以众情踊动而失鉴裁"（见章太炎撰《新纪元报发刊辞》，刊 1912 年 4 月 22 日该报）。他还和报界同人相约实行自律，凡涉及以下 5 方面的稿件，"均削而不登"："（1）非关于公害公安而攻击个人者；（2）不具名者；（3）无真确之政见，为私人图名誉发空论者；（4）行政官寻人由报馆代转者；（5）立言过激，妨害治安者（见 1912 年 3 月 29 日《大共和日报特别启事》）。"这些都涉及报纸必须公正客观，新闻必须真实等属于新闻工作者职业道德的问题，说明章太炎很早就关注这方面的问题，是致力于建立新闻道德规范的先行者。

章太炎的以上新闻思想，和他的政治观点比较起来，具有更强的民主主义色彩，并且明显地接受了西方新闻学观点的影响。

二、章太炎政论文章的特点

作为报刊政论作家，章太炎第一次在报刊上发表文章，就受到了侪辈的重视。谭嗣同在看到章太炎给《时务报》写的《论亚洲宜自为唇齿》一文后，立即写信给汪康年，说："贵馆添聘章枚叔先生，读其文，真巨子也。"[1] 并在另一封信中，比之为司马相如。黄遵宪也在写给汪康年的信中，称赞章在《时务报》上发表的文章"雄丽""惊警"，"大张吾军，使人增气"[2]。

章太炎对自己在报刊上所发表的政论文章，也很自负。1908年在日本法庭上回答法官的问话时，曾说过"我的文章海内第一"（转引自徐平《革命报人别记》）。对晚清以来的政论家们的文章，他很少看得上眼。他批评龚自珍的文章"侧媚""淫丽""佻达无骨体"（见《民报》第十期《说林》）；批评魏源的文章"支离自陷""乱越无条理"（见《訄书》·清儒第十二）；批评谭嗣同的文章"喜用雕琢，掠而失粹"（见《与邓实书》，刊（太炎文录）初编，卷二）；批评严复的文章"申夭之态，回复之词，载飞载鸣，情状可见，盖俯仰于桐城之道左，而未能趋其庭庑者也"（《社会通诠商兑》，转引自许寿裳《亡友鲁迅印象记》）；批评吴敬恒的文章"苦块昏迷，语无伦次"。稍稍看得起的只有一个王闿运，说他"文能尽雅"。对唐、宋以来的政论家，他看得上的也不多。唐宋八大家中，除柳宗元外，他没有说过什么好话。他比较欣赏的是先秦、两汉的文章，也确实从中得到过不少借鉴。春秋的谨严，左氏的浮夸，孟子的纵横捭阖，庄子的汪洋恣肆，墨子的论证严密，司马相如的铺扬张厉，贾谊的犀利雄

---

① 谭嗣同：《谭嗣同全集》，生活·读书·新知三联书店 1954 年版，第 371 页。

② 汤志钧：《章太炎年谱长编》，中华书局 1979 年版，第 288 页。

健，都可以在他的文章中找到一点影子，看出他的师承和源流。

和同时期的几位大家比较起来，章太炎的政论文章，辩才不如梁启超，而切实过之；深湛不如王国维，而条畅过之。他的文章的突出之处，主要表现在以下几个方面。

首先，是气势磅礴，感情充沛。这两者是相互联系相辅相成的。文章气势的旺盛与否，主要取决于作者对所论述的主题，是否有深切的感受和饱满的感情，即所谓的情动而辞发，气盛而言宣。章太炎的政论文章，就都是既有情又极富气势的。他的《解辫发说》和《驳康有为政见书》，就是这方面的代表作。前一篇文章在《中国日报》刊出时，这家报纸的编者，就在编者按语中盛赞它"霹雳半天，壮者失色，长枪大戟，一往无前"，认为"有清以来，士气之壮，文字之痛，当推此次为第一"。[①] 他的《驳康有为政见书》在《苏报》上发表后，其中的"载湉小丑，未辨菽麦"，及"公理之未明，即以革命明之，旧俗之俱在，即以革命去之。革命非天雄大黄之猛剂，而实补泻兼备之良药"等既有气势又富热情的名句，立即传诵人口，真是"所向披靡，令人神往"（见前引鲁迅《关于太炎先生二三事》）。

其次，是论据充足，条理缜密，善于旁征博引，善于利用中外古今浩如烟海的历史、文化、语言、文字、哲学、法律等方面典籍，来为自己的观点进行论证。例如，在《论承用维新二字之荒谬》一文中，为了论证"维新"二字之不可取，他就从《大

① 方汉奇：《中国近代报刊史》，山西人民出版社 1981 年版，第 162 页。

有学问的革命家 /

雅》和《古文尚书》中找到了不少论据。在《排满平议》一文中，为了论证"排满"的合理，他就从《山海经》《尚书》《史记》《淮南子》《水经》《汉书》等十几种书中，征引了十几条论据。章太炎是以"支那闳硕壮美之学"的传人自居的，他有深厚的国学基础，十三经、史传、诸子、说文这些书，他21岁以前就"读之殆遍"，古代的典籍中，光是杜佑的那部篇幅在200卷以上的《通典》，他就"循诵凡七八过"，对中国古代的文史典故，他烂熟于胸。西方哲学社会科学方面的著作，他也颇有涉猎，他的文章中提到的西方哲学家的名字，在侪辈中也是最多的。这些，加上他娴熟之极的驾驭旧语言的本领，言必有证，文辞渊雅，使得他的政论文章，具有一定的理论学术色彩，对和他论战的对手，具有一定的震慑的作用。

再次，是善于运用道德的力量，使自己的文章充满了沛乎塞沧溟的浩然之气。"斥井蛙，安足知鲲鹏之志哉！去矣，新闻记者！浊醪夕引，素琴晨张，郁青霞之奇意，入修夜之不旸。天命方新，来复不远，请看五十年后，铜像巍巍立于云表者，为我为尔，坐以待之，无多聒聒也（《狱中答新闻报》）。"这是对反对革命的新闻界人士的批判。"外作疏狂，内贪名势，始求权籍，终慕虚荣"（《复吴敬恒书》）。这是对他所谴责的对手的批判。这些，都运用了道德批判的武器，贬抑了敌人，美化了自己，使读者受到感染，确信正义完全在他这一边。

此外，在善于抓住对方要害和破绽，善于以子之矛攻子之盾，善于针锋相对地立论等方面，章太炎的文章也是表现得十分突出的。

章太炎的政论文章在写作上的主要缺点，是过于渊雅古茂，过于追求中国古代散文的那种朴拙状态，以及好用冷僻字。这就在很大程度上制约了他的政论文章的流通，和它们的社会影响。也正因为这样，章太炎的政论文风，及身而绝，很少传人。及门弟子中，写过政论的只有一个黄侃，但留下的作品也不多，传诵一时的只有刊于《大江报》上的那篇《大乱者，救中国之妙药也》。在这方面，章太炎就远远不如他曾经讥讽过的，"有一字入史焉？"的梁启超了。

章太炎是一个精通经学小学等国学的大学问家，也是一个杰出的政治活动家、报刊活动家和报刊政论作家。他在"辛亥革命"前后所进行的办报活动，以及写下的大量报刊政论文章，充满了活力和战斗的激情，是他一生当中最有光彩的文字，也是他一生最大的业绩所在。在中国近代报业史上，章太炎占有极其重要的地位。他在这一领域的贡献，是应该受到高度的重视和给予充分的评价的。

大公报的品格与贡献*

一、大公报的特点

　　《大公报》创刊于 1902 年 6 月 17 日，到 2002 年的 6 月 17 日，已经出满了整整 100 年。这 100 年，是全世界惊涛骇浪变化多端的 100 年，也是中华民族历尽艰辛，摆脱屈辱和贫困，寻求发展和振兴道路的 100 年。在这个极不寻常的 100 年中，《大公报》经历了从晚清到中华人民共和国的各个历史时期。几番浮沉，数易其主，却始终站在时代的前沿，由僻处华北一隅的报纸，逐渐发展成为全国性的大报。在刚刚过去的这 100 年间，它传播信息，主导舆论，臧否时事，月旦人物，像百科全书一样记

---

　*　本文及《为大公报正名》选自武汉大学媒体发展研究中心《中国媒体发展研究报告》2002 年卷。2000 年为纪念《大公报》创刊 98 周年，笔者写过一篇 3000 字左右的短文，题为《大公报的历史地位》。基于这篇文章，笔者重新撰写，篇幅为前文的五倍，题目另定为《再论大公报的历史地位》。

录了世纪的风雨，记录了民族的苦难，记录了中国政治经济文化的发展，也积极地维护着国家和民族的利益，呼唤和期待着中华的振兴。它是中国历史上除了古代的封建官报以外，出版时间最长的报纸，也是中国新闻史和全球华文传媒史上唯一的拥有百岁高龄的报纸。

在中国的报坛上，《大公报》具有崇高的声望，在各个历史时期都产生过重大的影响，是中国新闻界的重镇。1919 年巴黎和会时期派往法国采访和会消息的唯一一名来自中国的记者，中苏建交后第一个奉派到苏采访苏联建设情况的中国记者，红军长征到达陕北后第一个深入边区发表系列通讯报道有关情况的内地记者，都是《大公报》的记者。第二次世界大战期间，自始至终派有记者长驻欧洲报道各方面情况的中国报纸，只有《大公报》一家。在波茨坦会议的现场，在东京湾的密苏里号战舰上举行的日本签字投降仪式的现场，在纽伦堡审判纳粹战犯的现场，都有《大公报》的记者在场。改革开放以后，第一家向香港同胞报道邓小平南方谈话的，也是《大公报》。1991 年正式出版的《中国大百科全书》(新闻出版卷) 不仅为《大公报》设了专门的词条，还为英敛之、张季鸾、胡政之、王芸生、范长江等 12 位《大公报》人设了专门的人物词条。近代以来，中国涌现过数以千计的著名新闻工作者，有幸作为人物词条入选这部国家级百科全书的只有 108人，《大公报》竟占了其中的九分之一，可见其受重视之一斑。

《大公报》之所以如此受重视，是因为它有较高的品位和质量。从英敛之时代起，《大公报》就是一份由知识分子中的精英主办的报纸。吴鼎昌、张季鸾、胡政之等人接办以后，更时刻以文人论政为标榜。文人论政是中国士大夫知识分子的一个好的传统。从两汉宋代的太学生，明代的东林党，清代讲求师夷长技以制夷和经世致用之学的魏源、薛福成、冯桂芬，到戊戌维新前后从事办报活动的王韬、康有为、梁启超等人，都无不以文人论政为标榜。所谓的文人论政，其出发点是文章报国，是知识分子对国家兴亡的关注，以及他们的以天下为己任的襟怀和抱负。在封建社会时期，这种论政难免有忠君的思想，但也会有扶正祛邪，反对奸佞，固本富国，与民休息等内容，代表的是封建社会中的健康的力量。到了后封建社会时期，这种论政既有浓厚的资产阶级民族主义的思想，也有一定的资产阶级民主主义的思想，既希望政治清明，国家富强，也要求当政者广开言路，俯顺舆情，同样具有一定的积极意义。《大公报》的文人论政主要属于后者。一个以文人论政为标榜的报纸，自然会爱惜自己的声誉，摒弃低级趣味，重视社会效益，注意报纸的品位和质量。

《大公报》之所以受重视，还因为它是一个重视报格，严于律己的正派的报纸。《大公报》名称中的"大"和"公"两个字，就是这种报格的具体体现。英敛之对这两个字的解释是"忘己之为大，无私之为公"，并以此作为办报的宗旨。这一宗旨，始终为各时期的《大公报》事业的继承者所服膺，薪火相传，坚持不懈。新记公司接办《大公报》后，又由张季鸾出面，提出了著名的"不党，不卖，不私，不盲"简称"四不"的社训。据张季鸾自己的解释，所谓"不党"，指的是"纯以公民之地位，发表意见，此外无成见，无背景。其行为利于国者，拥护之；其害国者纠弹之"。所谓"不卖"，指的是"不以言论做交易，不受一切带有政治性质之金钱补助，且不接受政治方面入股投资"。所谓"不私"，指的是办报人"除愿忠于报纸固有之职务外，并无他图"，和"愿向全国开放，使为公众喉舌"。所谓"不盲"，指的是不"随声附和"，不"评诋激烈，昧于事实"。此后不久，为约束报社工作者的行动，他还提出了以下四点作为补充，即："不锦上添花，不落井下石，不与人共利害，不参与别人的秘密"。

不论旧的"四不"和新的"四不"，都是一个负责任的报纸的严格的自律行动。应该指出的有两点：

第一，这些提法都是有针对性的。如所谓"不党"，从广义来说，就是孔子在《论语·述而》篇中所说的"君子不党"的那个"不党"。意思是坚持不结党营私和无所偏倚，能够站在比较超脱的立场上为老百姓说话。从狭义来说，则是对民国初年以来，一些报纸投靠国会中的某一个党团，或封建军阀中的某一个派系，靠津贴过日子，党同伐异，盲目吹捧，信口胡诌，造谣生事等种种行为的鄙夷和抵制。

第二，他们确实是在身体力行的。同样以"不党"为例，在张季鸾等人主持时期，《大公报》始终是一个无党派的报纸。他们不仅自己不参加党派，也不允许报社内的工作人员参加任何党派，连参加一般的社会团体也在禁止之列。天津版外勤课主任汪松年曾一度被当地基督教青年会拉去担任征集新会员的征友队队长，胡政之知道后立即让他辞掉，就是明显的一例。

为了坚持以上的办报原则，《大公报》曾经多次被查禁而其志不改。这些，都说明《大公报》确实是一家有强烈社会责任感的正派的报纸。

正因为如此，《大公报》从一创刊起，就受到了社会的瞩目和尊重，得到了读者的认同和欢迎。这家报纸后来能够得到世界新闻界的承认和国际新闻学界的关注，被授予"最佳新闻事业服务奖"，影响由国内及于国外，成为中国新闻史上唯一获得国际荣誉的报纸，也和它的上述特点不无关系。

二、大公报的爱国传统

周恩来1958年在和当时《大公报》的负责人费彝民谈到这家报纸的历史贡献时，曾经肯定了三点。其中的第一、二点就是"它是爱国的"，和"它是坚持抗日的"。这两点其实是一致的。在抗日战争时期，"坚持抗日"就是"爱国"的具体表现。检阅100年来《大公报》的言论主张，有一点可以肯定，即爱国思想始终是贯穿其中的一条主线。不论是英敛之时期，还是英敛之以后的各个时期，《大公报》的忧国忧民之心和强烈的爱国思想，都表现得十分突出。

《大公报》的创办人英敛之是满族人，和清代皇族还有一定的姻亲关系，而且是虔诚的天主教徒，但这些都不妨碍他是一个真正的爱国者。他之所以要创办《大公报》这份报纸，也许有众多考虑，但企图以言论振兴中华，无疑是其中最主要的一条。他支持维新变法，要求慈禧太后撤帘归政，要求发展经济，整顿吏治，这些都是他爱国的具体表现。他最初爱的也许只是"大清国"，因此力图维护封建的君主专制制度，反对以暴力手段推翻爱新觉罗王朝，这是他的局限。但当时的"大清国"，是以汉满蒙回藏为首的众多民族和四万万同胞爱国思想的共同载体。在鼎革以前，爱大清就是爱自己的国家。两者之间并无矛盾。只要是真正的爱国者，其爱国的感情是不会因为政治体制的改变和政权的更迭而有所轩轻的。英敛之就是这样的一个爱国者。在他的主持下，不论是在清末的那段时期，还是民国初年的那段时期，《大公报》的言论中都始终洋溢着爱国的感情。1903 年，它反对沙俄军队强据我辽东半岛和觊觎我东北地区的筑路权；1904 年，它强烈谴责英属南非当局虐待我华工；1905 年，它积极参加由反美华工禁约引起的全国性的抵制美货运动，成为天津地区抵制美货运动的主要舆论阵地。1915 年日本当局强迫中国接受不平等的《二十一条》，它是坚决反对的。此后不久，段祺瑞内阁以出卖主权为代价发动的满蒙五路对日借款，它也是坚决反对的。这些都是这一时期《大公报》爱国思想的具体表现。

英敛之退出《大公报》以后，这家报纸一度为亲段的安福系财阀所控制。但在负责编辑和采访工作的总编辑胡政之的具体主持下，这家报纸仍然对帝国主义列强对中国领土主权的侵犯，表示了强烈的愤慨，对中国代表在巴黎和会中与帝国主义进行的损害中国利益的活动所进行的抗争，作了及时的报道，对五四反帝爱国运动，表示了坚定的支持。

在吴张胡主持的新记公司时期,《大公报》的爱国思想主要表现在它的坚决的毫不动摇的抗日的态度上。吴鼎昌、张季鸾、胡政之三个人都是留日学生,继张季鸾主持笔政的王芸生虽然没有留日的经历,但对日本自明治维新以来对中国觊觎和侵略的历史,作过深入的研究,发表过数以百万字计的有关中日交涉历史的专著。他们都是对日本情况十分了解的爱国知识分子。出于对敌我力量对比的估计和对形势的分析,他们曾经有过"不轻于主战"和"缓抗"的主张。这些都属于对抗日时机和策略把握上的考虑。七七事变爆发,日本发动的全面侵华战争打响后,他们都义无反顾地立即成为"百折不挠的主战派",公开主张"和日阀撕拼""打到使日本服输认错,悔过自拔""变更国策,放弃侵略""不胜不止"(见胡政之为李纯青《日本春秋》一书所作的序)。

在整个抗日战争时期,《大公报》抗战到底的态度始终十分坚决,言论中没有一个字对抗战的前景发生动摇。1937 年 12 月 13 日,占领上海的日军新闻检查机关发布通令,要求在租界出版的所有报纸自 12 月 15 日起将新闻小样送检。《大公报》上海版于先一天断然停刊,以示抵制。并发表社论称:"我们是中国人,办的是中国报,一不投降,二不受辱。"还说,"我们是中华子孙,服膺祖宗的明训,我们的报及我们的人义不受辱。"1941 年太平洋战争爆发,《大公报》香港版被迫停刊。胡政之在社论中引文天祥"人生自古谁无死,留取丹心照汗青"的诗句以言志,并表示"我们吃下砒霜,毒死老虎,以报国仇"。悲壮爱国之情，溢于言表。1944年日军发动湘桂黔战役，桂林沦陷，日寇直逼贵州的独山，《大公报》又多次发表社论，对国民党当局的消极抗日，和"以空间换时间"的说法，表示了不满。并要求惩治御敌不力的将领。在整个抗日战争时期，《大公报》为了共赴国难，曾经五次搬迁，津、沪、汉、港、桂等馆的资财设备，全部委弃，荡然无存。工作人员则和难民们一起，辗转道路，流离失所，历尽艰险，逃回后方。没有在敌人统治下办过一天报。重庆版虽然相对稳定，但也曾遭到过敌机毁灭性的轰炸，被迫迁址重建。一家无权无勇没有得到过当局任何资助的民办报纸，完全依靠自己的力量，能够如此坚定地毁报纾难，如此执着地在物质条件十分匮乏的情况下，坚持出报，克尽言责，为振奋抗日精神和夺取抗日战争的胜利作舆论上的鼓吹，是十分难能可贵的。

毛泽东在张季鸾逝世后发给《大公报》的唁电中，曾经称赞张"坚持团结抗战，功在国家"。这既是对张个人抗日言行的肯定，也是对《大公报》整个报纸的抗日爱国思想的肯定。抗日战争时期的《大公报》之所以受到它的读者，特别是那些有强烈民族意识和民族良心的知识分子的喜爱和支持，和它的爱国宣传、和它在激发全国人民的爱国热情、促进全国上下团结抗日等方面所起到的舆论推动作用，是分不开的。

1948年复刊的《大公报》香港版，在20世纪的后半叶，继承了英敛之时期以来的《大公报》的爱国的传统。使《大公报》爱国思想的这条主线，一直贯彻延续到今天。在香港和海内外读者的心目中，《大公报》始终是一份深受尊重和喜爱的爱国报纸。

三、大公报的人才培养

周恩来对《大公报》的历史贡献特别肯定的还有一点，就是它为中国的新闻事业"培养了很多人才"。这一点说得非常中肯。《大公报》是中国新闻史上群英荟萃的一家报纸。它不仅集聚了一大批杰出的新闻工作者，也培养和锻炼了一大批杰出的新闻工作人才。

《大公报》之注重人才，是有传统的。英敛之筹办《大公报》之初，首先考虑的就是人才。为了组织好办报的班子，他曾多次到报纸较多、人才较为集中的上海，为即将创刊的这家报纸物色掌门人，一度考虑把曾任《时务报》和《昌言报》主持人的汪康年，请来当主笔。这是当时中国新闻界极负声望赫赫有名的人物。只是双方的条件没有谈妥，才作罢。继英敛之之后接办《大公报》的王那隆，也继承了这一传统。他的至关重要的一步棋，就是抓住了胡政之。失去了胡政之这个人才，他的报纸也就难乎为继了。

吴鼎昌、张季鸾、胡政之合组的新记公司成立后，不仅注意延揽人才，也十分注意培养自己的人才。在他们主持的时期，《大公报》群星璀璨，熠熠生辉，可以称得上是这家报纸人才辈出的鼎盛时期。

首先，这三个人，特别是其中的张季鸾、胡政之两个人，本身就是中国新闻界的杰出人才。张季鸾从晚清起就开始办报，民国成立后的第一条新闻专电，就是他为临时大总统孙中山当秘书的时候，从南京发给上海各报的。此后，他为多家报纸担任过主笔，写得一手好文章，曾经以文字贾祸，两入牢狱。担任《大公报》总编辑后，他"处处忙人事，时时念国仇"，潇洒，儒雅，宽厚，大度，才思敏捷，举重若轻，是富有民族感情的一代报人。他的文章风格，成为《大公报》的代表，不仅影响了他的侪辈和他的后继者，也风靡了他所在的那一时代的知识分子。周恩来总理在他逝世后给家属的唁电中，尊他为"文坛巨擘，报界宗师"，毛泽东也曾经在和新中国的新闻工作者们的谈话中，称赞他作为一家报纸的总编辑，指挥若定游刃有余的风度和才华。可见受推崇之一斑。胡政之则是一个新闻事业的全才和新闻工作的多面手。作为一个杰出的记者，他参加过多次重大战役的采访，有很强的新闻敏感，善于发现线索，捕捉战机，分析判断也很准确。作为一个熟练的编辑工作者，他对报纸编辑工作的各个环节都十分在行。各版新闻的编辑调度，各种栏目的组织策划，他都优为之。作为一个杰出的报刊政论家，他有很好的文史根底，笔力雄健，意简言赅。所写社论，因为不署名，和张季鸾的几乎难以分辨。担任《大公报》总经理后，工作重点转到报纸的印刷、发行、广告、营销等方面，又充分地显示了他在经营管理方面的才干。《大公报》的好几个版，特别是目前还在出版的香港版，都是在他的指挥擘画下创办起来的。其对《大公报》的贡献，以及在中国新闻界的影响，并不下于张季鸾。

其次，他们也十分注意延揽吸纳和培养人才。继张季鸾之后主持《大公报》笔政，写得一手激情洋溢的好文章的王芸生，就是在和张季鸾打了一个时期的文字交道之后,被后者延揽到《大公报》来的。当时他是天津《商报》的总编辑。继王芸生之后被延揽进《大公报》的,还有原任天津《庸报》总编辑的张琴南,原任北平《晨报》编辑的许君远,原任法国哈瓦斯通讯社记者的费彝民,和原任燕京大学新闻系助教的蒋荫恩,以及原任北大助教的张佛泉。这些人后来都成为《大公报》的方面大员和骨干力量。除了从同业中延揽人才外,他们也注意从社会上其他行业的工作人员中,和刚毕业的青年学生中,挑选可造之才,以练习生的名义,录取下来,加以培养。

张、胡两人都很讲究用人之道。他们的用人之道,归结起来有以下几点。一是不拘一格。王芸生出身茶叶铺学徒,没有多高的学历,陈纪滢出身邮局职员,没有多少新闻工作的经历,一旦被发现是人才,就都立即委以重任。二是不养圣(剩)人贤(闲)人。用人求精不求多,不称职的,立即解聘。三是不熬年头,不论资排辈。只要干得出色,就立即破格擢升。如徐铸成入社才 3 年,就由练习记者提拔为驻汉口的正式记者兼办事处主任。月薪也由 30 元猛增至 150 元,外加车马费 50 元。梁厚甫初当翻译时,月薪才 60 元,因为突击翻译希特勒的一篇演讲稿,任务完成得好,张季鸾立即下条子,把他的月薪调到 100 元。四是注意保护人才。文章或报道出了问题,当局者怪罪了下来,胡政之一律以"他是我们的人,文章在我们报纸刊载,一概由我负责"抵挡过去,主动承担责任。既避免了让第一线的人受到伤害,因而缩手缩脚,也使被保护者心生感激,更加发奋工作。五是注意教育和培养。每一个新手，都给他们提供条件和机会，在发挥他们的个人专长之余，要求他们能够掌握"写""跑""照""论"等各方面的技能，兼通经理、编辑两部门的业务，成为新闻事业的各方面的行家里手。这些用人之道，既有助于人才的成长，也增加了团体的凝聚力，使《大公报》始终拥有一支精干的团结的有着很强战斗力的队伍。

在张胡等人的提携和培养下，《大公报》为中国新闻界造就了一大批人才。仅列名《中国新闻年鉴》"中国新闻界名人简介"栏的，除吴、张、胡三人和前引的王芸生、张琴南、许君远、费彝民、徐铸成、梁厚甫、张佛泉等人外，还有曹谷冰、金诚夫、李子宽、杜协民、汪松年、孔昭恺、何毓昌、杨历樵、赵恩源、李天织、马季廉、王文彬、张警吾、萧乾、艾秀峰、范长江、杨刚、孟秋江、李侠文、李纯青、徐盈、彭子冈、朱启平、曾敏之、谭文瑞、陆诒、唐振常、季崇威、吕德润、张高峰、严仁颖、李光诒、潘际垌、陈凡、黄克夫、马季良（唐纳）、陈文统（梁羽生）、查良镛（金庸）、严庆树（唐人）、高元礼、章丹枫、马廷栋、周雨、苏济生、王浩天、张契尼、戈衍棣、吴砚农、罗承勋、蒋逸霄、方蒙、左步青、沈春波、赵泽隆、寿充一、戴文葆、刘克林等60多人，他们都出于这一时期的《大公报》，都属于"国家级"的"新闻界名人"。这些人当中，有的是报业经营管理方面的专家，有的是经验老到的编辑能手，有的是著名的政论家和记者。其中的范长江、杨刚、萧乾、子冈、朱启平、吕德润等人，早在20世纪三四十年代就蜚声于世。范长江采访西北地区的系列通讯以《中国的西北角》为名结集出版后，曾经 7 次再版。朱启平 1945 年在东京湾密苏里号战舰日本签字投降仪式现场采写的著名通讯《落日》和 1979 年访问西欧四国时在戴高乐墓前采写的著名通讯《伟大的平凡》，都传诵一时，并被选入大学新闻系的教材，成为中国新闻史上的经典性的名篇。

经过《大公报》提携和培养的上述人才中，有一些人不仅为《大公报》做出了贡献，离开《大公报》以后，在新闻界和其他领域仍然表现出色，不断做出新的贡献。徐铸成接办了《文汇报》，并长期担任该报的领导工作，晚年著述等身，成为著名的老报人；许君远接任了重庆《益世报》的主笔，成为深受推崇的办报能手；范长江创办了著名的中国青年记者学会，新中国成立后主持过《人民日报》和新华社的工作，后来又负责科委的工作，成为国家科技发展规划管理部门的领导人；蒋荫恩担任了燕京大学新闻系的主任和中国人民大学新闻系的副系主任，成为著名的新闻教育家；梁厚甫长期为海外华文传媒撰写评论，成为著名的国际问题评论家；金庸长期在香港报刊上撰写连载小说，又长期主持香港著名报纸《明报》的笔政，成为著名的武侠小说家和报刊活动家；杨刚担任了周恩来总理办公室的主任秘书，成为周总理处理国内外大事的重要助手；刘克林参加了中宣部的工作，文字铿锵激昂，成为"九评"写作班子的主要执笔人之一；唐振常潜心于史学研究，成为著名的历史学家；萧乾晚年致力于翻译工作，成了著名的翻译家，并荣任中央文史馆馆长。他们的这些成就，固然由于个人的努力，但也与他们在《大公报》的工作经历，和《大公报》对他们的教育和熏陶，有着一定的关系。他们是《大公报》培养出来的人才，也是《大公报》输送给其他报纸和其他行业的人才。

经过《大公报》教育和培养出来的新闻工作者，除了精湛的专业知识和很强的业务能力之外，一般都还具有强烈的事业心和高度的敬业精神。"一笔在手，胸中要有亿万人民，万不得已时，可以不写，不能打逛。到战场采访，工作第一，生命第二。"这是朱启平 1993 年逝世前说过的话。这不仅是他个人的信念，也是《大公报》培养出来的新闻工作者共同的心声。它所体现出来的那种敬业的精神，已经成为中国新闻工作者的共同追求和共同的精神财富。

四、《大公报》的办报经验

《大公报》对中国新闻事业的历史贡献，还表现在它为同时代的同业们和后来的新闻工作者们提供了丰富的办报经验。

英敛之创办《大公报》之初，这家报纸在天津人的心目中并无地位，发行数量也不高。由于他的努力，不到 5 年的工夫就使《大公报》成为天津地区举足轻重的大报。他自己也因而被推为当地报业公会的主席。吴、张、胡联合主持的新记公司成立后，这个报的发行量最初还不到 2000 份，每月亏损 4000 余元，一年后增至 6000 份，才闯出亏损关，取得收支平衡。此后，经过十多年的努力，它已由天津一个版，扩充为天津、上海、武汉、重

大公报的品格与贡献 /

庆、香港、桂林六个版，还得到过一次国际奖。抗日战争时期，它的重庆版曾经发行达 9.7 万份，创大后方一家报纸单独发行量的最高纪录。抗战结束后，它的上海、天津、重庆、香港 4 个版总发行量达 20 万份，总资产达到 60 多万美元。香港版还被当地《年鉴》推为"香港舆论的重镇"。这些都说明，它是中国新闻史上办得非常成功的一家报纸。

《大公报》之所以办得非常成功，并受到读者的欢迎，除了前述的人才济济和经营得当等方面的原因之外，还由于它在编排和内容上严肃认真，肯下工夫。

从版面的安排来看，《大公报》历来重视要闻版的编排。新闻力求真实准确。标题字斟句酌，很能抓住中外新闻的重点。头版头条标题的制作尤为精心，每天都能给读者以深刻印象。其他新闻的重轻次序，也安排得比较妥当。

从内容看，《大公报》的社评、星期评论、新闻通讯、副刊都极具特色，被称为当时新闻界的"四绝"。

首先，是社评。《大公报》既然以"文人论政"为标榜，代表报纸出来"论政"的"社评"，自然受到重视。新记公司以前的时期，通常都由报社主人和主持笔政的人亲自动手。英敛之、胡政之等，都曾为该报写过不少社评。新记公司接办初期，吴鼎昌、张季鸾、胡政之三人都把社评的写作看作当天报纸工作的头等大事。从题目到观点都经过共同商量，然后由其中一人动手，最后由担任总编辑的张季鸾定稿。吴鼎昌退出后，主要由张季鸾、胡政之两人执笔，以张写的居多。按照他们事先约定的"事业前进，个人后退"的原则，这些社评多不署名。这种做法，在张季鸾逝世后，曾经给编辑出版他的那部《季鸾文存》造成困难。因为三个人都接受过梁启超的影响，"笔锋常带感情"，文风非常接近。20世纪三四十年代前后，张季鸾进入晚年，体弱多病，继承他的衣钵，成为撰写《大公报》社评主力的是王芸生。王芸生深得张季鸾的真传，但也有自己的特点。他的社评写得有才气，有骨气，有锐气，激情洋溢，江河直泻，很能引人入胜。和王芸生同时期为《大公报》各版撰写社评的还有徐铸成、李纯青、李侠文、蒋荫恩等人，个个都是疾恶如仇满腹经纶的好手，使得《大公报》的社评，从内容到文字，始终保持着较高的水平，受到读者的重视和称赞。

其次，是星期论文。《大公报》开辟星期论文专栏起始于1934年1月，旨在为中国第一流的学者提供发表自己"评论"的园地。星期论文的内容不限于"论政"，也包括学者们有创获的学术研究成果。应邀为这个专栏撰稿的先后有胡适、丁文江、翁文灏、梁漱溟等名家，都是一时之选，极大地提高了《大公报》的文化内涵和知名度，成为《大公报》的一个名牌专栏。和星期论文相配合，《大公报》还有意识地开辟过一些供学者们发表学术文章的专栏。钱钟书的《休谟的哲学》《为什么人要穿衣》，费孝通的《重访英伦》《乡土重建》等不少有分量的鸿篇巨制，就都是在《大公报》所特辟的这些专栏上发表的。星期论文和这些学术专栏的出现，吸引了众多的知识分子读者，也提高了《大公报》的社会地位，扩大了它在知识分子中的影响。

　　再次，是新闻通讯。张、胡等《大公报》领导人都十分重视新闻报道。20世纪一二十年代以来的许多国内外的重大事件，包括张勋复辟、马厂誓师、巴黎和会、蒋冯阎大战、"九一八"事变、救国会"六君子"被捕，以及徐州会战、中原重灾等，一旦事发，《大公报》都立即派出记者到现场采访。许多采访活动，都出于张、胡的亲自指挥。"九一八"事变发生的当天晚上，胡政之接到张学良用暗语给他的电话通知后，立即派记者连夜搭车赴沈阳，第二天一早就赶到了现场。1933年蒋介石由江西北上处理张学良下野问题，张季鸾得知后，立即派出记者持他写给蒋身边的秘书长杨永泰的亲笔信，在定县火车站等候蒋的专列，闯进车厢，跟踪采访。同年，商办的新绥长途汽车首次客车将由绥远省城归绥（今呼和浩特）开往新疆省城迪化（今乌鲁木齐），这是当时最新最快的入疆路线和交通工具，张季鸾立即派记者随车同去，以便及时报道沿途运行情况，和盛世才统治下的新疆的有关情况。在新闻报道上，《大公报》不吝重金，不惜小费。为了萧乾去欧洲的采访活动能够成行，胡政之不惜出了双份的路费。第一份被萧不小心弄丢了，随即再补发一份。为了及时获得太平洋作战前线盟军军事进展的情况，《大公报》曾多次多渠道地派出随军记者。从各个不同的路线随盟军进驻日本，参加东京湾密苏里号战舰上的日本投降签字仪式的仅有的三个中国记者中，就有两个来自《大公报》。对于一些突发性新闻的报道，《大公报》主要利用专电；对一些持续时间较长的又需要有一定深度的报道，则主要利用新闻通讯。在张、胡等领导的新记公司时期，新闻通讯成为《大公报》的一大特色，不少系列报道某一时期、某一地区、某一重大战役或事件的新闻通讯，如曹谷冰采写的关于中苏建交后苏俄国内情况的系列通讯、陈纪滢采写的关于沦陷后的东北地区的有关情况的系列通讯、范长江采写的有关红军长征和红军到达陕北地区后的有关情况的系列通讯、萧乾采写的有关二次世界大战期间欧洲战局和战后国际关系问题的系列通讯、吕德润采写的随中国远征军入缅印地区作战情况的系列通讯和陈学昭的旅欧通讯、杨刚的旅美通讯等，都情文并茂，很有深度，给读者留下了深刻印象。刊载这类通讯的专栏，也成为《大公报》的又一名牌专栏，受到读者的欢迎。

最后，是副刊。从天津版起，《大公报》就十分注意副刊的编辑工作，沪港渝桂等版陆续创刊后，副刊尤其受到重视。在萧乾、杨刚等几位副刊主编的主持下，《大公报》的文艺副刊"小公园"发表过不少进步的文学作品，也发现和培养了一大批后来在中国现代文学史上有很高知名度的作家。陈白尘的著名的独幕剧《演不出的戏》、巴金的《"爱情的三部曲"作者的自白》、胡绳的《上海通俗化问题之讨论》和《偶然论在上海》等曾经轰动一时的作品和文章，都是在《大公报》的副刊上发表的。杨绛的第一篇小说《璐璐你不要哭》，也是在《大公报》的副刊上发表的。这个副刊还设立过文艺奖金。曹禺的《日出》、何其芳的《画梦录》、卢焚的《谷》，都曾在评选中得过奖。由于办得出色，它同样为《大公报》吸引了一大批读者，成为报纸众多版面中的一颗耀眼的明珠。《大公报》的副刊是中国新闻史上继著名的五四时期"四大副刊"之后的又一个著名的报纸副刊。

此外，《大公报》还注意贴近读者，服务社会，热心公益事业，曾多次为各时期的重大自然灾害发起募捐。除办报外，还组建过以报纸名字命名的剧团和篮球队，举行过公演和参加过全国性的比赛，把报纸上发表过的有影响的社评、通讯、漫画作品和个人的文章结集出版，公开发行。在人事上执行编辑记者定期交换的制度，以及由编辑部出身的人担任经理的制度，等等。这些做法，在当时都曾经引起过轰动效应，都取得过很好的社会效益和经济效益，既提高了报纸的知名度和工作的效率，也有助于人才的成长。她在这方面所积累的丰富的办报经验，应该被视作中国新闻界共同的精神财富，给以很好的总结，使后人得到学习和借鉴。

五、新中国成立后《大公报》的发展

《大公报》的过去 100 年，经历了复杂的历史阶段。新中国成立以前的那一段时期，时间不长，仅四十六七年，但曾多次易手，又分属于不同的办报人或办报团体，是非功过，聚讼纷纭，褒贬评说，颇多歧义。因而历来是中国近现代史研究工作者和文化史新闻史研究工作者关注的热点和焦点。新中国成立以后到现在的这一段时期，时间虽然较长，达五十三四年，占整个《大公报》百年历史的一半以上。但基本上分为两摊，即内地一摊，香港一摊，性质较为单一。分析评价，也容易取得共识，反而没有太多的歧义。

在内地出版的这一摊，曾分别在天津、重庆、上海、北京等地出版。最后归结到北京。到"文化大革命"爆发北京版被迫停刊时止，历时17年。除了在天津出版的那一份，曾短时期改称《进步日报》外，其余各版仍沿用《大公报》这一老报名。唯一的变化是由综合性报纸，转为以财贸金融方面的评论报道为主的专业化报纸；由原办报人重新组合集体合办的报纸，转为在党和政府部门领导下出版的社会主义报纸。内地的这几个版《大公报》在新中国成立初期，在社会主义改造时期，在第一个五年计划制定以后的计划经济时代，为党和国家各时期的路线方针政策特别是经济方面的路线方针政策的宣传和报道，做出了贡献。在报纸所在地区的读者中，特别是在全国财贸战线的工作者中，有很大的影响。

在香港出版的《大公报》，起始于1938年8月13日，中间因太平洋战争爆发香港沦陷一度停刊。1948年3月15日复刊后，除了被港英当局迫停过一个很短的时期外，没有中断地连续出版到现在，累计出版时间达57年，是各版《大公报》中历史最长的一家。

香港《大公报》的发刊和复刊都是在新记公司主办时期完成的，胡政之为此作了他一生中的最后一次冲刺，筚路蓝缕，功不可没。从发刊之日起，香港《大公报》就受到当地读者的重视，曾被推崇为香港"舆论之领导"（见1947年版《香港年鉴》）。新中国成立前后，香港《大公报》重新成立了董事会，在李侠文、费彝民、杨奇、王国华等几任董事长、社长的努力下，锐意进取，苦心经营，在反映香港民情，表达社会舆论，团结海内外华人华侨和全世界进步人士，为冲破国际反华舆论的包围，以及向全世界公正客观地介绍和报道中国方面，做了大量的工作，从而博得了广大香港同胞和海内外同胞的赞许，成为一家著名的爱国爱港的报纸。中英谈判就交回香港达成协议后，又为香港的平稳过渡和顺利回归，发挥了舆论先导的作用。香港回归以后，《大公报》继续立足香港，放眼世界，为正确塑造祖国的形象，为祖国的和平统一，为"一国两制"既定方针的贯彻执行，以及香港特区的繁荣和发展，作了全面充分的舆论报道。在此前后，《大公报》还扩大了经营范围，增添了设备，加强了技术改造，先后创办了海外航空版、菲律宾版、电子版和深圳印刷厂，并使用数码压缩技术传真版面，业务上有了很大改进。她成为在香港特别行政区和海内外华人华侨中有很高声望的，有很高品位的，有强烈社会责任感的，既严肃又充满活力的一家大型日刊报纸。

不论是内地的这一摊，还是香港的那一摊，都是1902年创刊的《大公报》事业的继承者，都为中国新闻事业的发展，作出了自己的一份贡献。它们的每一个业绩，都是整个《大公报》业绩的组成部分，都将载入《大公报一百年史》的史册。

《大公报》是中国新闻史上唯一的一家创刊逾百年的报纸。它是中国新闻界的老寿星，也是中国新闻界中唯一的含金量最高的世界级的品牌。爱护这个品牌，发展这个品牌，使它永葆青春，不断开拓前进，是我们共同的愿望。

为大公报正名

谈到《大公报》的历史的时候，需要订正一些不准确的提法，澄清一些不实之词。

"大公报是政学系的机关报"。这种说法，早在新中国成立前就已喧腾于众口。新中国成立后更成为人们批判《大公报》时的一大"罪状"。郭沫若所写的《斥反动文艺》一文，在指"斥"萧乾的时候，就使用过"今天你的元勋就是政学系的大公"这样的提法。可见，所谓"政学系的机关报"云云，在新中国成立前后一些人的心目中，早已成为共识。其实，政学系本身就是一个子虚乌有的东西。被指为政学系首领之一的张群，就曾经说过，所谓政学系，其实并没有组织，更没有纲领政策，只是几个人，行迹比较接近，就被人看成一系了。这是其一。其二，即使国民党内有这么一个政治派系，也和《大公报》毫无关系。《大公报》既没有拿过"政学系"的钱，没有接受过"政学系"派来的人，没有接受过来自"政学系"的任何指示，也从来没有宣传过根本就不存在的所谓"政学系"的政策纲领。《大公报》的所有言论，从英敛之到张季鸾，从王芸生、徐铸成，到后来的李纯青、李侠文等，多数都是主笔人根据当天的要闻，自出机杼，自行发挥。少数由主笔政者出题或参与研究定题。虽然有各自的观点，但都与所谓的"政学系"绝无关系。

《大公报》"拥有官僚资本"，是"大资产阶级的报纸"。这其实是新中国成立后受"左"的思想影响，和历次政治运动的影响，个别《大公报》人自己提出来的。《进步日报》发刊的时候提出来过，王芸生、曹谷冰等人写回忆录和自我批判文章的时候提出来过，是自我拔高和无限上纲的产物。英敛之自称"一介武夫""家世寒微"，办《大公报》之前，靠自学成才才当上了职员，连一般的资产阶级都算不上，更无论大资产阶级。他之得以创办《大公报》，靠的是各方面的集资，而且总数极其有限。新记公司接办《大公报》的时候，唯一的资金是吴鼎昌提供的 5 万元，当时他是民办的盐业银行的经理，只是一个民族资本家，并未做官。做官后就辞去大公报社长的职务，不再过问《大公报》的事。新记公司《大公报》除了这 5 万元本钱之外，没有接受过任何方面的资助和津贴。大部分的资产，是靠经营得当不断增值积累起来的。战后出于增添设备的需要，接受过捐赠，但也属于侨资，而且数量极少。其间，为订购新式印刷机器，曾从国民党政府处购买过 20 万美金的官价外汇，因此遭到诟病，其实也是小题大做。首先，中国的报纸为购买国外的设备，申请一点官价外汇，这本是光明正大的事，其性质属于公事公办。其次，虽然官价低于市价，《大公报》因此得了点便宜，但毕竟要照价购买，不能等同于馈赠。最后，《大公报》并没有因此放弃既定的办报方针，接受控制，改变主张。就阶级性质来说，《大公报》一不拥有官僚资本，二不替官僚资产阶级说话。从资金来源，从言论主张，从这家报纸在政治上具有两面性等这些方面看，它都是一个纯粹属于民族资产阶级的报纸。这也从新中国成立后的一段时期内，有关方面按类似付给"定息"的方式，为胡、张等几个大的《大公报》股份持有人的家属定期发放生活费这一点上，得到证实。它得到的是类似《申报》一样的民族资本主义企业的待遇。

"小骂大帮忙"。这是专就《大公报》对国民党当局的态度做出的一句带有概括性的话。是长期以来扣在《大公报》头上的一顶沉重的政治帽子。但同样是难以坐实的。

先说骂。《大公报》对国民党当局，不光是"小骂"，也有大骂，有时甚至是怒骂和痛骂。1941年12月22日发的那篇谴责国民党权贵及其家属用逃难的飞机从香港运回"箱笼洋狗"的社评《拥护政治修明案》；1943年2月2日发的那篇痛斥重庆达官贵人们灯红酒绿罔顾河南灾民疾苦的社评《看重庆念中原》；1944年12月19日发的那篇痛斥发国难财的赃官和奸商；悲愤地三呼"请你们饶了国家吧"的社评《为国家求饶》；同年12月24日发的那篇因日军逼近贵阳，要求"除权相以解除反对者的精神武装，戮败将以服军民之心"的社评《晁错与马谡》；1945年9月27日和10月24日发的谴责国民党军政官员利用战后的劫收发财的社评《莫失尽人心》《为江浙人民呼吁》；以及 1948 年 7 月连续发表的反对当局镇压学生运动和文化专制政策的一系列社评，就都不是小骂，而是大骂，而且是出自肺腑的真骂，不是假骂。忧国忧民之心，溢于言表。其中 1943 年的那一篇，还受到国民党当局罚令停刊 3 天的处分。1948 年的那几篇，主持言论工作的总编辑王芸生，还遭到国民党机关报《中央日报》的点名攻击，对他个人进行所谓的"一查""二查""三查"，甚至攻击他为共产党"张目"，是新华社的"应声虫"。考虑到国民党当局对报刊言论的严厉限禁和迫害，考虑到连鲁迅那样的作家尚且只能"戴着镣铐跳舞"，能够如此坚定地站在人民的立场，为民族和国家的利益，不畏强御，不屈从于权势，铁骨铮铮，克尽言责，不但无可厚非，而且难能可贵。

《大公报》确实也骂过共产党。这是因为它是一份无党无派的报纸，又时时以"四不"为标榜，对包括共产党在内的各个党派，都有所批评和指摘，是很自然也是很正常的事情。对共产党的骂，多数情况下，是骂错了。1936 年写的《给西安军界的公开信》，1941 年写的《为晋南战事作一种呼吁》，1945 年写的《质中共》，1946 年写的《可耻的长春之战》等，就都骂错了。错的原因比较复杂，有的是由于社评撰稿人的阶级和认识上的局限，有的是由于情况不明，有的是由于接受了国民党当局的误导。此外，在张季鸾生前，也还有张个人对蒋的礼遇有感恩图报的思想，等等。《大公报》不是共产党的机关报，也并非左派报纸，这些社评的撰稿人也不是马克思主义者，不能要求他们完全接受共产党的观点和主张。不可能不出一点差错。出了差错，受到了批评，认识了，改正了，就行了。应该给以宽容和谅解，不必死揪住不放。

同样是骂。两骂相比，《大公报》骂国民党的时候更多一点，也更经常一点。从 1927 年的《蒋介石的人生观》，到 1948 年的《和平无望》，骂了足足 21 年。到了第 22 年，就不光是骂，而是对这个党彻底失望，准备迎接解放和新中国的诞生了。

再说帮忙。《大公报》确实给国民党帮过忙。从南京国民政府成立以后帮起，"九一八"事变前后帮过，西安事变前后帮过，抗日战争时期帮过，解放战争开始的一段时期也帮过。一般来说，拥蒋反共就是帮国民党的忙。但也要作具体分析。有的忙肯定帮错了，该批评，也该认账。有的忙，在某一个特定的时期内，则是该帮的，不当视为罪状。例如，过去把《大公报》在抗日战争时期内宣传过的"国家中心论"和"拥蒋"的言论，都视为为国民党帮忙，这就不尽妥当。"国家中心论"是一个带有民族主义色彩的资产阶级口号，和共产党提出的统一战线的政策有本质的区别，是有缺陷的。但在当时，不论是提"国家中心论"，还是提"拥蒋"，都是为了抗日的需要，都符合国家和民族的利益。在整个抗日战争时期，所有的抗日的力量都不能不拥有"拥蒋"的名义。我们的八路军、新四军，用的就是国民党的番号。毛主席在重庆谈判结束前的告别宴会上讲的最后一句话，就是"新中国万岁！蒋委员长万岁！"（见 1945 年 10 月 9 日《大公报》第二版的相关报道。同日《新华日报》的报道作"新中国万岁！

蒋主席万岁！"）。中国共产党在整个抗日战争时期并没有提出过倒蒋的口号。可见在那个特定的历史时期里，提"国家中心论"和提"拥蒋"，都是大局。《大公报》的这方面的言论，如果是为了坚持抗战到底，就不能说是帮国民党的忙，而只能认为是在帮国家的忙。

尤其不能忘记的是，《大公报》不仅帮过国民党的忙，也大大地帮过共产党的忙。第一个派记者到苏联采访，向中国读者介绍建设中的苏联真实情况的，是《大公报》。第一个派记者去边区，向全国人民报道中国工农红军万里长征的真实情况和边区建设情况的，是《大公报》。对共产党的报道，《大公报》始终尊重事实，不歪曲，不捏造，采取了客观或比较客观的态度。它向全国公众介绍了共产党领导下的抗日民主根据地的进步业绩，改变了公众心目中被国民党御用媒体歪曲了的共产党的形象，同时帮助白区的读者了解了革命的形势，知道了共产党的政策和言论主张。这是一。它为需要了解有关共产党和红军情况的人，提供了大量的正面的准确的信息。毛泽东就是因为看了《山西日报》和《大公报》有关刘志丹的报道，才决心率红军去陕北建立抗日民主根据地。不少在长征中掉了队的红军，也是在看了《大公报》的有关报道以后，知道了主力部队的去向，才跋山涉水，赶上队伍，重新归队的。这是二。它对国民党政府和权贵们在抗战时期和抗战胜利后接收过程中的贪污腐败的揭露和抨击，它对国民党当局破坏和谈，镇压学生运动，及悍然发动内战的揭露和批判，都在一定程度上加深了国统区公众对国民党政府的反感和恶感，加强了他们对共产党的亲和力和向心力。这是三。这些，都称得上是对共产党的极大的帮忙。《大公报》始终以无党派为标榜，报社内部没有一个国民党员，一旦发现某人有国民党方面的背景，立即开除。但是报社里确确实实有不少地下的共产党员。报社的领导层，对有些党员的身份十分清楚，却故作痴聋，不闻不问。新闻版面上，十分之六七是同情和支持共产党的报道。据在《大公报》工作过的中共地下党员回忆，当时报社内的外勤记者多数是左派，一部分居中，极少右派。编辑部内，从领导层到一般工作人员，对国民党持批判谴责态度的居多，说共产党坏话的很少。在国民党当局强迫国统区内的各种媒体称共产党为"共匪"的时代，只有《大公报》公然抗命，坚持称"中共"和"共军"。它只承认共产党是国民党的反对党，不承认是什么"土匪"。毛泽东在延安接见《大公报》记者时说的"只有你们《大公报》把我们共产党当人看"，就是对《大公报》以上言论行动的肯定。这也是对共产党的一种帮忙。

《大公报》是一家无党派的报纸。如果说它对中国的某些党派有过所谓的"帮忙"的话。那么，它更多地是帮了共产党，而不是帮了国民党。而且是越来越多地在帮共产党，直至最后完全倒向共产党。这一点，国民党方面是心中有数的。国民党上海市党部的头头就曾经点着名地扬言要"枪毙"《大公报》的负责人，解放战争后期仅《大公报》重庆版一个版就曾经有7名记者被捕，有一名编辑部主任被关进"白公馆"。这些事，也从一个侧面说明了《大公报》的倾向和国民党对她的态度。

　　这里就涉及中国革命史上如何看待中间势力的问题。重视团结中间势力，是中国革命取得胜利的三大法宝之一的统一战线思想的一项重要内容。这一点是毛泽东首先提出来的。他认为："中国社会是一个两头小中间大的社会，共产党如果不能争取中间阶级的群众，并按其情况使之各得其所，是不能解决中国问题的。"① 胡绳同志晚年就这一问题进行了深入的研究，并作了进一步的阐述。他认为，中间势力，从阶级看，指的是民族资产阶级和小资产阶级。从职业看，指的是农民、知识分子和工商界人士。他认为，从人数看，"国民党只是一小撮，我们的人也很少，实际中间势力占的是大多数"。他认为，中间势力的特点，"就是动摇、不断分化。分化的结果，大多数站到共产党一边，站到国民党那边的也有，但很少"。他认为，中国革命之所以取得胜利，"是因为我们党把中间势力拉过来了，如果中间势力都倒向国民党，共产党就不可能胜利"（见《百年潮》2001 年第五期《胡绳关于撰写〈从五四运动到中华人民共和国成立〉一书的谈话》一文）。

　　上述这些观点，都有助于深化对《大公报》历史的认识。可以说，新中国成立前的《大公报》，作为一家民族资产阶级的报纸，就是中间势力的舆论代表。中间势力所特有的"两面性"和"动摇""不断分化"等特点，在《大公报》的身上都表现得十分突出。《大公报》之所以能够赢得那么众多的属于"中间势力"的

① 《毛泽东选集》第二卷，人民出版社 1991 年版，第 783 页。

读者和作者的喜爱和支持，正因为它代表了他们的意志和声音。

对《大公报》这一中间势力的舆论代表，中国共产党的第一代领导人包括毛泽东和周恩来在内，都十分重视，也都作过大量的工作。有批评，有"斗争"，也有"团结"。大量的工作是在争取和"团结"这方面。张季鸾逝世的消息发布后，毛泽东、周恩来和中共的不少高级领导人都发了唁电，给以很高评价。重庆谈判期间，毛泽东在公务十分繁剧的情况下，三次会见《大公报》的主要负责人，两次在红岩村中共中央办事处，一次在李子坝《大公报》报社，每次都作长谈。最后一次长谈后，还接受了《大公报》负责人在馆内的宴请，并为《大公报》留下了"为人民服务"的题词。周恩来在此期间，也曾亲到王芸生家探访，并以延安带来的小米和红枣相赠。重庆当时有十几家报纸，享有上述待遇的，似乎只有《大公报》一家。这说明共产党领导人对这家报纸的重视。很明显，共产党领导人如此重视对《大公报》的工作，其目的在于争取更多的中间势力的支持。后来的事实证明，《大公报》没有辜负他们的期望。它确实为中国共产党争取到了更多的中间势力的支持。从这个意义上说，《大公报》对中国革命的胜利，有其特殊的贡献。无论如何，再也不该把"小骂大帮忙"这个恶谥强加在它的头上了。

以上的一些不准确的提法，由于在多次政治运动中，屡被拾起，作为批判的口实，给人们留下了很深的印象，以致众口铄金，积重难返，影响了对《大公报》的正确评价。现在是到了应该实事求是地予以澄清的时候了。

副刊百年史*

　　报纸的副刊，在中国，有一百年以上的历史。它是由报纸的编辑们，在新闻的后面，刊载少量的旧体诗词和散文、随笔、小说等文学作品，逐步发展起来的。

　　从第一份正式的报纸副刊《字林沪报》附出的《消闲报》创刊到现在，中国报纸的副刊走过了一条漫长的道路。在这个新闻史上，形成了一条绵延不绝亮丽多彩的风景线。存世的中国报纸副刊，累计已经超过五千种。《中国日报》的《鼓吹录》、《申报》的《自由谈》、《新闻报》的《快活林》、《晨报》的《晨报副镌》、《时事新报》的《学灯》、《民国日报》的《觉悟》、《京报》的《京报副刊》、《大公报》的《小公园》、《立报》的《小茶馆》和《花果山》，以及《解放日报》、《新华日报》的副刊等，就都是其中的代表。在这些报纸副刊上，传播了进步的革命的思潮，弘扬

---

* 本文刊于《人民日报》2002 年 4 月 13 日第 8 版。

了科学与民主的思想，针砭了时弊，呼唤了救亡，促进了文学改良，繁荣了文学创作，发展了文学流派，培养了好几代的青年作家，同时也教育和滋养了整整一个世纪的报纸读者。对于后者说来，报纸副刊，不仅丰富了他们的知识，启发了他们的智慧，陶冶了他们的情操，也为他们提供了丰富的文学美学上的享受和精神上的营养。在中国，报纸的副刊和报纸的正刊可以是密切配合的，也可以是相对独立、相对游离的。在密切配合的情况下，报纸的副刊可以与其正刊桴鼓相应，相辅相成，以其自身的特点，配合正刊完成报道任务和舆论导向任务，实现办报人的办报目的。在相对游离的情况下，报纸副刊也可以摆脱正刊的影响，单独发挥作用。时至今日，报纸的副刊已经不再是可有可无的"报屁股"了，它已经成为报纸的一个重要的组成部分。每一个打算办好报纸的人，都必须同时办好它的副刊，这也已经成为新闻界的人们的共识。

因此，非常有必要认真地研究一下中国报纸副刊的历史。通过对报纸副刊历史的研究，了解它的衍变轨迹，寻绎它的发展规律，总结它的丰富的办刊经验，从中汲取营养和借鉴，这不仅是中国新闻史研究工作者的需要，也是目前在第一线从事办报活动的广大新闻工作者的需要。只有对中国报纸副刊的历史进行了深入的研究，总结了正反两方面的经验和教训，才能做到以史为鉴，把我们报纸的副刊办得更好。

呈现在读者面前的这部《中国文艺副刊史》，就是这样一部系统研究中国报纸副刊历史的专著。书的作者曾在社科院研究生院攻读过新闻学硕士学位，毕业后在《人民日报》文艺部工作多年，现任《经济日报》总编辑，既有坚实的新闻学方面的理论基础，又有丰富的从事报纸编辑工作的经验，由这样的作者来从事报纸副刊历史的研究，是再合适不过了。我有幸在本书出版前，拜读了它的手稿，深感这是一部功夫下得很深的专著。它的作者不仅掌握了有关中国报纸副刊的大量的第一手材料，也充分地借鉴了国内外有关报纸副刊特别是有关中国报纸副刊的论著。全书内容翔实，条理清晰，论述精辟，是我所看到的有关专著中，最有分量的一本。它的出版，不仅丰富了中国新闻史的内容，为中国新闻史的研究工作者提供了重要的参考，而且对广大的近现代史研究工作者、文学艺术史研究工作者、文化史研究工作者和广大的新闻工作者，也是很有裨益的。

与时俱进的中国新闻传播学[*]

新闻传播学是一门新兴的学科。它与文学、史学、哲学、社会学、政治学、经济学、法学、心理学、伦理学、艺术学，以及自然科学中的印刷、通讯、航天、电子、信息、网络等众多的学科，都有着十分密切的联系，是一门边缘性和交叉性都很强的学科。

中国新闻传播学的研究和近现代以来中国新闻传播事业的发展有着紧密的联系。20 世纪初叶，中国只有 100 来家报纸和几家规模很小的通讯社，报纸的总发行量不超过 10 万份，通讯社的总发稿量不超过 1000 件。在这样的基础上，新闻传播学的研究自然深受局限。随着科学技术的不断发展，20 世纪 20 年代有了广播；50 年代后期，有了电视；80 年代后期，有了互联网。近几年，又出现了手机媒体。新闻传播的手段日趋现代化，新闻传播

＊ 本文刊于《光明日报》2003 年 7 月 22 日第 6 版。

的媒介日趋多元化。时至今日，全国除了两家大通讯社之外，还有 2053 家报纸，1585 座广播电台，1108 座电视台，以及大量的网站和电子报刊。报纸的日销量达 8200 万份，广播的人口覆盖率达到 90.35%，电视的人口覆盖率达到 91.95%。互联网的用户则排在世界第二，仅次于美国，达到 5910 万人。手机用户 2.5 亿，平均日收发短信（SMS）2.46 亿条，同居世界前列。新闻传播事业在中国已经成为既有重大社会效益也有丰厚经济效益的事业，成为连接新闻信息产业和传播技术产业的桥梁。如此迅猛的发展形势，自然给中国新闻传播学的研究带来了重大的契机。它既期待和呼唤着新闻传播学研究工作的发展，也极大地促进和推动了新闻传播学的发展。

中国新闻传播学的研究和中国政治、经济、文化，特别是政治形势的发展，有着紧密的联系。随着政治形势的变化，中国新闻传播学研究的发展情况也各不相同，大体上可以分为以下三个阶段。

第一个阶段起于 19 世纪 70 年代，止于 1949 年新中国成立前，历时约 80 年。这是旧中国时期，也是中国新闻传播学起步时期。开始只有若干篇散见于报刊上的新闻学论文，1917 年才出现第一部新闻史方面的专著，1919 年开始出现第一部新闻理论方面的专著。这以后的 30 年，累计出版了近 100 部新闻学专著，涉及新闻史、新闻理论、新闻实务等各个方面，涌现过若干有影响的研究成果，但总体水平还不高。传播学的研究，开始受到个别学者的关注，但和者甚寡。马克思主义新闻学的研究开始起步，但还缺少有分量的专著。

第二个阶段从 1949 年新中国成立，到改革开放以前，历时近 30 年。这是中国的新闻传播学在新的起点上摸索前进的时期。这一时期主要进行的还是新闻学方面的研究，从时间看，集中于新中国成立后的前 17 年。成绩较大的是对现代革命报刊史特别是中共党报史的研究。其次是有关苏联办报经验的研究，出版了不少这方面的教材专著和译著。再次是关于新闻理论、新闻实务的研究，特别是有关马恩列斯和毛泽东、刘少奇新闻思想的研究，及报纸性质的研究。累计出版的新闻学方面的教材和专著近 290 种，超过了前一阶段。但受多次政治运动的影响，内容有不少"左"的痕迹。这一点，在十年"文革"中表现得尤为突出。

第三个阶段从改革开放到现在，近 25 年。这是中国新闻传播学迅猛发展的时期。真理标准问题的讨论，改革开放大潮的汹涌澎湃，以及中国加入世贸组织，都极大地促进了新闻传播学研究的开展。25 年内累计出版的相关专著和教材近 2500 种，论文则数以万计，是前两个阶段的十几倍到几十倍。新闻史的研究，成果丰硕。新闻理论的研究，涉及对经典作家新闻思想的正确理解、新闻观念的更新、报纸的性质和作用、新闻的真实性、新闻的规律、新闻的价值取向、党性与人民性的关系等众多问题。1992 年邓小平同志南方谈话以后，新闻学者开始更多地关注新闻改革、舆论导向、新闻策划、新闻立法和媒介经济的研究。党的十六大召开以后，新闻传播工作如何体现"三个代表"，如何实现三个"贴近"，以及如何开展舆论监督、如何尊重公民的知情权、如何加强新闻工作的法制化和新闻工作者的职业道德修养等问题，又开始成为学者们关注的热点。20 世纪 80 年代以后，传播学的研究开始受到重视。学者们在引进西方各传播学学派研究成果的同时，在传播学的基本理论、传播功能、传播心理、传媒经济、跨文化传播和传播学的本土化等方面，做了大量的探索性工作。同时还开展了舆论调查、受众调查、网络传播的研究。整个新闻传播学的研究空前繁荣。

以上三个阶段的发展，都和 100 多年来中国政治、经济、文化特别是政治形势的发展，有着紧密的联系。它说明，新闻传播学这门学科，具有很强的与时俱进的特征。它与科学技术的发展、新闻传播事业的发展，以及中国政治经济形势的发展，始终是紧密相连同步前进的。

党的新闻思想的系统阐述*

中国共产党的新闻事业，随同党一起走过了 80 多年的风雨历程。在长期的发展过程中，党的新闻事业培育了许多优良传统，积累了许多工作经验，也形成了丰富的新闻思想。中国人民大学新闻学院教授郑保卫主编的《中国共产党新闻思想史》一书（福建人民出版社出版），就是一部系统阐述党的新闻思想的精心之作。

作为国家重点社科研究课题"中国共产党 80 年新闻思想研究"的最终研究成果，这部 60 多万字的专著系统梳理了中国共产党新闻思想形成和发展的历史脉络，全面论述了党在不同历史时期新闻思想的基本内容，清晰勾勒了党的新闻思想的知识框架和理论体系，对于我们全面认识和评价中国共产党新闻思想在马克思主义新闻思想发展史上的地位、作用和对构建中国特色社会

＊ 本文刊于《人民日报》2005 年 7 月 24 日第 7 版。

主义新闻学的理论价值和实践意义，提供了可靠的史料和有力的依据。该书在史料的开掘和运用、观点的提炼和阐述上具有自己的特点。分担各部分研究任务的同志，尽可能地去寻找和挖掘新的史料，充实新的内容，提炼新的观点，使得全书不乏创新之处，较好地体现了"史论结合，以论为主"的原则，特别是一些新的资料的运用，有助于人们把握党的新闻思想的全貌。而书中对改革开放新时期党的新闻实践和新闻思想的总结和概括，几乎都是一些全新的东西，大大丰富了党的新闻思想的研究内容。该书注重从正反两方面全面总结党的新闻工作的经验，特别注意对一些关键时期的新闻事件、新闻人物、新闻媒体的真实情况，按照中央的有关精神进行实事求是的描述、概括和评价。这种实事求是的态度和风格很值得称道。

中国新闻史研究的几个问题*

　　新闻史是新闻学的重要组成部分，中外新闻学研究都是从新闻史开始的。西方最早的新闻学著作是德国 1845 年出版的《德国新闻事业史》，美国最早的是 1873 年出版的《美国新闻业》，中国最早成书出版的是 1917 年姚公鹤的《上海报纸小史》。改革开放后，新闻学开始招硕士，最早招收的就是新闻史方面的。20 世纪 80 年代后期，中国成立了中国新闻史学会，会址设在北京，会长在北京的教学研究单位中遴选。这是民政部领导下的唯一一个新闻传播学方面的一级学会，鼎盛时期有 300 多个会员，主要进行海内外新闻史研究。

　　中国新闻史研究的成绩很大，特别是新中国成立和改革开放后。据统计，新中国成立后累计出版的新闻史专著和教材 144 种，论文和文章 5203 类，其中论著的数量是之前的 3 倍，论文

---

* 本文据 2007 年 9 月在北大新闻与传播学院一次讲座上的讲话录音整理。

的数量几乎是之前的 100 倍。

中国新闻史的教学与研究工作中有很多值得关注的问题，今天着重谈一谈以下几个问题。

一、关于中国报纸起源的问题

中国是世界上最先有报纸的国家，这一点无可置疑。1921 年 12 月 4 日，美国密苏里新闻学院院长、美国编辑者出版者协会的会长、有"新闻教育之父"之称的威廉博士到北大作演讲，他的第一句话就是："中国是世界上最早有报纸的国家，中国的报纸有 1000 年以上的历史。"但是中国的报纸起源于什么时候，学者们有众多的阐述。

改革开放前的新闻史著作多数认为中国的报纸起源于汉朝。戈公振的《中国报学史》曾经提出过"汉有邸报乎"的问题。他的回答是汉朝已经有邸报（中国古代的官报纸）了。首先，他指出汉朝已经有邸，邸实际上是地方诸侯王等派驻长安的办事机构，负责中央地方间信息沟通、文书传递。《汉书》中有记载，燕王刘旦曾打报告给汉昭帝，说霍光造反，理由是他擅自调动御林军，有谋反嫌疑。霍光因此诚惶诚恐，汉昭帝去安慰他，说我不信，还说燕王驻地离长安那么远，信息不会那么快传到燕王那儿，所以是莫须有的事情。戈公振引用这段史料的意思是说，燕王为什么会知道霍光在长安调动军队，可能是看到邸报了。这只是一种揣测，所以用了"汉有邸报乎"这样的语气来介绍，似乎并不十分肯定。但在之后发表的文章中，戈公振已更多地倾向于汉朝有邸报。之后，蒋国珍的《中国新闻发达史》、曾虚白主编的《中国新闻史》（台湾）都沿用这一说法。也有提出报纸在周朝就有的。新中国成立后，我们新闻史的教材接受的是戈公振的说法。这是出于"反正中国是最早有报纸的国家，说得越早，就越好"这样一种心态。改革开放后，在学术研究上更实事求是些。我们目前更倾向于认定的，是唐朝开始有邸报的说法。

邸报是政府官报，宋朝开始建立起比较规范的邸报发行体制：门下省的给事中（编）——枢密院（审）——上都进奏院（发），最后通过120个进奏官，送达各路州郡，报行天下。这套发行体制在史书中有清晰的记载。唐朝的邸报发行体制则不像宋朝这么完整，但是已经开始有官报。根据之一，是有关《开元杂报》的记载。孙樵在他的《经纬集》中有一篇题为《读开元杂报》的文章，说的是：他做官后回忆起当年在湖北襄汉一带赋闲时，曾经看到的数十幅书（几十页的东西），上面讲的都是有关朝廷政事和祭祀活动方面的事。他不知这是什么，这时有客从长安来，说这就是当年在长安出的报纸。而孙樵所处的历史时期是晚唐。根据之二，是在敦煌莫高窟出土的文物中找到的唐朝的进奏院状，即"敦煌进奏院状"。这是20世纪80年代时通过新华社的驻英记者在大英博物馆查到的。《读开元杂报》和"敦煌进奏院状"，证明唐朝已经有报纸，当然是比较原始状态的报纸。

需要说明的是，第一，唐朝还没有邸报的称呼，邸报是宋朝才开始有的称呼。唐朝只有"报状"和"状"等之类的称呼。戈公振曾引用《全唐诗话》中关于韩竑被告知他将升任驾部郎中知制诰一职的记载，其中就提到了邸报，但《全唐诗话》是南宋人写的，不能引来作为唐朝已经有"邸报"这个字眼的确切的根据。第二，唐朝的"敦煌进奏院状"等还不是真正意义上的报纸，它实际上是一种类似"新闻信"的东西，有点像西方国家早期的 newsletter。西方的新闻史讲报纸的源头是从新闻信开始的。第三，这些还都不是印刷物，"敦煌进奏院状"从实物看就知道是手写的。清末民初，孙毓修在《中国雕版源流考》中说，在清末民初，曾经有人看到过七张《开元杂报》，是印刷版，"云是唐人雕本"。改革开放前有人认同这一说法，但是并无实物作证。若是真有，那为什么唐朝之后 1000 年没有人提起它？孙毓修之后也没有人再见过？所以我们说，唐朝已经有的报纸是指原始状态的官报。

由此，改革开放以后的教材和著作大都倾向于这样的说法：中国报纸起源于唐朝，其成形和体系的完善是在宋朝。但 20 世纪 90 年代后，有新闻史的学者又重新提出"汉朝就有报纸"的说法。持这种观点的代表人物是复旦的姚福申和中国新闻学院的张涛，他们主要是根据新中国成立后在西北地区出土的木简，木简上的内容涉及当时的一些政治信息，以此称它们为木简报，或者是叫府报。对他们两位的观点，有支持的，也有反对的。这里主要的问题就出在如何证明这些木简就是报纸，因为它出土时已经是零散的碎片，根据现在木简上能看到的零碎的字句和信息很难断定它是官文书还是报纸。所以，我们在一些正式的新闻史专著和教材中并没有取报纸起源于汉朝的说法。

二、全面学苏联对新闻史教学研究工作的影响问题

中国从清朝末年就开始有人提倡要学俄国，当时强调的主要是学习彼得大帝的政治和经济上的改革。俄国十月革命以后，又提出了要学苏联，即所谓的"以俄为师"。新中国成立以后实行"一边倒"的方针，更是全面地学苏联。教育界学习苏联后的一个大的举措，就是1952年的院系调整，调整后的专业分得太细，有的工科大学里甚至细到设置了专门研究如何制作纽扣的纽扣专业。新闻界也是全面学苏联，《人民日报》对口学《真理报》；新华社对口学塔斯社；学校里按照苏联模式成立了教研室，定期聘请苏联专家来讲新闻学方面的课程。当时北大的新闻专业还组织了一批老师突击学习俄文，然后集体翻译了《布尔什维克文集》和苏共中央高级党校有关新闻学方面的讲义，其中就有苏共报刊史教材。全国新闻院校都在学习这些翻译过来的教材。

从20世纪50年代到改革开放前，我们新闻史的教材基本上是按照苏共报刊史的模式来编写的，虽然50年代后期中苏关系有变化，苏联方面撤回了专家，但是苏共报刊史的影响仍然存在。这种影响的结果突出地表现为以下几个方面：

首先，用党史、思想史、路线斗争史取代报刊史。我们编出的中国新闻史相当大的一部分是在讲党史、思想史、党内的路线斗争史。当时的苏共报刊史就是这样。

其次，用党报史取代中国新闻史。其结果是使中国新闻事业史的全貌得不到完整的反映。新中国成立前的那些旧版的中国新闻史的教材很少提到共产党的报刊，如戈公振的《中国报学史》只是几句话简单地提了一下《每周评论》《新青年》，其他的党报、党刊基本没有涉及，从中看不出中国共产党报刊史的发展历程，这是一个极端。而新中国成立后，又走到了另一个极端，即以绝大部分的篇幅去介绍中国共产党报刊的发展历史，而不太重视共产党报刊以外的其他类型和其他政治倾向的报刊的介绍，用中国共产党党报的历史取代了中国新闻史。党报毕竟只是历史上众多的各种类型和各种政治倾向的报刊中的一个部分和一个方面，党报史当然很重要，但党报史不能等同于一个国家的新闻史。

再次，写法上也有不够实事求是的地方。比如，写党报的发展，一开始就是"燎原之势"，而没有考虑到这样的事实：中国共产党党报的历史是和中国革命的历史同步发展起来的，是由星星之火逐步形成燎原之势的。此外，对国民党方面和中间力量的报纸的介绍研究与分析评价也有所不足。

最后，教学方法上的影响。苏联专家讲课的特点是念讲稿，照本宣科，相当长的一段时期，我们的教师也照搬这一做法，一上来就埋头念事先写好的讲稿。这一教学方法一直延续到改革开放，之后才完全改变。

所以，新闻史从教学内容到教学方法，都曾经在很大程度上受到了学苏联和苏共报刊史的影响，改革开放后这种影响才逐步弱化，但很多教材仍然有苏联的那种模式的影子，这些都还需要继续消除和摆脱。

三、对个别报刊和报人的评价问题

在这方面，我们的教学与研究都曾经有过一定的偏颇。具体表现在以下几个方面。

第一，对近代的外国传教士在中国办报行为的评价不够实事求是。例如有的说，外国传教士在中国的办报活动都属于文化侵略，这种说法就过于笼统，也不完全符合实际。我们知道，从明朝开始就有外国传教士来华，早期的传教士来中国，多数情况下是从事职业宗教活动的，此外的一些活动，如翻译儒家经典、介绍西方的自然科学成果等，都带有跨文化传播的性质。在明末和清初的康、雍、乾时期，他们的这些活动并不存在文化侵略的问题，因为当时我们的国力还居于世界的前列，还不存在他们以强凌弱的问题。鸦片战争前后，确实有一些传教士参与了侵华活动，他们所办的报刊上有部分文化侵略的内容。但要具体分析，区别对待。他们并不像一些侵华史所描写的那样，通通都是帝国主义的鹰犬。他们当中的一些人也做过一些对中国人民友好和有利的事，比如，最近的一些研究成果就表明，有不少外国传教士在光绪年间华北地区的旱灾、东北的鼠疫等自然灾害和流行病发作时，做了不少符合人道主义的事情。这些是不必完全否定的。

第二，对以康、梁为首的维新派、改良派从维新运动后到民国成立期间的办报活动的评价，都有点刻意贬低。我写的一些书和文章中就有这方面的问题，比如，我对康、梁的一些办报活动，包括对汪康年的办报活动的评价都有点偏低。特别是在拿他们和以孙中山为首的革命派进行对比的时候。现在看来，这种做法是不够实事求是的。

第三，对个别党的报刊和新闻工作者的评价也有片面性。例如，对后期《向导》的某些宣传过于求全责备，这也是不够公平的。当年《向导》的一些言论、主张和它所宣传的内容，是受第三国际的严密控制的，如果有问题，责任不在刊物和主持刊物工作的某些人，而在第三国际。最近，第三国际的档案解密，有关的情况就更清楚了。在整个第一次国内革命战争时期，中共中央是受第三国际的严密掌控的。建党初期的中国共产党，党员不多，经费也很困难。早期的共产党刊物包括《劳动界》《新青年》《共产党》月刊，还有后来在巴黎办的《救国时报》等，都是共产国际出的钱。当时的共产国际还先后派马林、维经斯基等长驻《向导》，实际掌控刊物的言论。所以对《向导》的评价，如果不考虑到第三国际的影响，作具体的分析，就不能如实地反映当时的情况，也不可能作出准确的评价。

对早期党的报刊工作者的评价也是这样，特别是对陈独秀。陈独秀后期派彭述之主持《向导》的工作，他自己也在党报上发了很多文章。实际上在办《向导》的这一段时期和大革命的最后两年，陈独秀完全受制于第三国际。很多观点实际上是第三国际通过陈独秀贯彻，并反映在党报上的。比如1924年国共第一次合作，共产党以个人身份加入国民党，在这个问题上陈独秀持保留态度。他不赞成和国民党靠得太近，希望保持一点距离。1925—1926 年，陈独秀三次提出自己的意见，都受到了共产国际的否定。所以在这个问题上，所谓的右倾投降主义，其实是共产国际的主张。

四、对中间报刊的评价问题

社会上的群体在政治上是分左、中、右的，报刊也有左、中、右之别，各时期除了"左翼"和"右翼"的报纸外，都有属于中间这一块的报纸。新中国成立以后，我们的新闻史对历史上的"左"派报刊的研究加强了，成果比较多。对"右翼"的报刊特别是"极右"的报刊介绍得不多，批判得也不多。因为这一类报刊多数已经是"死老虎"了。新中国成立后，在历次政治运动和学术批判活动中批判最多的，反而是中间报刊这一块，因为它还有一定影响。在中国近现代史上，中间力量这一块，从阶级上来看主要是民族资产阶级、小资产阶级，从职业上来看主要是工商业者、民族资本家、企业家、农民和知识分子。其中，知识分子这一块在历次政治运动当中都是受到批评最多的一个群体。连累所及，对中间报刊的批判也因此是比较多的。

其中受批判最多的是《大公报》，因为它是中间报刊中最具有代表性的报纸，影响比较大，得过国际上的一些奖项，受到的推崇比较多，出的人才也比较多。但是历次政治运动中，《大公报》都是批判的对象。过去对《大公报》的批判主要集中在三个

中国新闻史研究的几个问题 /

方面。第一，说它是政学系的报纸。实际上，《大公报》和政学系没有关系。《大公报》没有拿过政学系的钱，没有接收过政学系的人，也没有宣传过政学系的观点。第二，说它是大资产阶级的报纸，但事实上，《大公报》的创办人英敛之是一位小职员出身的报人，他办报的经费主要靠集资，从教会、法国使馆、商会、民间银行等方面凑的钱。第三，说它小骂大帮忙，替国民党说话。实际上它对国民党也有大骂，有时还骂得很重。比如，骂国民党抗战不力，骂重庆官员贪污腐化，骂抗战胜利后的接收大员搞所谓的"五子登科"，骂孔宋官僚资产阶级怙势揽权，这些都引起了社会的轰动和老百姓对官僚资产阶级的愤慨。要说帮忙，它诚然帮过国民党，但更多情况下是帮了共产党。比如，它派记者去苏联访问，派范长江前往边区和延安作系列报道，增加了民众对中共的了解和支持。虽然在一些评论文章和报道中，《大公报》以国民党为正统，支持蒋介石执政，但相对之下，它对共产党帮的忙更多。

我们历次政治运动当中对知识分子的批判，有一部分是对企图走第三条道路的观点的批判，除了对《大公报》的批判外，也有对《观察》的储安平、《新路》的萧乾等这些中间报刊、中间新闻工作者的批判。《观察》属于解放战争时期，主张走中间道路的报刊。它追求资产阶级利益，但是反对国民党的一党专政，相对地对共产党、对解放区倒是有很多褒义的介绍和言论。在国民党统治的后期，《观察》的言论，对于国民党统治区的青年知识分子接受共产党的主张、向往解放区、投身共产党领导的革命斗争，客观上起到了不小的作用。其言论对国民党是不利的，最后，《观察》也被国民党查封了。但其资产阶级民主的理念在新中国成立后也受到了严厉批判。

这些中间派、中间路线、中间道路、中间类型的报刊在新闻史上还有很多，如《努力周报》《独立评论》等。五四前后，胡适曾在这些刊物上发表过有关《多谈些问题少谈些主义》等之类的文章，妨碍了马克思主义的传播，对他有所指摘和批评是很自然的。连带所及，对中间报刊和报人的研究、分析、评价也因此受到影响。其实对这些报刊在它们所处的那个时代的功过得失，还应该作具体分析，不宜简单地全部抹杀，全盘否定。

今天想跟大家讲的有关新闻史研究中的几个问题，主要是上面这四个方面。中国新闻史的研究现在受到了更多的新闻教学研究工作者的关注，也得到了越来越多的扶持。新闻史的研究从面上来看，有了一些基础，相关的教材也出了将近60部，但是在同水平上有一些重复，我们应该把更多的力量放在个别报刊、个别报人的个案研究上，逐步加强研究的深度。只有掌握更多的第一手材料，做好由此及彼，由表及里，去芜存菁，去伪存真的工作，才能比较丰满地完成一个个研究课题。在此基础上再去写文章、编教材，才能使新闻史的研究有一个整体的提高。

新闻学学科建设的回顾与展望 *

　　新闻学科是一门新学科，刚刚被引进中国的时候，并没有受到太多的重视。1918 年北大新闻学研究会成立的时候，只有不到 100 个会员，有名有姓的只有 55 个，办了两年就停了。1922 年中国人办的第一个大学新闻系招生的时候，只有 1 个人报名，办到第 3 年才招了 6 个人，终于不得不停办。燕京大学新闻系，当时号称"天下第一大系"，但从 1924 年创办到 1952 年院系调整被并入北大中文系新闻专业为止，前后在北京和成都两地办了 28 年，一共才培养了 343 个毕业生。还不如今天一般大学新闻院系一年的招生量。而且早期的新闻系大多称报学科，如厦门大学的新闻系和报学系、先它两年创办的圣约翰大学的新闻系。稍后出版的戈公振的新闻史专著也称《中国报学史》，这是因为当时只有一种媒体即报纸。新闻学在当时，实际上只是报纸学。1922 年

＊ 本文为 2008 年 11 月 15 日在首届中国新闻学学术年会上的发言。

有了广播，但相当长的一段时间，发射功率只及于上海和哈尔滨等中等以上城市，以至于同时期井冈山上的红军只能靠打进附近的县城搜集国统区的报纸来获取信息。红军长征到甘南的时候，也是由于看到了小镇上的报纸，获知刘志丹在陕北奋战的信息，才移师陕北。新闻学的书，从1918—1949年倒是出了100多本，但是质量高得足以传世的不多，可以举出的不过区区几本。系统阐述无产阶级政党新闻思想的专著，直到20世纪的40年代初才问世。

新中国成立后到"文化大革命"前的那一段时期，新闻事业、新闻学研究、新闻教育都有一定发展。有了200多家报纸，100多家广播电台，58年以后又有了电视台。但相当一段时期的新闻学研究只限于学苏联，学列宁、斯大林和革命导师的办报思想，代圣贤立言，为圣经作传，不越雷池一步。在"左"的思想影响下，还出现过20世纪50年代末60年代初在中国人民大学发生的对一些正确的新闻学观点的有组织的粗暴批判，连"报纸是人民的教科书""记者是社会活动家"这些提法，都被认为是错误的，革命报刊和历史上优秀的进步报刊之间的传承关系，也被彻底否定。"报纸"居然被确认为"专政机关""暴力机关"。只承认"五性一统"，甚至扬言要"把真实性扔到垃圾堆里去"。在那种政治氛围和语境下，新闻学的研究是步履维艰的。这一时期的新闻教育也有一定发展，但也只有北大、人大、复旦等六七所大学的新闻系，全部在读的学生不过1700人。"文化大革命"10年，更是进入了谷底。全国报纸最少的时候，只剩下了

42家。新闻系被认为执行了17年的"黑教育路线",被造反派的学生们自行打倒。复旦大学新闻系的学生们带头宣布大学的新闻系培养不了革命新闻工作者,完全可以不办,全国数以百计的新闻教育战线的教学研究工作者在顷刻之间,就都成了惶惶然的"丧家之犬"。"文化大革命"后期虽然办了新闻专业和新闻干部进修班,招了工农兵学员,但教学秩序混乱,教学质量得不到根本保证。新闻学的学科建设,不进反退。

新闻学学科建设的重新起步和真正发展,是在十一届三中全会拨乱反正以后的这30年。现在总结这30年的经验,我想,首先是由于新闻事业的迅猛发展。30年来的拨乱反正、思想解放和改革开放,使中国的新闻事业达到了空前的规模,不仅拥有报刊、广播、电视、互联网、手机等各种新旧媒体,而且在很多方面,已经跻身于世界的前列。截至2008年7月,我们已经拥有1931种报纸,9468种期刊,报刊的期发数达1.07亿份,居世界第一位;电视的受众达12亿,覆盖率达95.81%,是世界上最大的受众市场;上网的网民总数达2.53亿,手机用户达6.16亿,手机网民达7305万也已超过美国,居世界第一。2008年北京奥运会期间,CCTV的手机电视的日均访问量达2025万人次,这也是空前的。正是由于新闻事业的发展,才呼唤和促进了新闻教育及新闻学研究的发展。

这一点在新闻教育方面,表现得十分突出。由于改革开放推动了新闻事业的急剧发展,而被投闲置散达10年之久的新闻战线的老兵们却已陆续到达离退休年龄。第一线的力量出现了严重的缺口，后续力量亟待培养，梯队的建设也日益受到重视。因此从20世纪70年代末到现在，中间经过1978—1983年、1983—1999年、1999—2008年几个时期，新闻教育有了异乎寻常的发展。1982年全国高等院校一共只有16个新闻院、系、专业点和1585名本科专科学生（这个数字已经接近"文革"前在校新闻院系学生的最高数字），到了2006年，已经有了877个新闻院系专业点和15万名在校生。前者增加了54.8倍，后者增加了近100倍。新闻学研究生教育也有了飞速的发展。1961年，复旦新闻系曾经招过两名硕士生，这也是新中国成立后前30年招收的唯一的两名研究生。1977年恢复招收新闻研究生后，社科院、人大、复旦都开始招收新闻学研究生。社科院招了85个，人大招了8个，复旦招了4个，全国一共招了97名新闻学硕士生。此后，又在高校开设新闻学博士点和传播学博士点，招收两个二级学科的博士生。到2008年，全国的800多个新闻院系专业点中，已经有了6个新闻传播学一级学科博士授予点，5个新闻学二级学科博士授予点，4个传播学二级学科博士授予点，32个新闻学硕士学位授予点和41个传播学硕士学位授予点。

新闻学的研究也受到了重视。这有一个过程。20世纪70年代末到80年代初，新闻学研究的重点主要是拨乱反正，把"文化大革命"期间对前17年新闻学研究的彻底否定扭转过来，并为新时期新闻学的研究做好先期的准备和必要的舆论上的铺垫。80年代中期以后，到90年代初期是新时期新闻学研究开始奠基的时期。这一时期，国门已经打开，新一轮新闻学的"西学东渐"已经开始。"文化大革命"前一代的年龄渐长的新闻学者们还有余勇可贾，改革开放以后新成长起来的一批青年才俊逐渐成为骨干力量。这一时期的早一些时候，"新闻无学"的观念还有一定市场，"传播"和"地球村"的提法都还有人反对，但已难成气候。90年代中期到现在，随着中国的入世和改革开放及市场经济的进一步发展，新闻学也扩大其外延，发展为新闻传播学，以沛然莫御之势厕身于人文社会科学之林。新闻学已经由"无学"变为"显学"。前一时期的青年才俊渐入中年，思想术业日趋成熟，他们的聪明才智得到充分发挥，他们与这一时期有在西方国家留学和访学经历的海归学者及年轻的博士毕业生结合起来，形成各自的学术团队，成为这一时期新闻学和传播学研究的中坚力量。时至今日，新闻传播学在人文社会科学中的地位已经明显提高。我们的一些专家、学者，在自家的学术领域内已经有了更多的话语权。

新闻学的这一发展进程，在国务院学位委员会学科评议组的发展过程中也得到充分的体现。国务院学位委员会的学科评议组现在是第五届。1980年召开第一届的时候，新闻学是未入流、根本不被承认的学科，连筷子也没给摆，根本上不了台面。第二届，复旦的王中应聘参加，新闻学被承认是个学科也有了自己的学科评议组的成员了，但被列在文学门类的中国语言文学一级学科内，和文艺学、少数民族语言文学等小学科排在一起，受中国语言文学的掌控。评硕士点、评博士点、评博导、评优秀博士论文的时候，都只能仰中国语言文学的鼻息。第三届，我接替王中应聘，情况没有大变化，仍然是二级学科，必须靠游说和别的二级学科的支持来为本学科争利益、争地位，但已开始感觉到自己说话的分量，评议组内的其他学科也开始刮目相看了。第四届，我连任，新闻传播学升格成为一级学科，加上丁淦林、赵月枝两位老师，我们有了自己单独的学科评议组，学科范围内的一切评议活动可以自己作主，在众多的人文社会科学中，也居然成为一路诸侯了。第五届，即童兵、尹韵公他们几位的这一届，情况又有了更大的发展，评议组成员增加到了 5 个，和一些老的一级学科已经可以平起平坐了。

30 年来新闻教育和新闻学研究的发展，为新闻学的学科建设奠定了很好的基础。不仅为新闻事业和新闻教学研究的第一线培养和输送了人才，也开始构建了我们自己的学科体系，为中国新闻传播学的进一步发展，夯实了基础。这 30 年来，我们的教学研究工作者们在中国特色社会主义新闻学的基本理论、新闻事业的性质、任务和作用、党报的党性和功能、新闻的真实性、新闻工作的指导性、舆论导向、舆论调查与舆论监督、新闻价值、中国传媒的体制架构和运行机制、市场经济条件下的媒体的集团化和经营管理、中国的新闻传媒业如何应对入世和全球化、多媒体和信息产业的发展及其规律、新闻传播心理与新闻伦理、传播学的基本原理、人际传播、跨国传播、跨文化传播、传播学的本土化、政府公关、危机信息处理以及中外新闻史的研究等方面，都做了大量的研究工作，取得了丰硕的成果。完成了许多重大的国家课题，出版了数以百计的专著和译著，教材建设也取得了巨大的进展，各种系列教材陆续问世。涌现了一批省部级和国家级的精品教材及精品课程，多篇博士学位论文入选全国百篇优秀博士论文。一些大学的新闻院系，成为教育界的著名品牌和考生们追逐的目标。

但是，应该看到，当今社会有太多的浮躁。我们的新闻教育也有过于浮躁的一面，表现为新的教学点数量增长过速，老的教学点学生扩招过多，博士点、硕士点上得太猛，软件、硬件特别是软实力的配套跟不上，对口的、合格的师资力量不足，"产品"不能满足媒体的需要，新闻传播院系学生的就业出现了困难，等等。

与其他蕴积较深的人文社会科学的老学科相比，我们的底蕴还不够深厚。我们已经是显学了，这是信息文明时代给我们提供的机遇，但毕竟还是新学。在众多的老学科当中，我们还属于"初级阶段"，还是"发展中国家"。我们还需要苦练内功，还需要恶补我们知识上的缺口，还需要向我们的边缘学科学习，不断地增加我们的厚度。

我是 20 世纪 40 年代考进大学新闻系的。从 1946 年到 2008 年，除了有 3 年的时间不在学校之外，有将近 60 年的时间都生活和工作在新闻教育的圈子里。先是当学生，然后当教师。经历了新中国成立以来新闻教育和新闻学研究发展的几乎全过程。抚今追昔，不免有一些感慨。既对这门学科一度的坎坷和蹉跎感到惋惜，也为这门学科近年来的迅猛发展和它枝繁叶茂的愿景感到欢欣鼓舞。我对新闻传播学科在新时期的进一步发展，是充满了期待，也是充满了信心的！

党的新闻实践和新闻思想*

中国共产党成立以来的90年，是社会主义革命和社会主义建设事业波澜壮阔的90年，也是中国共产党新闻实践与新闻思想不断开拓和发展的90年。

在这个过程中，和新闻实践及新闻思想有关的有三个重要的关键词：第一是"高度重视"；第二是"有所传承"；第三是"与时俱进"。

首先，是"高度重视"。我们经常说革命之所以取得成功，主要靠的是"两杆子"（一个枪杆子，一个笔杆子）。"新闻工作"就属于"笔杆子"。我们常说的中国革命之所以取得胜利，就是因为有所谓"三大法宝"——党的建设、武装斗争和统一战线，这三大法宝的实现，也都离不开笔杆子。具体地说，"党的建设"和"统一战线"固然离不开笔杆子，"武装斗争"也离不开笔杆

＊ 本文为在中国共产党成立90周年新闻实践与思想研讨会上的发言。

子。"武装斗争"固然要以"武器的批判"为主，但也需要"批判的武器"的宣传和鼓动。在中国共产党的历史上，党报的活动是先于党的成立而开始的：很多党的报刊在党正式诞生前就诞生了。如中共上海发起组办的《劳动界》（1920年8月15日创刊）和《共产党月刊》（1920年11月7日创刊），都创办于党正式成立以前。还有，我们是一开始就设有宣传部来领导办报活动的党。世界的政党史上并不是所有的政党都有宣传部的。国民党有，也是跟我们学的，同盟会时期就没有。民盟也有，也是跟共产党学的。

党的早期领导人都办过报。建党时期的南陈（陈独秀）北李（李大钊），就都是以办报和办刊开始他们的革命活动的。毛泽东在建党前就办过报，1957年还说过以后不当主席了要当时事评论员。刘、周、董、谢、邓、陈、聂都办过报；还有吴克坚（《四川》《赤心》《救国时报》《新华日报》）、陈望道（主编《新青年》月刊、《劳动界》、《民国日报》副刊"觉悟"、《妇女评论》）。蒋介石退到台湾后对他在大陆的失败有过反思。其中一条，就是承认在宣传上输给了共产党。我们直到现在，仍然十分重视宣传工作，由一位政治局常委分工专门抓新闻宣传。

其次，是有所传承。在办报的活动上、办报的主张上，我们接受过19世纪中国的维新派即当时的改革派的影响，接受过以孙中山为首的中国的革命民主主义者的影响。俄国十月革命后，则接受了从俄国和苏联到共产国际的影响。毛主席自己就说过，他最先是康有为、梁启超办的报刊的崇拜者，后来又紧盯着看孙中山办的那些报纸，包括《民立报》，然后才从苏联、从共产国际那儿得到借鉴。他参加北大新闻学研究时期，从邵飘萍、徐宝璜那儿得到的有关新闻理论与新闻思想的基本知识，有不少还是辗转来自西方的。拿来以后，经过自己的实践，逐步地扬弃，逐步地充实，才形成他自己的具有中国特色的新闻理念和新闻思想。毛主席给我们留下的新闻报道和时事评论文章高屋建瓴，大开大阖，汪洋恣肆，鞭辟入里，也在一定程度上体现了中国新闻政论文章的传统。因此，我们的新闻实践和思想是有所传承的。

再次，是"与时俱进"。中国共产党的新闻实践、新闻理念和新闻思想是在民主革命和民族解放事业的斗争中，在社会主义革命和社会主义建设的过程中，以及改革开放和社会主义现代化建设的实践中逐步形成和发展起来的。除了一开始就强调的报刊的党性和新闻的真实性等原则之外，党的各个时期的新闻思想在实践过程中还不断地有所发展。在建党时期，突出强调的是媒体的传播功能和媒体的宣传鼓动作用，强调通过报刊和社会媒体广泛地介绍和传播马克思主义，为党的成立和各级党组织的进一步发展作舆论上的准备。在工农武装割据和民主革命时期，突出强调的是在苏区和革命根据地内实行全党办报，群众办报。要求党的报刊在建设和巩固根据地、反对和突破敌人的围剿等方面起到积极的战斗作用，强调党的新闻事业是连接党和群众的纽带。在国共合作时期，在国民党统治地区，则强调党的报刊的喉舌作用，充分发挥党的报刊对党的方针政策的宣传，反对国民党当局对报刊出版活动的限制。

在新中国成立后前 30 年的社会主义建设时期，除强调报纸的党性原则外，在突出阶级斗争为纲的那一段时期，还特别强调要"政治家办报"，强调典型人物、典型事件、典型经验的报道，强调利用报刊和一切舆论手段，为社会主义革命和社会主义建设服务，要求党的报刊在人民的政治生活中起到组织、鼓舞、激励、批判、推动等方面的作用。改革开放以后的 30 年，是从高度集中的计划经济体制到充满活力的有中国特色的社会主义市场经济体制转变的 30 年，是从封闭、半封闭到全面改革开放的历史性转变的 30 年。这一时期，在新闻思想上，除了强调新闻事业要当好党、政府和人民的耳目喉舌外，还强调新闻工作要实现社会效益与经济效益的统一及社会效益优先的原则，强调媒体的舆论导向作用和舆论监督作用。党的十六大以后的这一段时期，又突出强调"以人为本"和"科学发展观"，强调新闻工作者要增强自己的社会责任，实现"三贴近"，实行观念、内容、形式、方法和手段的创新，增强新闻报道的亲和力、吸引力、感染力等思想观点。这充分体现了信息化和新媒体时代党指导新闻宣传工作的新特点、新思路。

以上这些，都说明党的新闻实践和新闻思想是不断发展的，是与时俱进的。

当前，党的新闻实践和新闻思想面临两个新的情况：一是我们的改革开放已经进行了 30 年，经济上已经加入 WTO，已经融入了地球村；二是和传播有关的科学技术和信息产业的迅猛发展，"一种全新的交流时代即将到来"。现在，我们已经是新闻传播的大国（报纸期发量 9350 万份，其中《人民日报》日发行量 245 万份；央视受众 10 亿人；网民 4.2 亿人；人民网日访问量 2 亿人次；微博用户 8000 万名；手机用户已达 8.42 亿人，手机网民的总数也已达到了 2.77 亿人）。传媒产业的总产值已经超过 8500 亿元，成为国民经济的主导产业之一，已经跃居国民经济各产业排名的第 4 位，新闻从业人员超过了 70 万人（其中记者 15 万人）。

我们的新闻事业，目前正在向报网融合，向报刊、网络、电视（网络电视）、手机报、电子阅读器等"全媒体"的媒介融合体的方向发展。"一个'治理媒介化'的时代已经到来"。我们正在由传统的"媒体控制""媒体管理"向"媒体合作"的方向过渡（国务院新闻办的官员们表示）。

新的形势，要求我们必须以时代的眼光、创新的思维、改革的精神来对待新闻传播事业的发展，对待党的新闻实践与新闻思想的研究。这就要求我们理性地看待媒体监督，要能以包容的心去对待"异质的思维"[①]，要注意倾听"沉没的声音"[②]。对新闻事业，要做到"善待、善用、善管"，逐步地由传统的"媒体控制""媒体管理"向"媒体合作"方式过渡（国务院新闻办的官员们表示）。

---

① 《以包容心对待"异质思维"——关注社会心态②》，《人民日报》，2011 年 4 月 29 日。

② 《执政者要在众声喧哗中倾听"沉没的声音"——关注社会心态⑤》，《人民日报》，2011 年 5 月 26 日。

在新闻理论与实践的研究上，除了加强媒体的党性原则与舆论引导的研究，提升媒体国际传播力和影响力的研究，加强国家形象传播与提升文化软实力的研究之外，还应该加强如何实行三网融合、如何建立网络舆情监测引导机制等问题的研究和新闻职业道德建设的研究。在新闻史的研究上，既要求我们开掘、继承和弘扬党报活动的优良传统，也要很好地总结历史上的经验教训，以史为鉴，克服违背新闻真实原则和新闻传播客观规律的"左"的思想影响。凡是认准了的题目，就不妨深入地钻研下去，有课题和项目经费支持的要研究，没争取到课题和项目的也要研究。历史证明，一些重要的科研成果并不都是课题和项目支持出来的。

形势在发展，我们的新闻思想和新闻史论研究必须与时俱进。任重而道远，我们必须努力！

集三者于一身[*]

很高兴能够有机会来参加中国新闻史学会和晋察冀日报史学会为纪念邓拓百年诞辰共同举办的这个座谈会。

邓拓是中国新闻事业史上杰出的新闻工作者。在将近1000多年的中国新闻事业史上，像邓拓这样杰出的新闻工作者灿若晨星。他是中国新闻史上几百年难得一遇的少数几个杰出人物中的光辉代表。

和别的新闻工作者不同的是，他同时具有三重身份：革命家、学者和新闻工作者。

作为一个无产阶级革命家，他18岁就加入了中国共产党。20世纪30年代初期就在上海从事地下党的组织和宣传工作，担任过上海法南区的部长和南市工委的书记，领导过多次工人罢工运动和学生的爱国示威运动。此外，他还参加过福建人民政府的

＊ 本文为在纪念邓拓百年诞辰座谈会上的发言。

组建活动，担任过一定职务。60 年代以后，他又担任过北京市委和华北局的领导工作。

作为一个学者，他幼承庭训，家学渊源，有很好的文史根底，有很好的知识结构和很高的文化修养。他写《中国救荒史》的时候，还只是一个 20 来岁在大学念书的本科生，那部专著，洋洋洒洒 26.9 万字，在当时只是他课余研究的一项成果，但论水平，已经远远超过今天优秀的博士论文，至今还被救荒史的研究者奉为圭臬。他在旧体诗词的写作、书法、绘画和艺术鉴赏等方面的成就，也是深受推崇的。

作为一个新闻工作者，他 26 岁就当上了《晋察冀日报》的总编辑，37 岁当上了《人民日报》的总编辑。他在这两家报纸，从"毛锥十载写纵横"，到"笔走龙蛇二十年"，为中国革命的新闻事业作出杰出的贡献。在《晋察冀日报》工作时期，他用几头骡子驮上了报社的部分家当，在抗日战争的第一线和敌人周旋，"上马杀贼，下马草露布"，充满了豪情胜慨，书写了中国新闻史上令人神往的一个壮丽的篇章。在《人民日报》工作期间，他主持这家党中央机关报的工作达八年半之久，写出了大量脍炙人口的新闻、评论、通讯和专栏文章，其中不少都是新闻史上的典范。特别是 1961—1962 年他为《北京晚报》"燕山夜话"栏所写的 152 篇杂文和 1961—1964 年他为《前线》"三家村札记"栏所写的 18 篇杂文，曲折尽情、针砭时弊，成为当时最受读者欢迎的栏目。

邓拓的一生，留给我们的主要是一个优秀的革命学者、知识分子和革命新闻工作者的光辉形象。

作为一个优秀的革命者，他忠于无产阶级的革命事业，忠于无产阶级的革命理论和革命思想，忠于革命领袖，殚精竭虑、忍辱负重，虽九死而不悔。

作为一个优秀的学者、知识分子和新闻工作者，我们在他的身上可以看到很多中国传统的"士"的精英文化对他的影响。他对明末东林党人提出的"风声雨声读书声，声声入耳；家事国事天下事，事事关心"的口号就很欣赏，有过"东林讲学继龟山，事事关心天地间"（《过东林书院》）的赞誉。儒家经典对所谓"士"的期许，如"士志于道（这里可以解释为革命之道）""士不可以不弘毅"；"士"应该"见危致命，见得思义"；"士"应该"以天下为己任"；以及前辈士人中的精英分子提出的"士"应该为"为生民立命""为万世开太平"；应该做到"苟利国家生死以，岂因祸福避趋之"等思想，在他身上也多少能够找到其中的影子。在这方面，他和同时期去世的田家英，在心灵深处是有很多相通之处的（田家英在私下里就称毛为"主公"，同样是以愿"为知己者死"的"士"自期的）。

由于有古往今来的杰出的"士"的襟怀抱负，又长期受优秀传统文化的熏陶，邓拓身上确实有不少书生气，并因此受到了当时的领导人的批评，连他自己也有过"文章满纸书生累"的感叹。但"书生气"又有什么不好？中国共产党不就是靠一批"书生气"十足的"革命知识分子"起家的吗？当年出来"指点江山，激扬文字，粪土当年万户侯"的不就是那些"挥斥方遒"的"书生"们吗？中共一大的代表们绝大部分不都是书生吗？没有他们的"书生意气",革命形势能在短期内高涨起来吗？当然，办党报还需要时时刻刻讲政治，还需要坚守住政治底线，还要讲政治策略，还需要一点政治家的气质。但如果加上点"书生"求真务实的精神和"民胞物与"的人文情怀不是更好吗？实际上正像他在诗中所说的，"莫道书生空议论，头颅掷处血斑斑"，书生们的议论，只要是正确的、实事求是的，是经得起实践和历史的检验的，同样是有战斗力和生命力的。在这方面，邓拓的思想和实践，他所写的和收入文集的那些文章，绝大部分也都是经得起历史的推敲和检验的。

邓拓离开我们已经 46 年了。他已经成为一个历史人物。作为历史人物，邓拓自然会有他所处的那个时代的局限，但他留给后人的业绩和文字是不朽的。今天的中国虽然已称得上是"羲皇盛世"，但仍然需要邓拓式的评论和"燕山夜话"式的杂文，要歌颂，但也需要批评和进行舆论上的监督。在纪念邓拓的同时，我们也希望他的事业得到弘扬和传承。

最后，有一个小小的倡议，就是请全国记协设置一个以邓拓命名的奖。现在已经有了一个奖励优秀记者的"范长江奖"和一个奖励优秀编辑和出版者的"韬奋奖"，希望再增设一个奖励优秀总编辑的"邓拓奖"。这个奖，全国记协出头来设最好，或者中国新闻史学会也可以出这个头，联合大家共襄盛举，希望有关方面惠予考虑。

谢谢！

好记者不是一锤子打出来的*

一、我们的新闻学教育出现了问题

新闻工作者应该是一个令人敬仰的职业。然而，在现实生活中，由于很多外部因素的影响，一些记者已经或被动或主动地忘记、迷失甚至背弃了自己当初的新闻理想，做出背离社会道德甚至违反法律的事情。

出现这种现象，一部分原因是随着市场经济的快速发展，记者利用新闻采访权、舆论监督权寻租的机会多了。但是，出现这些问题也不能全部归咎于市场——西方国家的市场经济发展有很多年了，他们的记者大多还是能够通过自律和他律来约束自己的新闻采访行为。

出现新闻道德缺失的问题，从一个层面证明了我们的新闻学

＊ 本文刊于《光明日报》2014 年 3 月 15 日第 10 版。

教育出现了问题。日本新闻教育家小野秀雄认为，新闻学专业有两门功课必不可少——一个是新闻史，一个是新闻伦理。

学习新闻史会涉及新闻道德的内容，但是上课的时候，却可能是老师言之谆谆，学生听之藐藐。学习新闻史就是要教会大家以史为鉴，继承好的传统，吸取前人的经验教训，少走弯路。比如，哪些是新闻工作者必须遵守的道德底线？这在新闻史上都曾经出现过，学生可以从历史案例中得到启发，用以指导自身实践。

除新闻史外，新闻伦理课程涉及新闻工作者的职业尊严和本分。在市场经济时代，来自社会上的诱惑很多。新闻职业受人尊重，站在道德制高点，如果连记者本人都失去了底线，怎么可能做好本职工作？

二、新闻教育的摊子铺得过大

当前，很多新闻工作者认为新闻行业压力大、收入少、缺乏尊重，这些困境都是客观存在的。新闻工作是一个既需要脑力，也需要体力的行业；需要方方面面的基础知识、足够的新闻敏感性、对新闻价值的判断、对政策和大局的了解，还需要优秀的文字和语言表达能力——行业对新闻工作者提出了很高的社会要求。

与此同时，新闻事业正面临着一个三千年来亘古未有的大变革时期。平面媒体的出现在中国有一千年以上的历史，中国是世界上最先有报纸的国家。19世纪70年代后，民营现代化报纸大量涌现，突破了旧有的报刊体系。到20世纪初期，基本上就是平面媒体的天下。随后，20世纪20年代出现广播，50年代出现电视，80年代进入互联网时代。新闻事业从单一平面媒体的时代发展到今天多媒体并存的时代，只用了一个世纪。

在这样的背景下，我国新闻教育迎来了大发展的时期。新中国成立初期，从北到南，我国只有4~5个新闻专业的教学点。"文革"后新闻事业的大发展对新闻人才需求量增加，相应的新闻教育也得到快速发展。如今，全国新闻专业的教学点已经接近1000个。

在新闻事业大发展的时代，年轻人向往这个专业和工作，是很自然的事情。现在，新闻专业的教学点多了，毕业生多了，新闻人才需求状况已经不像20世纪80年代那样"求大于供"——也就是说，经过30年的大发展，新闻教育的摊子铺得过大了。应该根据全国各种媒体的人才供给需求关系来配置教育资源，适当地把过多、过长的战线收紧，否则就会造成就业困难——事实上这种倾向已经存在。

三、夯实学生的人文基础应成为共识

在相当长一段时期，新闻行业都是新闻专业毕业生的天下。随着媒体的细化、行业的细分，这种状况发生了变化，不同专业的人才开始进入，新闻工作者的组成变得多元化。

新中国成立后以及新闻教育大发展时期，不管是新闻专业院校还是设有新闻学专业的高等院校，从教学安排上来看，绝大部分时间进行的都是人文社科方面的教学。近年来，很多设有新闻专业的院校为了学生的就业问题，开始调整教学方向。比如，根据自身的师资特长发挥学科优势，法律院校培养熟悉法律知识的记者，财经院校培养熟悉财经知识的记者……学校发挥师资与学科专长培养学生无可厚非，但是文史哲经知识的培养时间不能因此被削弱。

事实证明，只有保证足够的文史哲经等基础知识教学，才能培养出优秀的新闻工作者，即使他们将来不从事新闻工作，也能够适应时代的变化，成为各个领域的佼佼者。例如，北京大学新闻系 20 世纪 50 年代培养出了一位毕业生——日后成长为优秀记者的郭超人。在北大读书时，郭超人的语言学老师是王力，文学史老师是游国恩，经济学老师是陈岱孙，这些都是大师级的师资力量。此外，毕业于燕京大学新闻系的江平成了著名法学家；毕业于人民大学新闻系的杨义成为中国社科院文学所所长；写出《实践是检验真理的唯一标准》的胡福明是哲学教授，毕业于北大中文系新闻专业……当然了，新闻专业的学习只是打下一个成长的基础，他们的成功也与个人的努力以及时代提供的机遇有关。

总之，任何一个好记者、名记者都不是一锤子打出来的，都需要终身学习。每进行一个采访，每接触一个新的领域，记者都要做大量的准备工作——新闻工作就是这样一个战役接着一个战役地积累经验，知识和能力就像滚雪球一样越滚越大，这也是记者职业的魅力所在。

（光明网记者 吴晋娜采访整理）

构建中国自主的知识体系*

2022 年 4 月 25 日，习近平总书记在中国人民大学考察时强调，加快构建中国特色哲学社会科学，归根结底是建构中国自主的知识体系。要以中国为观照、以时代为观照，立足中国实际，解决中国问题，不断推动中华优秀传统文化创造性转化、创新性发展，不断推进知识创新、理论创新、方法创新，使中国特色哲学社会科学真正屹立于世界学术之林。习近平总书记同方汉奇亲切交谈。

今年 4 月，习近平总书记来到中国人民大学考察。在学校博物馆门前广场上，习近平总书记看望了我们几位老教授、老专家和中青年骨干教师代表，并同我们亲切交谈，我感到十分激动。这体现了党中央对教师队伍建设的重视，以及对老同志的关心关爱。

＊ 本文刊于《中国教育报》2022 年 9 月 10 日第 5 版。

我认为，习近平总书记的这次考察是深入、全面、多方位的，具有深远影响。他考察了校内多个场所、发表了多次重要讲话，为高等教育发展、高校人才队伍建设等方面指明了前进方向，提供了根本遵循。

习近平总书记在同人大师生代表座谈时强调，加快构建中国特色哲学社会科学，归根结底是建构中国自主的知识体系。要以中国为观照、以时代为观照，立足中国实际，解决中国问题，不断推动中华优秀传统文化创造性转化、创新性发展，不断推进知识创新、理论创新、方法创新，使中国特色哲学社会科学真正屹立于世界学术之林。

习近平总书记的重要指示值得我们新闻学专业的师生认真学习、落实。我认为，办新闻教育要时刻关注中国新闻事业的发展，要和中国新闻事业的实践相结合，要面向中国实践、面向现代化，去构建中国特色的新闻学知识体系。

我 1958 年来到人民大学工作，60 多年来一以贯之地从事新闻史的教育、研究工作，亲身经历了新中国新闻史学从无到有、从弱变强的发展历程。新中国成立后，中国人民大学是国内最早一批开设新闻学专业的高校，当时的课程体系、人才培养模式主要照搬苏联，教材也是从苏联翻译过来的。

改革开放后，新闻史学的教学、研究工作真正迎来了春天。新闻史重新纳入教学计划，修改教材、增补教材、订正教材，成为当时一项紧迫的任务。教材建设过程中，辩证地看待历史人物、事件逐渐成为学界共识，一批优秀的新闻史学教材不断涌现出来。这一时期，随着媒体行业走向繁荣，新闻工作者的培养需求大大增加，但新闻史师资力量十分薄弱，于是人大在各地办了很多新闻史学教师培训班，促进了新闻教育师资队伍的大发展。

新闻史学教师需要有互相交流、共同提高的平台。1989年，我和几位教授一起发起成立国家一级学会——中国新闻史学会，并担任第一、二任会长。如今，中国新闻史学会已经发展成为国内最大的新闻传播学学术团体，对新闻史的教学研究、师资队伍建设起到了积极作用。

近年来，新闻史研究发展迅速。一个标志性事件是，由我主编、50名专家合作编写而成的《中国新闻事业通史》翻译成英文向全球发售，这是新中国新闻学科第一个有外文译本的专著，显示了海外对中国新闻历史研究的重视与积极态度，是中国新闻传播学走向世界的里程碑。事实上，中国的新闻史有着异常丰富的内容，是世界上任何国家的新闻史都无法比拟的。《中国新闻事业通史》外文版的出版，为世界了解中国新闻史提供了更大的窗口，有助于提升中国新闻学的国际影响力。

如今，新闻史学已有一支优秀的教学科研队伍，有一批有质量有影响的学术成果，开始以我为主，走向世界。今后，我们要响应习近平总书记的号召，让新闻学研究更加立足中国实践、符合中国实际，不辜负习近平总书记对我们的期待。